教 育 评 价

（第二版）

王景英　主编

国家开放大学出版社·北京

图书在版编目（CIP）数据

教育评价/王景英主编 . --2 版 . --北京：中央
广播电视大学出版社，2016.1（2019.10重印）
ISBN 978－7－304－07659－7

Ⅰ.①教… Ⅱ.①王… Ⅲ.①教育评估－开放大学－
教材 Ⅳ.①G449.7

中国版本图书馆 CIP 数据核字（2015）第 314880 号

教育评价（第二版）

JIAOYU PINGJIA（DI-ER BAN）

王景英　主编

出版·发行：国家开放大学出版社（原中央广播电视大学出版社）
电话：营销中心 010－68180820　　　总编室 010－68182524
网址：http://www.crtvup.com.cn
地址：北京市海淀区西四环中路 45 号　邮编：100039
经销：新华书店北京发行所

策划编辑：安　薇　　　　　　　版式设计：赵　洋
责任编辑：陈　蕊　　　　　　　责任校对：宋亦芳
责任印制：赵连生

印刷：玉田县嘉德印刷有限公司　　印数：13001~16000
版本：2016 年 1 月第 2 版　　　　2019 年 10 月第 7 次印刷
开本：787mm×1092mm　1/16　　印张：17.25　字数：384 千字

书号：ISBN 978－7－304－07659－7
定价：26.00 元

PREFACE

第二版前言

　　本书是为国家开放大学与东北师范大学合作开办的公共事业管理（教育管理）本科专业必修课"教育评价"编写的教材。自2004年5月出版以来共印刷十几次，根据十余年的教与学实践以及目前教学课时调整的实际，国家开放大学决定修订本教材。

　　本次修订重点在以下几方面：

　　一是删除了教育评价数据的统计分析部分，主要考虑到专科阶段已开设了统计分析课程。但本部分内容涉及教育评价结果处理方法，这部分内容在教育评价和研究中起着重要作用，因此建议没有学过统计方法的学员以及想要深入了解和学习这方面知识的学员，可以参考相关的教育统计学书籍自学。

　　二是删除了区域教育评价的内容，主要考虑到学员群体以教师为主，行政人员较少。

　　三是教学评价部分，在内容和结构上做了调整，重新撰写了部分内容。

　　其他章节的内容也做了修改，有的内容做了必要的删减和调整，如自我评价的组织机构、权集合构建中的矩阵对偶比较法、模糊量表、教育评价信息的手工归集方法等。

　　本次修订在征求原作者意见的基础上由主编修改并定稿。限于作者水平，第二版如有错误或欠妥之处，诚请读者批评指正。

王景英

2015年4月

　　本书是为中央广播电视大学"人才培养模式改革和开放教育试点"公共事业管理（教育管理）本科专业必修课"教育评价"编写的教材。

　　教育评价是教育科学领域中的一个应用性很强的分支学科，已成为当今世界教育科学研究的重要领域，同时也是现代教育管理的重要课题。行为的目的性是人类区别于其他动物的重要标志之一，而人对自身行为结果及目的实现程度的评价存在于人类的一切活动之中。教育是人类有目的、有计划、有组织的活动，教育活动涉及教育方案、教育活动实施、教育活动参与者等，要提高教育活动的有效性，对这些都需要进行适时的评价。教育评价活动是现代教育活动过程的一个重要环节，是现代教育不可缺少的重要组成部分。教育评价在素质教育中起导向和质量监控的作用，已经成为教育行政部门进行教育管理和指导学校工作、提高办学效益和水平的重要工具，也是学校及教育工作者自身进行检查、反思、改进教育和教学工作，提高教育、教学工作质量的重要手段。没有评价的教育是盲目的教育，因此，系统研究和掌握教育评价的理论、方法和技术，并用于指导实践，对于教育工作者是十分重要的。

　　教育评价是随着学校教育的发展而发展的。在人类历史上，自从系统实施教育的机构在社会上出现以后，可以说教育评价活动就出现了。教育评价理论与教育评价活动，无论在西方还是在中国，都有一个产生和发展的过程。

　　西方教育评价的发展可粗略分为三个阶段，即测验运动阶段、评价理论形成及平稳发展阶段、评价专业化阶段。

　　学校出现以后至20世纪30年代以前的这段时期内，教育评价活动以测验为主，可以称为教育评价的萌芽阶段。

　　在19世纪末叶之前，西方学校在对学生的学习成就、学力进行测验时，基本的方法是口试，客观性较差。随着现代学校教育的普及，西方考试开始采用笔试的方法。1845年，美国教育家迈恩（H. Mann）首先引入书面考试，统一了试卷。书面考试的引入，使西方的测验方法有了很大的进步，测验的手段更加灵活，但是成绩评定的客观标准问题仍然未能解决。

　　1897年，美国教育家莱斯（J. Rice）发表了他对学生所做的拼字测验的结果：8年中，每天用45分钟时间和每天用15分钟时间进行拼字练习的学生，拼字测验成绩并无显著不同。这一结果引起许多教育家对教育测验的高度重视，大大推动了对教育测量的研究。莱斯也因此被称为教育测量的先驱。

　　1904年，美国著名心理学家桑代克（E. L. Thorndike）发表了闻名于世的《心理与社会测量学导论》，系统介绍了统计方法及测验编制的基本原理，并提出了"凡是存在的东西都有数量，凡是有数量的东西都可以测量"的著名论断，有力地促进了学力测验和智力测验的发展。到1930年，美国心理和学力测验已达3 000多种。心理测验、学力测验的发展，对教育测量的客观化、标准化起到了极大的促进作用。随着教育测量的发展，用学生的学力测验结果来评价学校的教育开始萌芽。

20世纪30年代至50年代是评价理论形成和平稳发展阶段。随着教育测量运动的发展，教育测量的弱点逐渐暴露出来。即尽管可以使考试客观化、标准化，能把人的一些能力换算成数字，但是教育测量无法把有关人的社会态度、兴趣爱好、思想品德等都精确地用数字表示出来，测验受到人们的质疑乃至批判。此时正值美国经济危机后出现的学生的需要与学校课程间的尖锐冲突，由教育家组成的"进步主义教育同盟"在反省、批判以往教育观点的基础上，提出对课程内容进行试验研究。课程改革需要一套符合新课程目标的考核方法。1933年美国俄亥俄州的泰勒（R. W. Tyler）受进步主义教育协会邀请，主持了由其他多位教授参加的评价委员会，在7所大学和30所中学开始实践，从1933年到1941年，历经8年，史称"八年研究"。泰勒在1941年的报告中第一次提出关于教育评价的概念，认为教育评价就是衡量教育目标的实际达到程度。目标是评价的中心和依据，并提出较为完整的评价指导思想和方法，标志教育评价理论的形成。根据泰勒等人设计的评价方案及进行的大量评价活动，能够获得关于教育目标完成情况的大量信息，有助于发现存在的问题和改进工作，故受到广泛欢迎。

从20世纪40年代初至50年代末，"八年研究"中提出的教育评价理论得到广泛的传播和应用。在此期间，美国布鲁姆（B. S. Bloom）等人从1948年开始围绕教育目标分类进行了研究，并于1956年完成了认知领域的目标分类体系，1964年和1971年，先后完成了情感领域和动作技能领域的目标分类体系。

20世纪50年代末至今，教育评价进入百家争鸣、蓬勃发展阶段。20世纪50年代末，泰勒的以目标为中心的模式受到严峻挑战，西方教育评价界形成了百花齐放、众说纷纭的局面，各种新的理论和评价模式不断地被提出。如，1963年克龙巴赫（L. J. Cronbach）发表题为《通过评价改进课程》的论文，对泰勒的以"目标为中心"的模式提出了不同见解，他认为，评价的重点应放在教育的过程之中，而不应放在教育的过程之后；评价人不仅应关心教育目标、检验教育目标达到程度，更应关心教育决策；评价不应是竞争决定优劣，而要作为一种为改进课程搜集和反馈信息的过程。1966年斯塔弗尔比姆（L. D. Stufflebeam）提出以决策为中心的CIPP模式，由背景评价、输入评价、过程评价和结果评价四部分组成。他认为，评价不应局限于评判决策者所确定的教育目标所达到预期效果的程度，而应该搜集有关教育方案实施全过程及其成果的资料，为决策提供信息的过程。1967年斯克里文（M. Scriven）在他的《评价方法论》一文中，首次提出形成性评价，并对形成性评价和终结性评价、专业性评价和业余性评价、比较性评价和非比较性评价、目标达到程度的评价和目标是否值得达到的评价等几种教育评价概念进行了区分，后来又提出了目标游离评价。1975年比贝（C. E. Beeby）提出教育评价是系统地搜集信息和解释证据的过程，在此基础上进行价值判断，目的在于行动，等等。这一时期，各种评价研究机构、评价组织和专业性杂志如雨后春笋般地涌现。随着教育和社会发展的需要，教育评价理论和实践已成为当今教育研究领域的一个热点。随着教育评价理论研究的深入和社会、教育实际发展的需要，20世纪80年代中期开始，提出发展性教育评价理论，引起了世界范围的广泛重视，并逐渐成为教育评价领域的核心理念。

我国教育评价活动源远流长，从先秦的选士到清朝末年废除科举制，经历了大约3 000年的发展历史，仅科举制就延续了1 300多年，积累了丰富的考试经验。但这一时期处于教育评价经验活动层面，而缺少理论研究。

1905年科举制度被废止后，国外先进的教育测量理论开始引进我国，教育理论工作者在学习的基础上进行了理论研究和实践。但后来由于内忧外患多种原因，教育评价研究中断。直到20世纪80年代，教育评价开始觉醒并蓬勃发展。

80年代中期以前，主要是学习和引进教育评价理论，邀请国外教育评价专家来华讲学，介绍海外现代教育评价研究成果等。许多教育期刊陆续译介国外及我国台湾地区有关教育评价的文章和专著，如我国台湾地区李聪明的《教育评价的理论和方法》、加拿大梅森的《教育评价》、布鲁姆等人的教育目标分类学等。1984年我国正式加入"国际教育成就评价协会"（简称IEA），同时在中央教育科学研究所建立"中国国际教育成就评价中心"，这是我国现代教育评价研究和实践开始的标志。1985年中共中央发布《关于教育体制改革的决定》，提出"对学校的办学水平需要进行评估"，随后，我国教育评价的理论研究和实践全面展开。1986年我国政府在第七个"五年计划"中提出"要建立系统的教育评价与监督制度"；1987年国家教委发布《关于正式开展高等教育评估试点工作的意见》；1990年公布《普通高等学校评估暂行规定》；1991年国家教委制定了《普通中小学校督导评估工作指导纲要》，同年公布《义务教育评估验收暂行办法》；1993年国务院《中国教育改革和发展纲要》明确提出：要建立各级各类教育的质量标准和评估指标体系，各地教育部门要把检查评估教育质量作为一项经常性任务；《中华人民共和国教育法》将教育督导和教育评估列为我国教育的基本制度之一。同时，教育评价机构及群众性的学术团体纷纷出现，据不完全统计，到2001年，全国专业性的评价机构就有十几家，群众性的学术团体更多，如目前有全国普通教育评价专业委员会、中国高等教育评估研究会，不少省市都有省市教育评价研究会、地区性的教育评价研究会以及区县教育评价研究会等；论文、专著大量问世，据不完全统计，到2002年，正式出版教育评价著作90余部，内容涉及教育评价理论、方法技术及学校评价、学生评价、教师评价、课程评价等教育的各个领域。全国普通教育评价专业委员会编辑出版了《教育评价辞典》，中国高等教育评估研究会出版刊物《中国高等教育评估》，不少教育刊物上都有"教育评价专栏"。20世纪80年代中期以后，高等师范院校陆续开设了教育评价课程，国家教委在"九五"中小学校校长培训计划中也将教育评价为作为必修课；20世纪90年代中期有的师范院校开始招收教育评价研究生，等等。这标志着教育评价作为教育科学的一个分支学科已经形成，教育评价在教育改革和发展中的作用越来越明显。

我国新一轮课程改革提出的评价理念巳和国际教育评价发展步伐一致。

教育评价理论研究，在我国起步较晚，虽经理论工作者近20多年的努力，教育评价学科体系逐渐形成，但还不十分完善。目前在学科体系的研究中，比较一致的意见是把它分为三个领域，即评价理论、评价方法与技术、评价实践。本书在体系设计上，采取理论、方法技术和实践三部分说，但力求整体及每一部分中三者汇于一体，实现三者的统一。

本书共十章，可划分为三个部分，分别侧重阐述教育评价理论、教育评价方法与技术、教育评价实践三部分内容。第一章教育评价的基本理论，阐述了教育评价的基本概念，教育评价的目的、功能、特点、类型等基本理论，对教育评价的一般过程作了概要式的描述，并简单地介绍了国外教育评价模式，

第二章到第五章主要是教育评价的方法与技术，介绍了从教育评价的准备、实施到教育评价结果处理全过程的有关方法与技术问题。第二章教育评价的准备，叙述了教育评价准备阶段的主要任务：确定评价目的、分析评价背景、制定评价方案、组建评价组织等，重点阐述教育评价内容设计、权重分配、标准确定的理论与方法。第三章教育评价的实施，论述了教育评价实施的一般步骤，教育评价资料搜集的主要途径和资料整理的方法，并简要阐述了教育评价实施中的误差心理和调控。第四章搜集教育评价信息的主要方法，集中介绍了搜集教育评价信息的观察法、文献法、调查法和测验法。第五章教育评价信息的统计分析和结果处理，介绍了对教育评价定量资料进行统计描述和推断、对教育评价结果进行质量分析和科学解释的基本方法，简要阐述了教育评价结果的反馈和有效利用的问题。

第六章到第十章阐述了教育评价实践中几个主要领域的评价问题。第六章学生评价，分析了学生评价的作用及不同的学生评价观点，重点阐述了学生评价的原则和目标，学生评价的内容、主体和方法。第七章教师评价，论述了教师评价的作用、原则，讨论了不同的教师评价观点，重点阐述了教师评价的基本内容、主体和方法，班主任工作评价的内容和方法。第八章教学评价，分别阐述了学校教学工作评价和教师课堂教学评价的作用、内容和方法。第九章学校管理工作评价，阐述了学校管理工作评价的依据和原则，重点分析了学校管理工作评价的内容。第十章区域教育评价，概述了区域、区域教育评价的概念和一般理论，阐述了区域教育评价的内容，简要地论述了区域教育评价实施的有关问题。

本书内容的选择与撰写，努力坚持科学性与应用性统一、理论与实践相结合的原则，以中小学课程改革中提出的评价改革指导思想为依据，密切联系学生评价、教师评价、教学评价、学校管理评价的实际，并联系我国国情及教育管理体制改革的实际，尝试增加了区域教育评价的内容。在理论阐述和方法介绍时，力求深入浅出，语言通俗易懂，便于学员和广大中小学教师和其他教育工作者学习。

本书适合教育类本科专业学生以及中小学教师和教育管理人员学习使用。

本书由王景英主编。各章分工是：第一章，王景英、杨永博；第二章、第三章、第五章、第十章，王景英；第四章，刘淑杰；第六章、第七章，王景英、梁红梅；第八章，李天鹰；第九章，周晓红。杨永博任本课程主持教师，为本书的组稿、修改和定稿做了大量工

作。全书由王景英修改并定稿。白红梅、李忠双、柳颖、朴英仙等为本书编写做了许多工作。

北京师范大学刘淑兰教授、北京教育科学院李吉会教授、北京青年政治学院刘本固教授、中央广播电视大学谢新观教授、吉林省教育科学院栾传大研究员、吉林省教育科学院李建为研究员、东北师范大学马云鹏教授、沈阳师范大学郭述平教授等参加了本课程教学大纲和书稿的审定，提出了许多宝贵的意见，在此我们对专家们的诚恳建议和悉心指导表示衷心的感谢。

中央广播电视大学师范部的邹峻，中央广播电视大学出版社的来继文副编审和王金玲编辑对本书的出版做了大量、细致的工作，东北师范大学教科院赵宏义老师、缴润凯老师为本书大纲和书稿的审定做了大量的准备工作和多方面的帮助。另外，本书在编写过程中，参考了国内外同行的有关论文和著作，在此一并表示感谢。

教育评价学科体系尚待完善，加之作者水平有限，书中难免存在不足乃至错误之处，恳请读者提出宝贵意见。

王景英

2004 年 3 月于长春东北师范大学

CONTENTS   目 录

第一章

教育评价的基本理论

学习提示

　　本章概括地阐述了教育评价的基本理论，主要包括教育评价的目的、功能与特点，教育评价的类型与原则等；对教育评价模式的基本概念进行了阐述，并对教育评价领域影响较大的几种西方教育评价模式进行了介绍；概括了教育评价的一般过程。通过本章内容的学习，比较全面、准确地了解教育评价的基础理论，为深入学习教育评价的其他内容奠定坚实的基础。学习时，要结合自身所在地区教育部门所开展的教育评价活动进行思考，了解教育评价活动的过程，并尝试总结出本地区教育部门开展教育评价活动的模式。

学习目标

　　了解：评价和教育评价的概念，教育评价模式的概念，教育评价的研究对象和一般过程。

　　理解：教育评价与几个相关概念的关系，教育评价的一般功能和特点，目标游离模式，应答模式，教育评价过程的含义及不同观点。

　　掌握：教育评价的目的，教育评价的类型，教育评价的基本原则，泰勒模式和CIPP模式。

　　学习和了解教育评价这门科学，首先必须理解和掌握教育评价的基本理论。这些基本理论包括教育评价的概念与对象、教育评价的目的与功能、教育评价的类型与原则、教育评价的模式与过程等。本章将对这些基本理论进行探讨。

第一节　教育评价的基本概念

一、评价和教育评价的含义

（一）价值和评价

　　价值是个含义广泛的范畴，它既是经济学范畴，又是伦理学、社会学、美学等范畴，同时更是一个哲学范畴。对于什么是价值，学术界分歧很大。到目前为止，主客体关系论仍然是影响最大的一种观点。这种观点认为，价值是客体与主体需要的一种关系，当主体需要时，客体在某种程度上满足了主体的需要，这就形成了客体对主体的价值。价值的有无和大小，是由客体满足主体需要的程度而决定的。客体是形成价值的前提，主体是形成价值的基础或核心，离开主体的需要谈论客体的价值是毫无意义的。

评价（"评"，即评定、评判之意，"价"，即价值），即评定价值或评判价值，是根据一定的标准对客体满足主体需要及其程度作出判断的过程。评价是大量存在于人们日常生活和社会生活中的一种认识活动。在社会生活和日常生活中，人们同各种各样的事物打交道，发生着各种各样的联系，而人们总是根据自己的需要和一定的标准作出某物是好还是坏、是善还是恶、是美还是丑的判断，用以指导自己的行为，达到趋利避害的目的。这个活动过程，不管是自觉的还是不自觉的，都是对事物的评价，即对事物作出价值判断。

（二）教育评价

教育是一种有意识、有目的的社会活动。教育评价就是对教育活动的价值作出评判，以推动教育活动的发展。关于教育评价的界定，目前国内外学者还没有达到完全的共识。不同的界说中，强调的侧重点有所不同。

第一种，强调教育评价是判断教育目标或教育计划的实现程度。美国教育学家泰勒（R. W. Tyler）认为，评价过程在本质上是确定课程和教育大纲在实际上实现教育目标的程度的过程；我国台湾地区的李聪明认为，教育评价是利用所有可能的评价技术评量教育所期望的一切效果。

第二种，强调通过评价搜集信息，为教育决策服务。美国教育学家克龙巴赫（L. J. Cronbach）认为，评价是为作出关于教育方案的决策收集和使用信息；美国学者斯塔弗尔比姆（L. D. Stufflebeam）认为，评价是为决策提供有用信息的过程。

第三种，强调教育评价是考察教育成绩的一种手段、方法。日本学者长谷川荣认为，教育评价就是系统地、有步骤地从数量上测量或从性质上描述儿童的学习过程与结果，据此判定是否达到了所期望的教育目标的一种手段；我国有的学者认为，教育评价是一种新的教育成绩的考查方法。

第四种，强调教育评价是对受教育者的变化及其引起因素作出的价值判断。我国有的学者认为，教育评价是指按照一定的价值标准，对受教育者的发展变化及构成其变化的诸种因素所进行的价值判断。

第五种，突出满足社会和个人需要程度的判断。我国学者陈玉琨认为："教育评价是对教育活动满足社会与个体需要的程度作出判断的活动。"

借鉴上述界说特别是第五种界说的思想，我们把教育评价界定为：教育评价是评价者根据一定社会确定的教育目标和价值标准，对教育活动满足社会与受教育者需要的程度作出判断的活动。

把握这一界定，要重点理解以下四点：

第一，评价依据。任何教育都是一定社会的教育，教育目标是一定社会所规定的，它不仅决定教育方向和人才培养目标，也决定着教育行为的具体取向，因而，教育评价必须以教育目标为基本依据。从根本上说，教育评价就是评判教育目标是否实现及实现的程度。价值标准是一定价值观的具体化，它既体现在教育目标中，也规定着教育评价的价值取向。没有价值标准，就无法对教育活动作出价值判断。每一具体的、特定时空的评价，都有自己的具体评价标准。但这些标准都是基本的价值标准的具体化和细化，归根到底都是基本价值标准决定的。我国是一个多元经济结构的社会，价值观也是多元的。在多元价值观存在的社会里，教育评价要以主流的价值观以及由此而制定的价值标准为依据，只有坚持这一点，才能保证教育评价的正确方向，也才能促进教育活动价值增值。

第二，评价界阈。界定中的教育或教育活动的外延是其活动的全部。从参与者或载体来说，包括学生、教师和管理者等；从活动类别来看，有学习活动、教育教学活动、管理活动等；从每一活动的内容来看，更是五彩纷呈。教育评价的界阈是教育活动的全部，包括对一切教育活动和与教育活动有关的一切人员、机构、方案等的评价。

第三，评价本质。教育评价的本质是价值判断。教育是人类有意识的、自觉的社会活动，它受制于社会的政治、经济、文化，又能动地满足社会的政治、经济、文化发展的需要，而教育满足于社会政治、经济、文化发展的需要又是通过人才培养实现的，这就是教育的价值，也是教育存在和发展的根源。教育的价值不是被动的，而是能动地为社会和个人发展的需要服务。教育评价就是要对教育活动提供给社会和个人发展的价值作出判断，借以增进教育活动的价值，推动社会和个人的发展。

第四，教育评价要关注社会发展的需要，也要关注受教育者个人发展需要。教育活动的主体，既包括社会，也包括受教育者个人。教育活动既要满足社会的需要，也要满足受教育者个人的需要。教育评价不仅要对教育活动满足社会需要的程度作出判断，也要对其满足受教育者个人需要的程度作出判断，两者不能偏废，不能扬一抑一，更不能取一舍一。教育满足社会需要的关系是教育的社会价值（外在价值），这是教育的重要价值；教育满足受教育者个人需要的关系是教育的个人价值（内在价值），这也是教育的重要价值，甚至是更重要的价值，因为教育满足社会的需要，主要是通过具体人才培养来实现的。因此，衡量教育价值，既要视其是否满足社会发展的需要，也要视其是否满足个人发展的需要。

二、与教育评价相关的几个概念

（一）教育评价与教育评估、教育评定

一般认为，评估与评价的概念相近，在实践中常将两者在同一意义上使用。评价是指评判价值，是价值判断的过程。评估和评定中的"评"也是"评量""评判"的意思，而"估"具有"估计""估量""推测"之意，"定"有"确定""断定"、对客体作出结论之意。因此，评估、评定也都是价值判断的过程，只不过评估的模糊定量评价的属性突出些，评定的精确定量评价的属性突出些，因为评定一般是在测量的基础上对客体作出结论。由于

它们都是价值判断的过程，所以可以统称为"评价"。我国学者比较一致的意见是，在评价实践中可以根据评价对象涉及的因素的多少和复杂程度不同而分别使用评估或评定。例如，对教育机构、教育团体、学校、教育计划、方案、政策等，涉及因素较多、复杂程度较高的对象，评价时采用精确的定量分析方法比较困难，因此常采取定性与定量相结合、质性描述资料与客观统计资料相结合的手段进行价值判断，对此称其为"评估"比较符合实际。而对于像学生等个体的评价，涉及的因素比较少，尤其对学生学科学习成绩的评价，可以用测验的方法进行精确测量，在此基础上对照常模或标准作出价值判断的结论，人们常称其为成绩"评定"。评估、评定实质上都是对客体作出价值判断，故本书不作区分，均称为"评价"。

（二）教育评价与教育统计

教育统计学是将数理统计学的理论和方法运用于教育领域，从数量的角度研究教育现象的数量特征、关系、规律等的一门应用学科。它通过数据的分析和处理，准确地掌握教育的状况、规律，它为制定教育方针、政策以及制定教育方案等提供科学依据；它是进行教育科学研究和教育管理的工具，也是教育评价的工具。教育评价中获得的大量评价信息要靠教育统计提供的方法进行处理，例如描述被评价对象的一般水平状况，各项评分结果的汇总、比较，评价工具及评价结果的质量分析等。教育统计为教育评价提供数据处理的工具，也为评价结果的质量提供保证。

（三）教育评价与教育测量

测量是刻画事物的量。任何事物或现象都有质的规定性，也有量的规定性，人们对任何事物或现象的认识，都包括对其质和量的认识，我们对教育现象或活动的认识也包括了对其质与量的认识。教育测量就是根据一定的理论、规则，运用一定的测量工具对教育现象进行数量化描述的过程。教育评价和教育测量既有联系又有区别，教育评价是对教育活动的价值的判断，这一判断是以对评价对象的客观描述为前提，没有对评价对象的客观描述，就不会有对评价对象价值的客观判断。因此，教育测量是教育评价的基础，教育评价要在教育测量所获得的客观信息的基础上进行。同时，教育测量的结果要通过评价才能获得实际意义，否则它只是一堆抽象的数字而已，很难成为对决策者有参考价值的信息。例如某学生语文得80分，这是一个测量的结果，那么这个80分是属于好的成绩，还是差的成绩，不把它放在一定的标准下进行比较判断，只凭这一数据无法说明被评者的成绩好与差。教育评价与教育测量有密不可分的联系。

教育测量与教育评价的区别主要表现在：①测量是对事物数量特征的获得，纯属于对事物客观存在真理性的认识，它强调数量化的方法与结果；而教育评价则是对教育现象客体的价值进行判断，是对教育现象的价值关系的认识，它强调定性和定量相结合的方法，其结果多为定性的质的描述。②教育测量是一种纯客观的过程，其突出特点是客观性；而教育评价则具有两种属性，即客观性和主体性，是客观性与主体性的统一。③测量的任务是对事物的量的认识，一旦获得被测对象欲测属性的数据，测量的任务就完成了；而评价作为一种认识活动是人的意识对客观事物的活动过程及其结果的综合反映，它反映的既是该事物的过程和终点，又是新的认识和实践活动的起点。

（四）教育评价与教育督导

督导，是监督、检查、指导。教育督导是指行使督导职权的机构和人员，受本级政府或同级教育行政部门的委托，依据国家有关教育的方针、政策和法规，对下级人民政府的教育工作、下级教育行政部门和各级各类学校的工作进行监督、检查、评估和指导，以保证国家有关教育的方针、政策、法规的贯彻执行和教育目标的实现。

教育评价和教育督导既有联系又有区别。其联系表现为：教育评价是教育督导的重要环节和手段，因此，①两者基本目的和过程一致，都是为加强对教育工作的科学管理，全面落实党的教育方针，全面提高教育质量，全面实现教育的功能，两者都必须在客观搜集被评信息基础上进行价值判断，反馈评价信息，指导被评者改进和提高工作质量。②两者活动的基本依据一致，评价和督导活动都必须以国家的教育方针、政策、法规为基本依据，尤其是对各级各类学校的评价和督导更应如此，不能偏离方向。

教育评价与教育督导的区别主要表现在以下方面：①对象的范围不完全相同。教育评价的对象范围包括了与各级各类教育活动有关的一切人和事；而教育督导更多地指向教育行政部门和学校涉及与国家教育方针、政策、法规有关的教育问题，而对教育活动方案及教育方针、制度本身的评价不属于其工作范围。②主体不完全一致。教育评价的主体可以是他人，也可以是自己，既可以是教育行政部门、领导、社会、专家、同行，也可以是被评者自己；而督导评价是自上而下的他人评价，督导中的评价主体是人民政府或教育行政部门，是行使督导职权的机构受本级人民政府或同级教育行政部门的委托，对下级人民政府的教育工作、下级教育行政部门和学校的教育工作进行督导。行使教育督导职权的机构设有相应的专职督学人员，也可聘兼职督学，政府赋予他们督导权力，其他人员不能代替。③对结果使用的要求不同。教育评价的结果主要用于鉴定、选优、改进工作，或为方案决策提供依据等，评价主体对被评者有建议、指导、帮助的责任，没有制止某种行为的权力，评价结果可以和某些政策挂钩，也可以不和某些政策挂钩；而督导评价中对被督导单位违反方针、政策、法规的行为，督导机构或督学有权予以制止。督导机构或督学提出的意见和建议，如无正当理由，被督导单位应当接受，并采取相应的改进措施。

三、教育评价的研究对象

教育评价作为一门科学，同一切科学一样，有其特定的研究对象。教育科学群的各门学科都是以人类社会所特有的教育现象为研究对象的。这是教育科学群同其他门类科学的最根本的区别。在教育科学群中，有的是以教育现象整体为研究对象，有的是以教育现象的不同领域或不同层面为各自的特定的研究对象，这是教育科学群中各学科的根本区别。那么，教育评价作为一门科学，它的研究对象当然离不开教育，它是以对教育领域中的各个要素、发展过程、系统整体的价值关系及其教育价值目标的实现程度、实现过程、结果以及对其的解释、判断为研究对象，从而揭示教育评价活动的规律性。教育评价作为一门科学，其内容包括教育评价的基本理论、教育评价的技术与方法、教育评价实践等，这些内容从不同方面、不同层次上揭示了教育评价的规律性。

教育评价又是一种活动。作为一种活动，教育评价的对象范围应该包括教育活动中的一切现象和结果。日本学者梶田叡一将这些对象中最重要的、按照从核心到边缘的顺序整理划分为六种水平的评价对象。

第一种水平的评价对象是教育活动中的核心对象，也是教育评价最重要的对象，即每个学生。教育活动的前提条件、发展过程、成果等首先都必须依据学生的能力、行动、状态来进行评价。因此，在狭义上使用教育评价这个概念时，就是仅以学生为对象的。在这个意义上也可以说这个对象在教育评价中占据着核心的地位。

第二种水平的评价对象是教育活动。根据为促使学生沿着一定方向成长发展而规划的各种教育活动的有效性或成功度来评价教育目的是否实现。包括教学的评价、学校例行活动的评价、班会以及学生会活动的评价等。

第三种水平的评价对象是直接规定教育活动内容、方式的教学计划和教师。教育活动的状况直接受这两者的制约。

第四种水平的评价对象是潜在地影响着每个学生成长发展的学校的社会文化背景，即那些隐蔽的课堂，包括学生集体、包括教师在内的班级、教师集体和学校的整体状况。它们都是和制约教育活动的集体条件有关的，同时又是和作为集体成长发展意义的成果有关的因素。

第五种水平的评价对象是学校物质的、社会的环境条件，主要有基本设施、校址及校舍、周围社会的环境。这些都是和教育环境有关的对象。

第六种水平的最重要的评价对象是以学校为构成要素的包罗范围更广的教育体制，即教育行政体制、学校教育在整个社会中的地位和职能等。这些都是从根本上规范每个学校整个教育活动的具有指导性的各种条件。

从以上表述中可以看到，作为一门科学的教育评价的研究对象与作为一种活动的教育评价对象是不同的，两者既有区别又有联系。作为一种活动的教育评价对象是作为一门科学的教育评价研究对象的载体、"附着物"，两者既不能等同，又不能割裂开来，应当在它们的区别和联系中把握两者对象的关系。

第二节　教育评价的目的、功能与特点

一、教育评价的目的

人类的活动是有目的的。目的，是人们在活动之前观念地存在于头脑中的活动结果，即预定的结果。人行为的目的性，是人与动物的根本区别。教育评价的目的，是人们在开展教

育评价之前规定的教育评价活动所欲达到的效果，也就是教育评价主体期望通过评价过程及评价结果对教育活动产生的预期影响。评价的结果可能与预期的目的相吻合，也可能不同，这取决于评价主体对教育活动的认识和对教育评价目的的认识。教育评价目的是开展评价活动的出发点，也是评价活动获得最终效果的预定，它规定着评价活动的开展以及评价的方向。特定的教育评价活动，均指向一定的目的，评价的目的越清晰、明确，评价活动的效果就会越理想。教育评价的目的可概括为以下几方面：

（一）获取信息的目的

获取信息是教育评价的基础性目的。教育评价是对评价对象进行价值分析和判断，而价值判断的前提性条件，则是获取评价对象的大量信息。获取信息的目的没有达到，价值判断就无法进行。教育目标的要求和教育的实际过程往往存在一定矛盾，要解决这一矛盾，就必须通过评价获得有效信息，并分析、综合这些信息，反馈给相关人员，才能促进教育过程朝着目标逼近。学校的教育、教学、管理是一个连续不断的过程，要保证这一过程各方面机制的有效运行，就应该有教育、教学和管理过程中相关信息的准确获得、及时反馈，反馈的前提则是要先获取信息。总之，只有达到获取信息这一基础性目的，价值判断才能进行，其他方面的目的才能预期而至。

（二）诊断问题、促进发展的目的

教育是一种有目的的社会活动，教育活动的根本目的是实现教育目标。然而在大量的教育活动中，偏离教育目标的现象时有发生。这种现象存在的原因很多，可能是认识问题，对客观规律认识肤浅，也可能是情况的变化，未能采取相应的对策。要改变这种状况，就要及时发现教育、教学和管理中存在的问题，并切实解决这些问题。教育评价的目的之一，就是要诊断教育活动中存在的问题，找出偏离或背离教育目标的方面，有针对性地改进不足，以求教育活动的健康发展。评价过程是一种较全面的、科学性较高的分析过程，问题诊断中的信息要通过一定的评价过程获得，建立教育评价的制度，就是建立一种经常的检查和诊断教育过程中存在的各种问题的机制，以帮助教育工作者提高教育和管理水平，促使教育目标达成。

（三）控制和监督的目的

教育评价是教育管理的重要手段，控制和监督是管理的重要环节。通过教育评价实现对教育活动的控制和监督是教育评价的目的之一，教育管理部门就是通过评价监督实际的教育活动与预期的教育目标或要求是否一致，监督国家的教育方针、政策和法规的落实，控制教育行为沿着教育目标、方针、政策规定的方向运动，按照法规规定的原则有序推进。教育评价通过评价目标、指标等具体准则和提供相关的信息来为教育活动的控制和监督服务。

（四）决策的目的

教育评价是教育决策的基础，为教育决策服务是教育评价的又一目的。在教育、教学和管理中，时时处处离不开大大小小的决策、决定，要使决策、决定科学，符合客观规律，就要在决策前对方案或设计进行全面的评价，对其理论依据的科学性、可行性等进行论证。教育评价可以为决策提供信息，通过评价提供的信息保证决策的科学性和最优化。

（五）激励前进的目的

对学生、教育工作者、学校等不同对象范围的评价，都涉及对被评者的劳动态度、劳动成果和效率的考核、鉴定。及时、客观、公正的评价，能帮助人们客观、准确地认识自己，激励人们全力工作、积极上进。通过评价找出优点与不足，区分出优劣，对先进的进行鼓励，能给人以精神满足，对后进的也起到鞭策的作用。为了更好地调动广大教育工作者的工作积极性、主动性，建立以促进发展为目的的学生评价制度、教师评价制度、教学评价制度，可以激励学生和教育工作者把工作做得更好。

总之，教育评价的目的是多方面的，也是有层次的。单项评价的目的是单一的，综合性评价是多种目的的有机统一。综合起来说，教育评价的目的，在于全面地控制和诊断教育的过程和行为，为提高教育质量和科学决策服务。通过教育评价的过程使教育行政部门、学校从内部改进教育活动，通过教育评价的结果使社会了解教育工作状况，并形成理解、支持改进教育活动的外部氛围，从而促进教育活动适应社会发展的需要，适应受教育者个人成长与发展的需要，实现社会规定的教育目标。

二、教育评价的功能

所谓功能是指一定材料按一定结构组合之后所具有的工作能力。认识事物的功能有助于人类更好地利用事物。例如刀具有切割的功能，我们可以用它切菜，切水果等。功能是事物本身具有的能做什么的能力，教育评价的功能是教育评价所具有的效能，或者教育评价所能发挥的积极作用。认识教育评价的功能，是为了在教育活动中更好地运用这一工具，使其充分发挥积极作用，更好地实现评价目的。教育评价的功能是多方面的，这里概括提出以下几种功能：

（一）导向的功能

导向即引导方向。做任何事情都不能没有方向，方向在人的行为中起航标的作用。由于教育价值趋向多元化，所以评价的导向就特别重要。在教育评价活动中一般要根据评价目标设计评价指标和标准，然后依据评价标准进行评价。评价指标、标准与评价结果存在内在联系，不同的评价内容、标准会得出不同的评价结果，因此，评价内容和标准就像一个指挥棒引导人们活动的方向。在实际的教育活动中，教育评价的导向作用十分明显。例如，教育评价评什么，教育活动的实施者就趋向于重点抓什么；教育评价给予怎样的教育行为以高的评价，教育活动的实施者就趋向于采用怎样的教育行为。评价能控制行为的方向和侧重点。同时，评价目标对于社会或个人都是有意义的，所以人们在实现目标的过程中，又会根据自己对目标价值的判断来决定努力的程度。如果目标价值大，就会表现出高度的积极性；如果目标价值不大，就会表现出较低的积极性。可见评价对象的积极性受目标价值的影响。

发挥教育评价的导向功能，要求在制定教育评价方案时，既要考虑到社会的需要，又要注意满足被评者的需要，把人们引导到既符合社会发展规律，又能满足个体需要的目标上去。发挥评价的导向功能，主要是通过建立以评价指标和标准为核心的评价指标体系实现的。例如，为了更好地实现课程改革的目标，我国就提出要建立发展性的学生评价体系、教师评价体系和教学评价体系，确定以促进学生的自主全面发展、促进教师提高和改进教学实践为目标的教育质量评价标准，强化了评价的导向功能，引导教育行政部门、学校、教师，调节教育方向、教育教学目标和教学行为等。

（二）诊断的功能

教育评价通过获取教育活动的实际状态、影响教育活动过程发展方向的各种因素以及教育活动对参与者的影响等方面的信息，对其进行整理、分析，能够发现教育活动或评价对象哪些地方存在欠缺或偏离目标的要求，使评价对象发扬成绩，改进不足。教育是一种有目的的活动，为了达到预定的教育目标，我们必须对教育者和被教育者进行有效的指导，正确有效的指导来自于准确的诊断。教育评价能帮助人们找出关键问题所在。准确的诊断有利于教育活动的改进和教育教学质量的提高。

发挥教育评价的诊断功能，要求评价者既要熟悉教育活动，又要摆脱经验的框架，每一次评价，都要实地了解教育活动的各种信息，并认真分析，才能对这一具体的、特定的教育活动作出全面的、切合实际的诊断。

（三）鉴定的功能

鉴定，意指对教育活动成效优劣的甄别，常与终结性评价密切相连。鉴定具有选拔、分等的效能，能实现对同类评价对象之间优劣高低的比较。在教育评价中，鉴定可以归为三种类型。一是水平鉴定，根据一定的标准，鉴定评价对象达到标准的程度。例如，鉴定学生的发展水平，教师的教学水平，学校的管理水平等。二是评优鉴定，即通过对评价对象相互之间的比较，评定优者。三是资格鉴定，即对评价对象是否具有从事某种活动的资格进行鉴定。如教师资格、管理人员资格的鉴定等。早期的教育评价，以发挥评价的鉴定功能为主要特征，例如泰勒的"行为目标模式"发挥的就是这一功能。现代教育评价，要全面实现评价的功能。

教育评价鉴定功能的发挥，有赖于教育评价内容和标准的科学性以及评价结果的可靠性和有效性程度。

（四）改进的功能

改进的功能是现代教育评价的主要功能。教育评价的改进功能与形成性评价、诊断性评价密切相连。教育过程是一个不断发展变化的过程，需要不断完善和改进才能保证和提高教育教学质量。教育评价作为教育活动的重要环节、教育管理的重要手段，本身就是改进教育活动的具体体现。伴随教育活动过程的评价，通过收集、筛选、分析加工教育活动或评价对象的有关信息，能够真实地将评价对象的状况显示出来，帮助我们发现教育活动或评价对象存在的主要问题，及时将信息反馈给评价的有关当事人，为他们分析问题原因，及时解决问题提供重要依据。

　　评价的改进功能的实现，要求评价者深入教育活动的实际，了解真实情况，与被评者相互沟通，协商讨论评价中提出的问题，取得被评者的认可，并帮助被评者研究改进提高的途径和办法。

（五）激励的功能

　　激励就是激发动机或调动积极性。合理的、适时的评价，有利于公平竞争，能调动多方面的积极性。通过科学评价，明辨是非、区分优劣，既可以为管理者的决策提供服务，也可以为被评者或被评单位提供反馈信息，使管理者、教育者、受教育者明确自己的优点与不足。知道自己工作、学习好在什么地方，能给人以发扬成绩的动力和某种精神上的满足，能较好地促进人们工作、学习的积极性和热情，让人们自觉全力投入工作或学习；清楚自己工作、学习的具体缺欠，能使被评者或被评单位有针对性地、自觉地改进不足之处，提高工作和学习质量，促进其不断发展。

　　激励功能的实现，要求评价者必须严肃、认真、负责地组织评价活动，使评价科学、公平、公正、合理，要及时、灵活地反馈信息。同时，要让被评者积极参与评价过程，要充分利用自我评价，重视自我激励。自我激励是最有效的激励。

（六）监控的功能

　　教育是一个系统工程，处于不断发展变化的状态，为了使教育达到预定的目标，我们就必须对教育系统的各个环节、各个组成部分进行有效的监控。教育评价恰能做到这一点。教育评价是教育管理的一种手段，每一次具体的评价活动，都是对教育系统的具体环节和评价对象工作的一次调控。如我国在普教系统开展的全国性五项督导检查等即如此。英国教育和科学部于1975年、1978年、1980年发布通知或法令，强调对学生学习成绩、教学中的课程安排及学校的办学水平进行严格检查与评价，以加强对教育教学工作的宏观调控亦如此。管理者通过评价，监督、促使被评者或被评单位按标准做好工作，同时通过评价结果也可使社会了解并监督教育活动的开展，从而有效地促进教育目标的实现。

　　教育评价监控功能的发挥，是建立在一系列严密操作程序基础上的，要求评价者必须有组织、有计划、连续、系统地搜集信息，分析信息，利用信息。同时，教育评价应成为教育管理的一项常规性的活动。

　　教育评价各种功能的发挥，是通过评价的实践活动体现出来的。但评价的功能和评价活动并不是一一对应的关系，而是在评价活动过程中综合产生影响，只不过由于评价的目的不同，某一特定的评价会侧重某种评价功能的发挥。

三、教育评价的特点

（一）教育评价是以事实判断为基础的价值判断

　　价值判断是评价者根据价值主体的需要，判断价值客体是否满足价值主体的需要以及在多大程度上满足价值主体的需要。这一判断是建立在对价值客体事实状况了解的基础之上的，也就是建立在对客体的事实判断的基础之上的。事实判断要回答客体本身是什么、怎么样的问题，而价值判断必须以事实判断为基础，回答客体对主体有什么意义的问题，在多大程度上满足价值主体的需要或达到价值主体的要求。事实判断和价值判断是人们认识外界和自我的两种最基本的方式。

教育评价的本质是价值判断，是对教育现象的价值作出判断。这一判断当然也必须以教育现象的事实判断为基础，否则，对教育现象的价值判断就会成为毫无根据的主观臆断。科学研究重在事实判断，即揭示事物的客观规律；评价重在价值判断，即揭示事物的价值、意义。教育评价必须在充分获得教育现象现状和结果信息的基础上进行价值判断，才能达到真实、准确地认识教育现状，自觉主动地改革教育现状，实现教育的价值目标。

（二）教育评价的基本标准是国家的教育目标

任何评价都离不开标准，没有标准就无法判断事物的优劣高低。教育评价对教育活动的判断当然也离不开标准。虽然每一特定的评价有其具体的评价目标、标准，但各种教育评价共同的基本标准是教育目标。

教育目标是根据人与社会发展的需要，对教育活动的目的、方向和要求的规定，是教育活动的结果所应达到的标准、规格和状态，它是教育工作的出发点和归宿，是评价教育活动成效的依据。教育目标可以分为总目标和具体目标，国家教育方针规定的是国家教育的总目标，各级各类学校、各科教学、各种教育活动都有自己的具体目标。总目标和具体目标是相对的，它们都可以分解为不同层级的子目标，子目标是更为具体的目标，是评价教育活动的最直接的依据。

（三）教育评价具有连续性和系统性

教育是一种有目的、有计划、有步骤的实践活动。教育现象的发展变化、受教育者的发展变化，要在一定的时空中反映出来。从纵向看，任何教育现象都是在原有的基础上发展变化来的，因此，评价教育现象要有连续性，不能仅看教育现象在某一时刻的点值，例如不能以学生的某一次考试分数论其优劣，而要看他的学习基础和努力程度等。同时，从横向看，教育现象的发展、学生的成长等是受多方面因素制约的，因此，评价教育现象要具有系统性、全面性，教育评价活动必须通过各种测验、调查、访谈等方式，全面、系统地而不是零碎地获取教育活动或评价对象的信息资料，这是教育评价活动赖以进行的基础。不调查就评价，只能是主观臆断。信息资料的系统性、可靠性直接影响评价结果的可靠性、有效性。例如对学生的评价，不能仅凭学科考试成绩，而是要全面收集学生多方面智能的表现，进行全面评价，才能符合事实。

（四）教育评价过程是主客体互动、评价与指导统一的过程

教育评价作为教育管理的重要手段，进行评价是为了改进工作和学习效果，提高工作和学习质量，这是评价者和被评者共同的目标。所以教育评价的评价者和被评者应是相互协商的，尽量促使被评者参与并取得被评者的支持，重视被评者的自我评价。对于在评价中发现的被评者的不足之处，评价者应与被评者相互沟通，取得被评者的认可，并有责任帮助被评者分析原因，提供或创造条件帮助、指导被评者改进工作和学习。如果只评价而不指导，那么评价就不是手段而成了目的。做到主客体互动、评价和指导统一，才能达到改进工作、提高质量的目的。

（五）教育评价是一种心理特征鲜明的主体性活动

评价者对客观事物作价值判断时，一方面要以事实为基础，另一方面又受评价者价值观的影响，可以说价值判断是客观性与主体性高度统一的一种活动。教育评价活动中，评价者的认识水平和一些心理因素会影响评价结果的可靠性；同时，教育评价中，对学生和教师等教育工作者的评价是大量的，这些评价对象都是活生生的人，由于教育评价的主客体双方都是有感情的认识主体，个人的情感、兴趣、爱好、倾向等，会强烈影响对教育活动的价值判断，这是价值观的主体性的必然反映。对于同一教育现象或活动，由于评价者的价值标准不同，需要不同，其评价过程和结果都可能不同。在进行或接受教育评价活动时，主客体双方都必然会引发一些心理效应，或是积极的，或是消极的。因此要使教育评价达到纠正不足、促进发展的目的，就必须了解双方的需要，弄清楚评价过程中评价者和被评者双方可能产生的心理现象，并进行有效的调控。

第三节 教育评价的类型与原则

一、教育评价的类型

教育评价可按不同的依据进行分类，主要有以下五种分类：

（一）诊断性评价、形成性评价和终结性评价

按功能及用途划分，可将教育评价分为诊断性评价、形成性评价和终结性评价。

诊断性评价是指为了解教育活动存在的主要问题或使教育活动的形式、内容、过程等更适合活动对象的自身条件及需要而进行的评价。教育活动进行之前，可运用诊断性评价了解活动对象自身的条件与需求，以便针对其条件与需求确定特定活动的目标、内容、形式、方法等；教育活动进行之中，可运用诊断性评价了解活动参与者存在的主要问题或活动对个别成员不奏效的原因等。诊断性评价可以为发现问题、修订活动方案等提供依据。

形成性评价是指在教育活动过程中，为不断了解活动进行的状况，及时对活动进行调整，提高活动质量而进行的评价。形成性评价主旨在于了解活动的得失，为改进活动及时提供反馈信息，而不是评定成绩、判断优劣。所以形成性评价是在活动过程中进行的，评价的对象是活动进程中某一阶段的情况，目的是了解活动达到目标的程度和未达要求的原因，以便克服不足或修订后续活动方案，一般不参与对活动效果的评定。

终结性评价是指对教育活动结果进行的评价。其侧重在于对教育活动的成果作出鉴定，并将鉴定结果报告相关人员。如对学生的学习成绩进行评定，将其报告给学生家长、学校领导等。终结性评价并不仅限于活动结束之后进行，在活动之中进行的旨在对活动效果的评价同样具有终结性评价的意义。

（二）相对评价、绝对评价和个体内差异评价

按评价参照标准划分，可将教育评价分为相对评价、绝对评价和个体内差异评价。

相对评价是指根据评价对象的实际状况设定标准的评价。例如，在教育活动中，以评价对象水平为基本标准，将评价对象按程度排序。相对评价的结果显示个体在群体中的相对位置。在选拔人才或评选先进集体、先进个人时，一般使用相对评价。相对评价可显示个体在群体中的相对位置，而不能表明评价对象的实际能力水平。由于群体之间整体状况存在差异，所以在某一群体内的个体评价结果不适用于另一群体。另外，相对评价结果往往不能为评价对象如何改进活动状况提供实际的意见。

绝对评价是指依据某种需要或要求设定标准的评价。例如，在教学活动中，教师以是否达到教学大纲的要求为标准评价学生，只要学生的学习结果达到大纲的基本要求即为合格。再如各种资格证书的获得，均以评价获得者达到特定的资格要求为依据，只要被评者达到某种标准，便认定其具有某种资格。绝对评价可以表明评价对象会做什么和实际达到的水平。绝对评价由于标准固定，所以评价对象可以通过评价了解自己的活动结果与标准的差距。

个体内差异评价是指以评价对象以往发展水平或某一状况作为标准的评价。进行个体内差异评价，可以比较个体状况前后的变化，也可以对个体的不同侧面进行比较。例如，把学生某个阶段的学习水平与其前一阶段学习水平比较，以前一阶段学习水平为标准，判断学生的学习状况提高或降低，或将其各学科的学习水平进行比较，了解学生的能力特长与不足。对学校的评价亦如此。个体内差异评价的标准是多元的而不是划一的。个体内差异评价可以使评价者了解每个评价对象的进步情况、优长与不足，也可使每个评价对象对自己全面了解，并确定努力的方向。

（三）宏观评价和微观评价

按评价对象的层次、范围划分，可将教育评价分为宏观评价和微观评价。

宏观评价是指对影响到社会范围的那些指导、规范社会教育活动的各种因素的评价。这些因素主要包括教育目的、教育结构、教育制度、教育内容、教育方法、教育的社会效益等。它们对教育活动过程的影响是总体性的，对教育活动范围的影响是全局性的，对教育发展的影响是战略性的，所以对其评价是宏观性的。

微观评价是指对某项具体的教育活动、对实施和管理教育活动的组织与个人、对教育活动指向的具体对象等进行的评价。如对一项改进教育活动的具体方案、措施的评价，对某级教育行政机构、学校的评价，对学生、教师的评价等。总之，微观评价对象是具体的教育活动及教育活动参与者。

（四）他人评价和自我评价

按评价主体划分，可将教育评价分为他人评价和自我评价。

他人评价是指由教育活动实施者以外的他人作为主体的评价。他人是相对活动实施者而言的，既可以是个人，也可以是小组或机构。如专家评价、社会评价、同行评价等均是他人

评价。对教师来说，学生对其教学情况的评价是他人评价，对学生来说，教师对其学习情况的评价是他人评价。他人评价可以为活动实施者了解自己的状况提供更广阔的视角，可以为改进活动状况提供更多的思路。他人评价的实际效果取决于评价对象的参与程度以及评价本身的科学性、公正性等。

自我评价是指教育活动实施者作为主体的评价。自我，既可以是组织也可以是个体。就自我是组织或群体而言，自我评价是指组织或群体对其行为的指导思想、行为过程、现实状态和结果等的评价；就自我是个体而言，自我评价是指个人对自己的知识、能力、道德品质、行为等的评价。自我评价是对自我行为过程和结果的反思，可以形成自我反馈环节，其信息具有直接性、丰富性和生动性。自我评价不仅有利于发挥自我这一主体的自主性、积极性，也有利于发挥自我作为评价客体的自主性、积极性，有利于克服他人评价中可能产生的逆反心理。自我评价是个体自我教育、自我完善、自我发展的最有效的途径之一。

（五）定性评价和定量评价

按评价方法划分，可将教育评价分为定性评价和定量评价。

定性评价是指采用开放的形式获取评价信息，运用定性描述的方法作出结论的评价。定性评价常采用观察、访谈、调查、查阅文字资料等方法获取评价对象各方面的信息，对评价对象的状况作出描述、分析与评价结论。如对学生学习状况的评价，可以采用观察学生学习的行为表现，访问学生对学习的态度、想法及形成学习动力或阻碍学习的各种因素，了解学生学习环境、教师、家长对学生的影响等，最终对学生的学习状况及影响因素作出分析与评价。定性评价有利于评价者了解评价对象的整体状况，并制定有效的活动方案。但由于定性评价往往是对不同评价对象的具体分析作出的定性结论，所以不利于评价对象间的精确比较。

定量评价是指采用结构式的方法，预先设定操作化的评价内容，收集并量化评价对象的信息，运用数学方法作出结论的评价。例如对一个教学班学生学习状况的评价，首先确定以学生的学科学习为评价内容，之后收集学生的考试分数，以统计的方法检验其成绩的优劣。目前教育评价中使用的数学方法主要有两类，即教育统计学方法与模糊数学方法。定量评价结果有利于评价对象间的精确比较，但由于数量值过于抽象概括，所以很难对评价对象存在的问题及影响因素做出有效分析，也不利于评价对象有针对性地改进工作。

对教育评价进行分类，是为了更好地认识各种教育评价类型的特点及其作用。了解教育评价各种类型的特点是为了在实际的教育评价工作中更有效地运用各种类型的评价，在实际评价中，各种类型的评价常常交叉使用。

二、教育评价的基本原则

教育评价原则是在对教育评价规律的认识和总结教育评价的作用及特点的基础上提出的，反映了人们对开展教育评价活动的基本要求。人们对教育评价活动规律的认识程度制约着教育评价原则的内容。教育评价运作过程涉及各个层面，评价原则应对评价活动涉及的各个层面做总体规定。概括教育评价的基本原则如下：

（一）方向性原则

教育评价的方向性原则，是指评价必须坚持引导教育工作更好地贯彻国家的教育方针、满足社会和个体发展需要的正确方向，保证教育活动沿着良性、健康的方向发展。

贯彻教育评价的方向性原则，最重要的是要求教育评价在确定评价目的和标准时，必须以国家的教育目标为基本的、总的依据。具体地说，要求教育评价要通过科学地设计指标体系的内容和标准，恰当地确定权重，合理地呈现和使用评价结果等，引导、推动教育活动朝着符合国家教育方针、政策所要求的方向发展。促进教育工作落实国家的教育方针、实现教育目标是教育评价的出发点和归宿。

（二）科学性原则

教育评价的科学性原则，是指进行评价必须把握教育和教育评价的客观规律，实事求是，以客观事实为根据，获取信息，依据科学的标准分析和处理信息，对教育活动的过程和成果进行分析判断，不能凭主观想象、主观臆断。不科学的评价不仅不能实现评价目的，反而会挫伤评价对象的积极性，干扰教育活动的顺利进行。

贯彻教育评价的科学性原则，要求确定的评价指标必须符合评价的目的要求，反映评价对象的本质特征，注意指标间的联系与交叉，避免指标重叠；评价标准要合理，既符合国家的规定，又符合实际，评价者要正确理解和把握评价标准，克服主观随意性和感情因素的影响；评价方法的选择要与评价对象的性质相适应，尽量采取现代的、科学的方法技术，定性分析和定量分析相结合。只有这样，才能使评价信息的搜集更为全面准确，评价信息的分析处理更科学，评价结论更可靠。

（三）激励性原则

教育评价的激励性原则，是指评价应促使评价对象形成继续努力或在进一步活动中克服不足之处，增强提高活动效果的动机或期望。这是教育评价要激励评价对象前进、促进其发展的目的所决定的。

贯彻教育评价的激励性原则，首先要使教育评价过程及其结果客观、公正、准确，否则，评价对象就会产生不安和排斥心理，这样的评价不仅不能产生激励作用，反而会产生相反的结果。其次，制定评价目标和具体标准要从评价对象的实际出发，充分考虑评价对象的客观环境和条件，不要过高或过低，使评价对象经努力有可能达到目标。最后，要求评价的实施者注意评价对象个体的心理状态，评价技术的操作应考虑评价对象的可接受程度，要求评价者了解并尊重评价对象的意见，并向评价对象及时反馈评价结果，以激发评价对象在进一步的活动中保持优势、克服不足之处的动机和行为。

（四）可行性原则

教育评价的可行性原则，是指教育评价要在保证正确方向和科学、客观的前提下，尽量使评价简便易行。评价过于繁杂，会造成更多的人力、物力的浪费和评价对象的负担，会降低评价的实际功效。

贯彻教育评价的可行性原则，一是要求在正确、科学的前提下抓住评价对象的本质特征，尽量简化评价指标体系；二是要求评价标准高低适度，同时注意评价对象的层次性、差异性；三是在评价的组织实施中，搜集信息的方法要在科学的前提下使其简化，让人能理解、会用。评价中应将科学性和可行性结合起来。

（五）实效性原则

教育评价的实效性原则，是指评价要有实际作用，即有指导实际、改进工作的效用。教育评价活动和一般的科学理论研究不同，实践性极强。评价活动如果不能正确地、恰当地肯定评价对象的行为价值，并找出工作或学习中的问题，对其改进提出有价值的帮助，那么这种评价就是走形式，不会被接受。

贯彻教育评价的实效性原则，一是要求评价目的必须明确，针对实际问题，充分利用评价的导向作用，促进实际问题的解决。例如针对中学的片面追求升学率、教师教学中只注重知识灌输、学生单纯追求分数等问题，如果新课程改革要求下的教师教学评价和学生评价不能有效地促进这些问题得以解决，那么评价就失去实际效用；二是要求评价过程中主客体相互沟通，及时反馈评价信息，并帮助评价对象解决问题，这样有利于促使评价对象主动参与评价、自觉改进工作。提高评价的实效性是实现评价目的的根本要求。

第四节　西方教育评价模式简介

教育评价模式是教育评价基本理论与方法的总体概括，是某种教育评价类型的总体构思。它对评价的概念、功能、基本范围、主要内容、过程、方法等一般都有规定。

教育评价模式一般具有如下特征：一是反映一个完整的教育评价过程；二是只对某种教育评价类型的基本理论与方法进行框架性的描述，不是具体的评价方案；三是教育评价理论与实践的桥梁或中间环节，对教育评价实践活动具有导向和控制等功能。教育评价模式有不同的类型，不同的教育评价模式反映不同的教育评价思想方法，是不同教育评价思想方法的系统化体现。

教育评价模式一般可分为两大类别：指令性模式和说明性模式。指令性模式常常以指导性文件的形式出现，对评价活动提出规则、规定、劝告、建议、警告、禁令等意见。说明性模式是对教育评价活动的描述和解释。指令性模式为评价活动提供统一的参照程序，而说明性模式只为评价活动提供一系列可供参照的可能的途径。西方和我国的教育理论专家通过长期研究，总结出多种比较有影响的教育评价模式。本节重点介绍西方几种著名的教育评价模式，包括泰勒模式、CIPP 模式、目标游离模式等，为教育管理人员和中小学教师理解教育评价理论和进行教育评价活动提供参考。

一、泰勒模式

20 世纪 20 年代末 30 年代初，美国经济大萧条，学校的培养目标与社会发展不相适应的问题在这一背景下显得更加突出，为此，1933—1940 年，美国进步主义教育联盟在 7 所大学和 30 余所中学中开展了声势浩大的教育改革实验，为期 8 年。美国俄亥俄州立大学教育科学研究所的泰勒（R. W. Tyler）教授被邀请主持"八年研究"评价委员会的工作。在研究过程中，泰勒和他的同事正式提出了教育评价的概念，以区别于早期的教育测验运动，形成了"泰勒模式"。泰勒认为，如果教育的目标是高级智慧技能，那么就应该针对这些技能实施测量，而以往的教育测验运动所实施的课程和测验都是围绕着教科书，以教科书为中心编制，测验的内容只是要求学生记诵教材的知识内容，不能说明人的高级智慧技能，如社会态度、实际技术、创造、兴趣、鉴赏力等，因而十分片面。泰勒认为，教育就是使人的行为方式发生变化和改进的过程；各种行为方式的变化就是教育目标，这个目标既是实施教育的方向，又是对实际活动是否达到目标及达到目标的程度作出判断、进行评价的依据；而教育评价就是确定学生行为变化程度的过程，也是确定课程与教学实际达到教育目标程度的过程；对人的行为的评价应是多方面的，是分析和综合的结合；评价方法也应该是多样化的。

泰勒的教育评价思想以教育目标为核心，认为教育评价应该被理解为"确定教育目标在实际上被理解到何种程度的过程""评价过程在本质上，乃是一种测量课程和教学方案在多大程度上达到了教育目标的过程"。泰勒模式的具体评价程序是：①根据社会实际需要、学生的实际需要和专家的建议制定教育目标；②用教育目标的形式来说明学生应养成哪些行为；③建立可以使学生产生预期行为的情境；④选择或编制满足客观性、有效性、可靠性要求的收集信息的测验手段；⑤运用这些手段检查学生行为的变化，收集学生行为表现的资料，并对学生的行为达到教育目标的程度进行判断；⑥根据判断结果，对学生行为变化的原因进行说明，并提出修改教育方案的意见；⑦修改方案，重复评价过程。简单地说，泰勒模式就是以教育目标为导向，把教育目标转化为可测量的学生的行为目标，并根据这些行为目标编制课程、教材或教学方案，开展教学活动，然后依据行为目标对教学活动的效果进行评价，判断实际教学活动的效果达到预期教育目标的程度。所以，泰勒模式又称"行为目标模式"。

泰勒模式是教育评价理论发展史上第一个比较完整的评价模式，也是最有影响的模式，它以目标为依据，检查实际活动达到目标的程度，根据反馈信息修改活动方案，具有较强的可操作性。但是，泰勒模式的不足之处是忽视对教育目标自身的评价，并忽视过程性评价和对学生个性发展的特殊性的关注。

二、CIPP 模式

由于苏联在 1956 年成功发射了第一颗人造卫星，使美国政府受到震动，感到应该通过教育改革来加快国家的人才培养和科技发展步伐，因而美国国会于 1958 年 9 月通过了《国防教育法》，决定拨巨资用于国家的教育改革。由于政府投入资金的教育项目都要求进行效用评价，因此提高了对教育评价手段的要求。教育工作者在评价实践过程中发现，当时占统治地位的泰勒模式已经无法适应新的教育改革对教育评价的要求，因此创立了一些新的教育评价模式，在这些新的评价模式当中，比较完整并有较大影响的是 CIPP 评价模式。

CIPP 模式是由美国学者斯塔弗尔比姆（L. D. Stufflebeam）于 1966 年提出的。这一模式由背景评价（context evaluation）、输入评价（input evaluation）、过程评价（process evaluation）和结果评价（production evaluation）组成。CIPP 是这四种评价的缩写。该模式的核心思想是把教育评价看成"为决策提供有用信息的过程"。其中背景评价为计划决策服务，输入评价为组织决策服务，过程评价为决策的实施服务，结果评价为再决策服务。

背景评价是对教育目标本身所进行的诊断性评价，具体地说，就是根据社会需要和评价对象的整体状况对所提出的教育目标进行价值判断。背景评价的详细内容包括了解、分析和判断教育目标背后的社会需要，这些需要的广泛性和重要性，以及所确定的教育目标能在多大程度上满足这些社会需要。

输入评价是对用以实现教育目标的教育方案的可行性的评价，也就是对实现教育目标所需要的条件以及可能获得的条件的评价。该评价要解决的具体问题包括对为实现教育目标而制定的各种教育方案进行比较、选优，或将两种或两种以上的教育方案的优势进行结合。在对教育方案的比较、选优的过程中，需要对实现目标所需要的人、财、物和解决问题的策略等进行调查研究，并最终确定解决问题的最佳方案。

过程评价是对方案实施过程的形成性评价，其目的在于，一是了解和掌握方案实施的进度，及时获得信息反馈；二是及时发现方案实施过程中存在的问题，并通过对问题的分析，作出对方案进行调整或终止的决策。

结果评价是对教育方案实施结果的终结性评价，目的在于测量、解释和判断方案实施的成效，为下一周期新的教育方案的制定提供依据。

CIPP 模式最突出的优点是将四种评价结合在一起共同发挥作用，使评价活动贯穿于教育活动的全过程，不仅重视最终结果评价，而且重视对目标本身的合理性进行评价，同时重视方案的形成性评价，是对泰勒模式的重要发展。但是，由于 CIPP 模式所要进行的评价较多，对评价信息、经费和评价技术的要求较高，操作难度相对较大，需根据评价委托人的要求和实际情况选择使用。

三、目标游离模式

目标游离模式是由美国教育学家迈克尔·斯克里文（Michael Scriven）于 1967 年提出的。斯克里文认为，实际进行的教育活动，除了会收到预期的教育效应外，还会产生各种"非预期的效应"，或者叫"副效应"，这种非预期的效应有时是很大的，而且既可能是消极的，也可能是积极的，所以，评价如果仅限于衡量教育活动的成果达到目标的程度是不全面的，而应该收集包括可能产生的相反效果在内的有关方案活动成果的全部信息，并作出价值判断。所以，斯克里文主张，在开展评价活动时，要尽量减少方案、计划制定者的主观意图对评价活动的影响，为此，不应该把方案、计划制定者的主观意图告诉评价者，使评价活动的重点由"方案想干什么"转化为"方案实际干了什么"，最终使评价成为"没有偏见的"、自由的评价。由于这种评价模式将评价活动与目标相分离，所以称为目标游离模式。

目标游离模式没有正式的定义，也没有一套完整的评价步骤或程序，因而不是一种完善的评价模式，仅仅是一种评价的指导思想或原则。这种评价模式最大的特点是突破了目标的限制，把活动参与者的意图而不是方案、计划制定者的预定目标作为评价的依据或准绳，扩大了评价的范围，开阔了评价者关注的视野，对教育评价的理论和实践产生了较大的影响。

四、CSE 模式

CSE 模式是美国加利福尼亚州立大学洛杉矶分校评价研究中心（Center for Study of Evaluation）在 20 世纪 60 年代后期提出的一种评价模式，CSE 是该中心名称的英文缩写。CSE 模式将评价分为四个步骤：需要评定、方案计划评价、形成性评价和总结性评价。需要评定就是调查对目标决策有影响的各类人员的需要，为最终确定目标服务。方案计划评价就是为实现目标，对各种备选方案的可行性作出评价，其中包括对人、财、物等各类资源配置的调查研究，从教育的角度，还包括对教育内容与教育目标一致性问题的研究。形成性评价是方案实施过程中的评价，目的在于掌握教育方案实施过程中的成功和不足之处，以便及时对方案加以完善，以确保教育活动朝着实现教育目标的方向发展。总结性评价就是在教育活动全部完成以后，对教育质量进行全面的调查，并作出终结性的价值判断。

CSE 模式是一种完整的动态评价模式，从教育目标的确定到教育质量的全面检查和判断，贯穿于整个教育活动的始终，是一种能够为教育改革服务的评价模式，与 CIPP 模式十分相近。

五、反对者模式

反对者模式又称"对手模式"或"反向模式"，是由美国学者欧文斯（T. Owens）等人在 20 世纪 70 年代中叶提出来的。该模式采用准法律过程评委会审议形式，对教育方案及教育活动正反两个方面的长短得失予以揭示和评判。该模式重视听取不同意见，尤其是对立意见之间的对手式辩论，目的在于全面了解情况，为最终作出正确结论服务。

反对者模式的典型代表是由美国的沃尔夫（R. Wolf）于 1973 年提出的司法模式，该模式曾经在美国印第安纳大学用来评价教师教育课程。该模式由四个阶段组成：提出争论主题、选择争论主题、辩论准备、听证。在提出争论主题阶段，通过访谈等社会调查方式，提出若干需要争论的主题，也就是评价的问题。在选择争论主题阶段，对提出的问题进行认真筛选，找出最重要的问题。争论主题确定之后，开始进入辩论准备阶段，由两组评价人员从正反两个方面收集材料，进行辩论准备。听证阶段，类似于法庭开庭，由"控""辩"双方各自表述自己的观点、论据，并相互诘问，最后由评价决策人员在听取各方意见后，作出评价结论。

对手模式有助于广泛深刻地听取各方意见，避免评价工作简单化，适合于对争议性较大的工作的评价。但是这种模式也容易受辩论技巧的影响，而且评价费用较高，难于广泛应用。

六、应答模式

应答模式又叫反应模式或当事人中心模式，是由美国学者斯塔克（R. E. Stake）于1973年提出的。该模式强调，教育评价工作应以关心教育活动方案的人所关注的有价值的问题为出发点，对这些问题给予应答。而发现这些有价值的问题，必须通过与关心教育活动方案的人进行接触，以了解他们的愿望。问题的确定强调价值观的多元性和发散性，以尽可能满足大多数人的需要。问题确定以后，再根据问题制定评价方案，选择收集信息的方法和手段。

在收集评价信息的方法上，该模式强调运用自然观察、交往和描述性的定性分析等方法，反对把测验方法作为收集评价信息的基本手段，并反对把测验结果作为评价的唯一依据，但不反对在适当的场合使用测验的方法。

应答模式的实施步骤可以用相互之间可以互逆或跨越的12件事来表示：①识别方案的范围；②了解方案活动；③了解人们的需要，确定评价的目的；④确定问题；⑤识别、筛选所需要的资料；⑥选择进行观察、判断的工作人员和评价工具；⑦对指定的前提条件、过程和结果进行观察；⑧进行理论总结，准备描述性的资料，开展个案研究；⑨对用于评价工作的某些证据资料进行鉴定，以提高这些证据资料的可靠性；⑩准备评价资料，供评价听取人使用；⑪整理正式评价报告；⑫与方案的评价委托人、评价的听取人和方案的实施者进行沟通，了解各类人员的兴趣和需要。

应答模式关注与教育活动方案相关的各类人员的需求，强调评价价值观的多元性和发散性，使这种评价模式具有一定的民主性。但是，该模式注重定性的分析方法，强调与各类人员进行直接沟通，对时间和人力的耗费较大，操作成本较高。

第五节　教育评价过程

一、教育评价过程的含义

过程，一般是指事情进行或事物发展所经过的程序。作为过程，从时间来说，具有连续性和顺序性；从状态来说，它不是静态的而是动态的。任何事情都有一个过程，同样，做任何事情也都有一个过程，只不过有的过程复杂，有的过程简单，有的过程直观，有的过程隐蔽。如社会发展、个人成长、思维、观察、试验、评价都有其过程，各种过程都有其自己的规律。

教育评价过程是教育评价活动所经过的程序，同样具有时间的连续性、顺序性以及动态性，教育评价的过程也是管理过程，是和管理过程相始终的。教育评价的过程从内容安排上看，主要包括为什么评、评什么、谁来评、怎么评和评价结果的处理等。为什么评是指确定评价的目的；评什么是指确定评价的目标和内容；谁来评是指建立评价组织；怎么评是指确定评价信息收集和处理的方法；评价结果的处理是指对评价结果的检验、解释和利用等。

教育评价过程的基本原理、总体框架，适用于教育活动各领域的评价。无论是宏观的评价还是微观的评价、单项的评价还是综合的评价、方案的评价还是团体或个人的评价，这个过程的原理都具有普遍的意义。教育评价的过程涉及的因素较多，只有设计安排好教育评价的程序，才能使每一次具体的教育评价过程有计划地、高效地、有条不紊地进行。

二、教育评价过程的不同观点

由于人们对教育评价过程的认识不同，所以对教育评价过程阶段的划分也有不同观点，大体可以分为四阶段说和三阶段说两种。

（一）教育评价过程的四阶段说

教育评价过程的四阶段说认为教育评价过程应划分为四个阶段。但不同学者的观点也各不相同，例如：美国学者斯塔弗尔比姆提出，教育评价过程是背景评价、输入评价、过程评价和结果评价四个阶段循环往复的过程。背景评价的主要任务是考察已确定的评价目的是否与主体的需要相一致，其评价结果为目的的优先顺序调整提供依据；输入评价是对方案或计划达到预期目标所需以及可能提供的条件的评价，也就是方案或计划的可行性评价；过程评价的任务是对方案或计划实施过程进行的不断检查，不断为相关者提供反馈信息；结果评价的任务是测量、解释和判断教育活动成就，验证人们需要被满足的程度。

我国台湾学者李聪明认为，教育评价过程分为四个阶段：第一阶段，选定评价时机和场所，以便进行评价；第二阶段，分析评价目标，即给评价目标下定义并进行具体分解；第三阶段，选择、制作评价工具，并使用这些工具搜集信息；第四阶段，对评价信息进行处理、解释和利用。

（二）教育评价过程的三阶段说

教育评价过程的三阶段说认为教育评价的过程应划分为三个阶段，但具体观点又有不同。例如：美国学者盖伊（L. R. Gay）根据教育活动的过程把教育评价分为教育活动之前、教育活动之中和教育活动之后三个阶段。教育活动之前的任务主要是确定教育活动及教育活动的目标；教育活动之中的主要任务是评价实际活动与计划相符合的程度，为改进教育活动所需采取措施；教育活动之后的任务是评价教育活动的全面效果并提出今后的对策。

加拿大学者梅森认为，教育评价分为三个阶段，第一阶段是明确教育目标并把教育目标具体化；第二阶段是设计可以准确测量这些目标的程序，包括常设情景、设计评价工具和搜集信息；第三阶段是根据获得的信息进行判断。

我国学者一般把教育评价过程分为准备、实施和结果处理三个阶段。准备阶段的主要任务包括明确评价的目的、进行评价背景分析、制定评价方案和组建评价组织等；实施阶段的主要任务包括宣传动员、采用各种手段搜集信息资料、整理信息资料、对评价信息的统计分析等；结果处理阶段的主要任务包括对评价对象存在的主要问题的分析和问题解决的建议、评价结果的反馈以及对评价自身的再评价等。

三阶段说比较简明、扼要、清晰，易于操作和实践。对方案或团体的评价流程，可用图1－1表示。

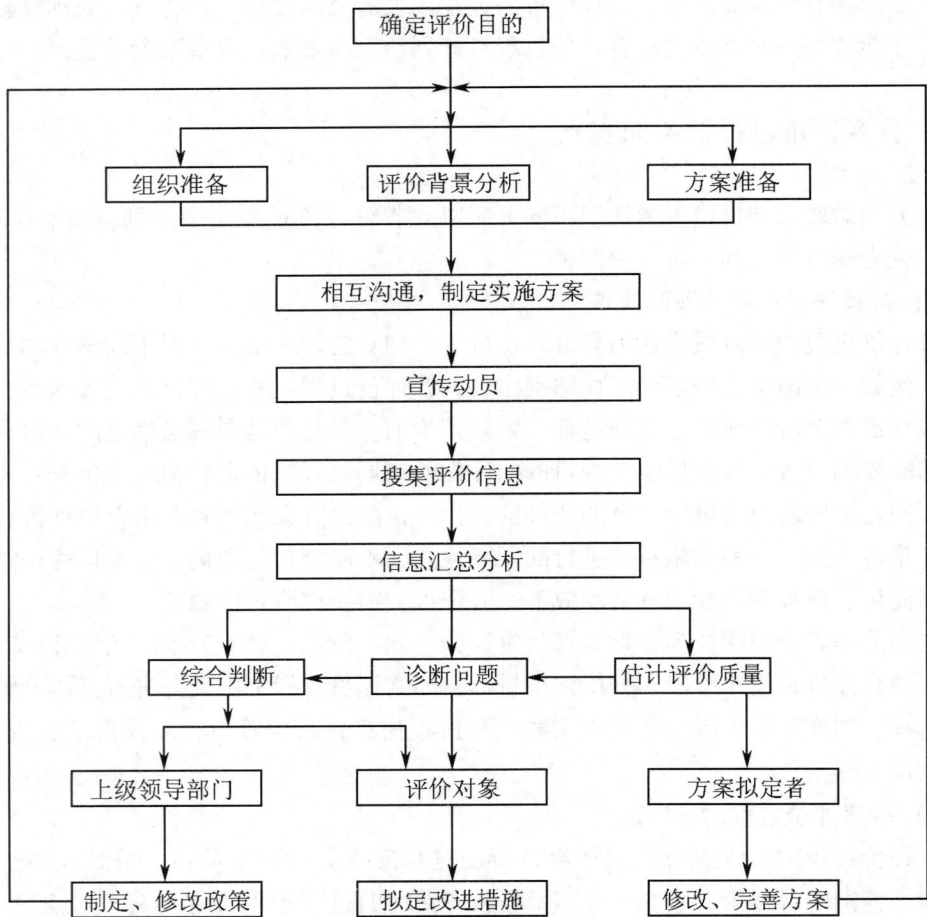

图1－1　教育评价流程示意图

■ 本章小结

1. 教育评价的意义

教育评价是对教育活动的价值作出评判的行为，可定义为：是评价者根据一定社会确定的教育目标和价值标准，对教育活动满足社会与受教育者需要的程度作出判断的活动。教育评价与教育统计、教育测量、教育督导有密切的关系。教育统计是教育评价进行数据处理的工具；教育评价是教育督导的重要手段，教育评价与教育督导在范围、评价主体和评价结果的使用上有很多不同。

2. 教育评价的对象

教育评价作为一门科学，是以对教育领域中的各个要素、发展过程、系统整体的价值关系以及教育价值目标的实现程度、实现过程、结果及其解释为研究对象，从而揭示教育评价活动的规律性。而作为一种活动的教育评价对象，则包括：教育活动中的核心对象——学生，各种教育活动，教学计划和教师，学校的社会文化背景，学校的物质和社会环境条件，以及教育思想、教育制度和教育行政体制等。

3. 教育评价的目的

①获取信息；②诊断问题、促进发展；③控制和监督；④决策；⑤激励前进。

4. 教育评价的功能

（1）导向的功能。教育评价中设置的评价目标、指标和标准，就像一个指挥棒引导人们活动的方向、决定人们努力的程度。

（2）诊断的功能。教育评价通过获取教育活动的实际状态、影响因素等方面的信息，能够及时发现教育活动或评价对象的优点或不足。正确有效的指导依赖于准确的诊断。

（3）鉴定的功能。教育评价信息是教育评价对象某方面状况、程度的反映，分析区分不同的状况和程度，能实现对同类评价对象之间优劣高低的比较。

（4）改进的功能。在教育评价活动中，通过收集、筛选、分析加工教育活动的有关信息，能够真实地将教育活动的状况显示出来，帮助我们及时发现教育活动中存在的主要问题并改进。

（5）激励的功能。适时的评价，能使管理者、教育者、受教育者明确自己的优点与不足，合理、公正的评价能促使公平竞争，调动多方面的积极性。

（6）监控的功能。教育评价是教育管理的一种手段，每一次具体的评价活动，无论是常规的还是临时的评价，通过搜集教育活动的信息，能及时了解教育活动是否偏离目标或要求，实现有针对性的调控。

5. 教育评价的特点

（1）教育评价是以事实判断为基础的价值判断。教育评价是在充分获得教育现象过程和结果客观事实信息的基础上进行的价值判断，教育事实本身不是价值，只是价值判断的依据。

（2）教育评价的基本标准是国家规定的教育目标。每一特定的教育评价有其具体的评价目标、标准，而教育评价的共同的基本标准是国家的教育目标。

（3）教育评价具有连续性和系统性。教育现象的发展变化、受教育者的发展变化，总是在一定的时空中反映出来的。因此教育评价是一个连续、动态、全面、系统地获取教育活动或评价对象的信息的过程。

（4）教育评价过程是主客体互动、评价与指导的统一。进行评价是为了改进和提高工作、学习质量，这是评价者和被评者共同的目标。因此教育评价中主客体相互沟通、协商的过程是评价和指导统一的过程。

（5）教育评价是一种心理特征鲜明的主体性活动。评价者是有感情的认识主体，其认识水平和一些心理因素会参与到评价中来；作为评价对象个体人，其情感和需要心理，也会强烈地影响教育活动。

6. 教育评价的类型

（1）按功能及用途划分，可将教育评价分为诊断性评价、形成性评价和终结性评价。

（2）按参照标准划分，可将教育评价分为相对评价、绝对评价和个体内差异评价。

（3）按评价对象的层次、范围划分，可将教育评价分为宏观评价和微观评价。

（4）按评价主体划分，可将教育评价分为他人评价和自我评价。

（5）按评价方法划分，可将教育评价分为定性评价和定量评价。

7. 教育评价的基本原则

（1）方向性原则。指评价必须坚持引导教育工作更好地贯彻国家的教育方针、满足社会和个体发展需要的正确方向。

（2）科学性原则。指进行评价必须把握教育和教育评价的客观规律，实事求是，以客观事实为根据，获取信息，依据科学的标准分析和处理信息，对教育活动的过程和成果进行分析判断，不能凭主观想象、主观臆断。

（3）激励性原则。指评价应促使评价对象形成继续努力或在进一步的活动中克服不足之处，增强提高活动效果的动机或期望。

（4）可行性原则。指教育评价要在保证正确方向和科学、客观的前提下，尽量使评价简便易行。

（5）实效性原则。指评价要对改进工作、提高质量、促进发展有实际效用。

8. 教育评价模式

教育评价模式是教育评价基本理论与方法的总体概括，是某种教育评价类型的总体构思。它对评价的概念、功能、基本范围、主要内容、过程、方法等一般都有规定。

西方有影响的教育评价模式主要有泰勒模式、CIPP 模式、目标游离模式、CSE 模式、反对者模式和应答模式。

9. 教育评价的过程

教育评价的过程从内容安排上看，主要包括为什么评、评什么、谁来评、怎么评和评价结果的处理等。教育评价过程存在三阶段说和四阶段说。我国学者一般把教育评价过程分为三个阶段，即准备、实施和结果处理。

思考题

1. 如何理解评价和教育评价？
2. 教育评价和教育测量、教育督导有什么联系与区别？
3. 教育评价的目的是什么？
4. 如何理解教育评价的功能和特点？
5. 哪些类型的教育评价有利于达到改进教育活动的目的？为什么？
6. 是否只要运用教育评价就可以对评价对象产生激励作用？为什么？
7. 教育评价有哪些基本原则？在评价中如何贯彻这些原则？
8. 教育评价的过程是怎样的？
9. 教育评价模式的含义是什么？它有什么主要特征？
10. 简述泰勒模式、CIPP 模式和目标游离模式。

第二章

教育评价的准备

● 学习提示 ●

　　教育评价准备阶段的主要任务是明确教育评价目的、分析教育评价的背景、组建教育评价机构和设计教育评价方案。本章在对教育评价准备阶段的主要任务作总体论述的基础上，着重阐述了教育评价方案设计中评价指标体系设计的步骤与方法，指标体系中权数的分配方法，确定教育评价标准的依据和表述教育评价标准的方法，教育评价中常用的量表及其特性。建议教学中结合学生评价或教师评价实例加以介绍，并能尝试设计评价方案或对某一评价方案进行分析和评价。

● 学习目标 ●

　　了解：教育评价目标、指标、标准的含义，教育评价准备阶段的主要任务，教育评价方案包括的主要内容，教育评价内容的两种表达方式。

　　理解：设计评价指标体系的原则，概括性问题的特点，教育评价标准的类型，教育评价中常用的量表。

　　掌握：设计指标体系的程序和方法，确定权数的简单调查统计法和专家排序统计法，教育评价标准的结构和确定教育评价标准的依据。

　　凡事预则立，不预则废。做任何事情，在具体操作前都要做必要的准备。教育评价的准备阶段是具体实施评价的预备阶段，它是教育评价活动的必不可少的基础性环节。准备阶段的工作质量对于科学地实施评价乃至最后得出科学的评价结果、实现评价目的至关重要。

第一节　教育评价准备阶段的主要任务

　　教育评价准备阶段的主要任务是明确教育评价目的、分析教育评价背景、组建教育评价组织和设计教育评价方案。

一、明确教育评价目的

明确教育评价的目的，就是明确特定评价的直接目的，也就是明确为什么进行这一评价。

教育评价作为教育活动的必要环节，是与教育活动相伴而存在的。一般而言，教育评价的目的大体可以分为两大类，一类是主要以诊断、改进、促进提高教育活动质量为目的，另一类是主要以分等、鉴定、区分优劣为目的。因为评价的目的不同，其评价方法、搜集评价信息的渠道、评价主体、评价结果的使用等都不同。在教育评价实践中，要大力提倡以诊断、改进、促进提高教育活动质量为目的的评价。

以诊断、改进、促进提高和发展为主要目的的评价，通常为形成性评价，在活动过程中进行。这类评价，一般不区分评价对象的优劣程度，不对评价对象进行分等鉴定，而是通过评价诊断教育计划、方案以及教育过程与活动中的问题，为方案或计划的改进，为正在进行的教育活动提供反馈信息，以便提高方案或计划的质量，提高正在进行的教育活动的质量。而主要以分等、鉴定、区分优劣为目的的评价，通常为终结性评价，在活动结束时进行。这类评价，一般要对评价对象作出鉴别、分出等级或者决定奖惩。虽然终结性评价也可为教育活动提供反馈信息，从而促进新一轮教育活动的改善，形成性评价提供的信息也可以判断评价对象的优劣，但是为不同目的而设计的评价其评价方法和主体有很大的不同。如果不注意这一点，则评价的效用就不能很好地发挥，评价的目的就不能很好地实现。一般情况下，以诊断、改进、促进提高和发展为目的的评价，评价者往往主要采取现场观察、访谈等方式搜集评价信息，以定性描述的方式分析、表达评价意见；而且往往是评价者和教育活动的参与者或评价对象共同搜集评价信息，共同分析评价信息，评价活动贯穿活动始终，被评者的参与度较高，评价者和被评者随时处于沟通状态。而以鉴别、区分、奖惩等为目的的评价，为了将评价对象区分开，往往追求客观性而采取量化的方式对评价对象的成就进行判断、打分，得出孰优孰劣的结论；评价在活动结束进行，被评者处于被动的受评地位，较少有发表意见的机会；为了保证评价结果的权威性，评价主体往往是上级、领导或专家等。

以上说明，尽管两种不同目的的评价并非对立，但是由于直接目的不同，在操作上会有很多差异。因此，在评价实施前应该明确本次评价的主要目的是什么，主要是区分优劣、鉴定水平还是为了提高工作和活动的质量，或者兼而有之，这样在制定评价方案时，方向更明确，使制定的评价方案实施起来更有效。

二、分析教育评价背景

在设计任何具体教育评价方案之前，首先都要确定实施评价方案要实现的目标，也就是确定评价活动所要解决的主要问题，为进一步制定评价方案，明确评价内容和选择评价方法奠定基础，这是评价准备阶段的一项重要工作任务。因为不同的评价对象、不同的评价目的在不同的时空中要解决的问题都不一样，即使相同的评价对象和目的，在不同的时空中要解决的问题也不完全一样。为了使具体的评价活动更具有针对性和实效性，就必须搜集特定评价活动的有关背景材料，并进行认真分析，旨在弄清所确定的评价目的和重点是否与社会发展需要相一致，是否与教育发展的需要相一致，是否与教育行政及管理部门的要求以及评价对象的愿望、需要相一致等。对教育评价背景的分析，虽因评价对象、目的的不同可能有些不同，但是就一般情况而言，对教育评价背景进行分析主要包括社会发展背景分析，教育发展背景分析，教育行政管理部门政策制度要求或评价委托人的需要分析，评价对象自身状况分析等。

第一，社会发展背景分析。教育学原理告诉我们，一定的教育总是受一定社会的政治、经济及科学文化发展所制约的，既受它们的发展所推动，又对它们的发展产生重要的影响。任何一项教育评价活动都是在特定的历史发展的时空段上进行的，因此，这一阶段及未来一定时期国家政治、经济、科学文化的发展对学校教育提出哪些重大的要求，设计评价时必须清楚。这关系到发挥教育评价的正确导向作用，使教育评价不偏离大方向的问题。例如以往国际竞争主要依赖于自然资源和经济发展，知识经济时代的国际竞争靠的是一个国家的综合国力，而教育、科技、经济发展并称为综合国力的三大支柱，教育在促进综合国力提高方面具有不可替代的作用。因而培养具有高科学素养、有较强的实践能力和创新精神的高素质人才，对 21 世纪人类的发展和我国综合国力的增强十分重要。快速发展的社会对人才培养规格提出新的要求，教育必须作出相应的反应，以适应社会发展的需要。例如评价一所学校的质量，就不能仅看升学率，而是要看其培养的人是否具有主动性、创造性；评价一个人的素质，就不能仅看考试分数或现在会做什么，而是要看他是否具有主动性、创造性、实践能力、生存能力。另外，除了大的社会背景之外，对于学校而言，其社会背景因素还包括家长和社区环境，学校在一定的社区中存在，学生生活在一定的家庭和社区中，在评价之前，也应分析学生家长及社区的基本要求。在评价准备阶段进行社会背景分析，了解各方面的状况和要求，还有利于发挥评价的联系学校、社会、家庭的纽带作用。

第二，教育发展阶段性需要分析。教育评价离不开教育的现实需要。教育发展的一定时期，在一定领域范围内，都会有特定阶段的共性问题，教育改革的关键问题或大家共同关注的热点问题，如我国近几年的教育观念更新、课程改革与实施、高考改革等问题。教育评价前必须了解、研究分析这些问题，进而把握这些问题，才能使教育评价顺应教育发展的需要，并在教育改革和发展中发挥应有的导向、激励、促进发展的作用。

第三，领导者及管理者需要分析。教育评价是教育管理的必要环节，学校教育管理者或上级教育行政部门，经常要通过对学校教育或某种教育活动进行评价，以便解决所关注的有关问题。无论这一评价活动是由管理者操作，还是由教育行政部门操作或是委托他人来操作，在评价活动之前必须弄清通过评价要解决什么问题，达到什么目的，例如，对县、乡教育的评价，若想通过评价解决教育办学条件、投入问题，那么就必须了解清楚是财政收入不足，还是管理不善或是投入不当。还有，对教师工作的评价，评价委托人或者教育管理者可能觉得本单位教师工作积极性不高，工作质量不高，不能适应当前教育改革的要求，想通过评价解决这一状况。再如，新课程理念要求突破传统的学生评价中存在的问题，要做到这一点，领导、教师必须转变观念并掌握先进的评价理念与方法，管理者想通过教师评价引导教师理解新课程改革的目标，从而自觉学习、掌握科学的评价方法等。在评价之前，评价者要认真分析和领会领导者、管理者或评价委托人对评价的需要，这对实现评价的目的，提高评价的有效性十分重要。

第四，被评者的需要和心理准备分析。在评价对象是个体人或个体人构成的群体时，这种分析就非常重要，因为它直接影响评价活动的内容、时机和评价策略、方法的选择。例如新课改理念下的教师工作评价，在制定评价方案前，需要了解分析教师对教学的态度、愿望、要求，对以往教师教学工作评价的看法、感受以及他们对新课改理念的理解、要求、愿望，对新课改理念下教师教学工作评价的心理准备和期望等。再如对学生活动课方案的评价，在评价之前，除了明确活动的目的是培养具有主动性、创造性、实践性人才之外，还要了解、确定学生对活动的需要，需要的内容和程度。由于长期以来，我们的学校教育片面追求升学率，学生被残酷地束缚在课堂上和书本中，其身心不能生动活泼主动地发展，因此他们特别渴望参加各种丰富多彩的活动，以扩大视野，增长知识，动手动脑，培养能力。同时学生个体的需要又因人而异，学生希望参加什么形式、什么内容的活动以及要达到什么程度和水平，这些是评价课外活动满足个体需要时应关注的内容。

分析教育评价背景的主要方法是综合运用理论分析、问卷调查和访问座谈等，即从理论上系统分析社会发展、教育改革对学校教育、学生提出的要求，描述教育活动、教育现象的"应是"水平，在此基础上，再深入实际选择教育活动、管理和实际操作的关键人物进行访谈，准确把握活动的"实是"水平，实事求是地分析"应是"与"实是"间差异的内容和程度，以便弄清在评价中如何引导教育活动向"应是"的水平发展。对个体需要的了解，一般采用座谈和问卷的方法。采取问卷的方法了解所需要的信息，要求抽取的样本具有代表性，问卷中问题的设计要具有发散性、多向性，以期获得广泛的有代表性的信息。同时，要注意问卷内容的设计应建立在社会需要研究的基础上，着眼于"应是"与"实是"两者之间在内容和程度上的差异。在广泛获得背景分析信息的基础上，要进一步集中，以保证在重点需要上获得一致意见，使设计评价方案时把注意力集中在更需要努力发展的领域上。

三、组建教育评价组织

组建教育评价组织也是评价准备的实质性工作之一，即组织准备。组织准备主要规定谁来评的问题。包括成立专门的评价委员会、设置一定形式的评价办事机构、聘请有关专家成立专家组等。

（一）教育评价机构

教育评价机构是进行教育评价的工作部门，是按照教育评价工作任务的要求，把教育评价人员有机地组织起来以便充分发挥评价人员积极作用的一种组织形式。教育评价是一项严肃而又敏感的工作，要充分发挥评价机构的作用，就要求评价机构有权威性，评价者有较高素质。

依评价对象和组织者不同，评价机构的形式也不同。例如学校评价的机构，按照组织者不同，可以分为学校外部评价机构和学校内部评价机构两大类型。由管理部门、社会力量以及学术团体对学校进行评价时所设置的机构均为外部评价机构，而学校自身开展评价时所设置的机构称为学校内部评价机构。按照机构设置的时限性，评价机构又可分为常设性评价机构和临时性评价机构。国家的各级督导机构，某些单位或学术团体设置的评价机构都属常设性的评价机构，如我国有些省成立的教育评估院。为某项评价任务而临时组建的评价机构就是临时性评价机构，如论文评审、研究项目评审等组织多是临时性评价机构。

根据评价的组织者和人员不同，常见的教育评价机构主要有：

1. 教育管理部门的评价组织机构

教育管理部门的评价组织机构是指教育管理部门为了监督、评价、指导其领导或管理的下级部门或单位的工作情况而设置的评价机构，例如国家对各类教育进行评价而设置的评价机构，省、市、县政府设置的督导评价机构，以及教育行政部门对某项教育活动进行评价而设置的评价机构等。评价机构的领导者往往由相关级别的领导或管理部门的领导担任，成员由管理部门的相关人员组成。这类评价机构的评价对于评价对象来说是上级评下级，关系到被评单位的发展和荣誉，被评单位十分重视。因此要求组织者必须精心安排、组织，保证评价的质量。在国外，也有这种评价机构，例如英国保留着由政府委派校外视导员来检查和评价学校的制度。由于管理部门自身人员有限，或者评价人员知识结构不合理，或者受领导者、管理者地位的局限，在评价中往往感到要么人力不足，要么技术人员缺乏，所以有必要寻求建立更科学有效的评价组织机构。

2. 社会学术团体的评价组织机构

在国外，对学校的评价通常由社会具有一定权威性的学术机构来组织进行，尤其对高校和系科的评价。比如美国现有中部、中北部、南部、西部、西北部和新英格兰6个学校和大学联合会，即区域性的鉴定机构，另外还有39个全国性的专业鉴定机构。鉴定活动由学校自愿申请参加，如果学校没有经过鉴定，那么它就往往得不到同行的认可，在校学生不能获得奖学金，毕业生在就业时难以取得职业执照，想得到更高一级的学位也比较困难。在这种机制下，鉴定活动就成为学校的自愿行为，而不是上级或鉴定机构强迫学校必须这样做。学校一般既要接受地区鉴定机构的鉴定，又要接受专业鉴定机构的鉴定。通常是先接受地区鉴定，两类机构在安排学校鉴定时相互协调。地区机构每十年对学校进行一次重新鉴定，在第五年时对学校进行中期检查。专业鉴定为5~7年进行一次。

我国由于办学和管理体制的特点，这种社会学术团体的评价机构还不多。我国最早成立的社会评价机构是上海高等教育评估事务所，后来又有一些学术机构进行一系列有影响的评价活动，如广东管理科学研究室的"中国大学研究"等。

由于我国的各级各类学校是由国家和政府办学和管理的，而社会学术团体不是政府的行政部门，所以学术团体工作的权威性受到限制，同时因委托评价任务不足（因为我国的学校评价通常是由国家和行政部门负责），其经费来源也有限，因此它的作用远没有发挥出来。

就社会学术团体的客观属性而言，由它主持的评价一般来说科学性、客观性较强。这类评价是通过对学校评价活动去参与、影响学校的建设和发展，帮助学校改进工作，评价结果并不与行政和政策性措施挂钩，比较好处理与被评单位的关系。这类评价的一个重要原则是自愿，往往是学术机构接受被评学校的委托，是"我要评"，而不是"你要我评，我不得不评"。这类评价机构及评价活动在我国起步较晚，而且实施范围很有限，随着我国教育管理体制改革的深入，相信这类评价机构在我国会得到很好发展。

3. 教育管理部门和社会力量相结合的评价组织机构

《中共中央关于教育体制改革的决定》中要求教育管理部门"组织教育界、知识界和用人部门"定期对高等学校的办学水平进行评估。教育管理部门和社会力量相结合建立评价组织比较适合我国的国情，不仅适合于高等教育，也适合于基础教育。这样不仅使评价能够得到人力、物力等方面的支持，得到被评单位的协助，而且能保证学术上和管理上的权威性，使评价结果产生的影响积极而又广泛。

由教育行政部门和社会力量相结合建立的评价组织，一般其权力机构是委员会，由教育行政部门领导牵头或授权教育学术团体，吸收知识界专家、高校及用人部门人员组成。主要任务是聘请评价专家组、确定评价方案、组织指导实施、裁定评价过程中碰到的各种实际问题、公布评价结果等。委员会下设一个精干的办事机构负责日常事务的处理，例如设计表格、分发文件和整理各类数据等。如果这一机构是常设的，还可以考虑在委员会下设立信息中心和评价研究中心，开展信息收集和进行评价的理论与应用研究。

4. 自我评价的组织机构

自我评价的组织机构指学校自身开展评价活动所组建的工作机构。评价作为学校教育教学工作的有机组成部分，应贯穿于学校各项工作的始终。只有在各项教育活动中自觉坚持开展评价活动，持续有效地发挥评价的导向、调整、激励、改进等功能，才能不断改进和完善各项工作，不断提高教育质量。

学校的自我评价一般包括学校领导对各部门工作的评价、学校自己对本校全面工作和管理水平综合评价，以及学校各部门对自己部门工作的评价。由于评价是学校领导、各工作部门和全校教职工日常工作的重要部分，因此除了特殊需要，例如学校在接受上级或委托他人进行正式评价之前的自我全面评价，或者是学校在某个建设阶段完成后进行的终结性评价，有时需要建立一个临时的评价组织外，一般不设专门的评价组织机构，而是把不同评价范围，不同评价对象、内容和要求的评价领导机构与学校相应工作部门统一起来。例如教学评价的领导机构与教学工作机构（大学教务处、中小学的教务科等）统一起来，由教学工作部门的领导负责组织各院系、学科或教研组的负责人组成；德育评价的领导机构与学校德育工作机构统一起来，由主管学校德育工作的领导负责并组织学生工作负责人、共青团、少先队负责人及班主任落实自评活动任务；而学校综合评价的领导机构应与学校主管全面工作的部门统一起来，一般由学校主要领导负责，组织学校各中层工作部门，如教育、教学、总务、后勤等部门的负责人负责落实自评活动任务。

（二）评价人员的选择与培训

选择与培训评价人员是评价组织准备的一项重要任务。无论任何评价机构，任何形式的评价组织，其评价人员都由两部分构成，即评价领导机构人员和评价操作机构人员。

评价领导机构人员由领导者和工作人员组成，例如学校内部评价，评价领导者应由学校主要负责人担任组长，副组长可由各部门如教务处、总务处、教育处等部门领导担任，同时有部分工作人员。评价操作机构也由组织领导者和具体工作者组成，根据评价内容、范围不同选择评价人员。例如教育工作评价操作机构的具体工作人员应由团委、学生会、班主任等人员组成；学校教学工作评价操作机构的领导应由学校教学部门的领导和各学科教研组、年级组的负责人组成；而对基础教育的评价，我国主要由各级督导部门和督学进行；对高等教育的评价多为教育行政部门委托专家组进行。

评价活动的质量很大程度上取决于评价人员的水平和工作质量，评价人员的选择应慎重。评价人员应具备的基本条件：一是要有与评价内容相关的知识和专业背景，二是要有办事认真公正、有责任心、谦逊、礼貌等良好的个人品德，三是掌握一定教育评价理论与方法技术。一般在评价实施前要对评价人员进行相应的培训，让他们了解评价目的、任务、内容和评价策略要求，学习掌握有关的评价理论、方法和技术等。

四、设计教育评价方案

设计教育评价方案是教育评价准备工作中最具实质性的工作之一，即方案准备。教育是一种复杂的社会劳动，教育评价是对教育活动的价值做出判断的过程，它要求这一过程应该在有计划地、系统地、全面地收集教育活动信息的基础上进行判断。因此，在评价活动之前就必须进行周密地计划、设计，以确保评价活动有效、顺利进行。

（一）教育评价方案包括的主要内容

教育评价方案是根据一定目的和教育活动及评价活动的一般规律，对评价的内容、范围、方法、手段、程序和组织领导等加以规范，作出规定的基本文件，是评价活动的先行内容。教育评价方案的内容是多方面的，不同的方案包括的内容范围不完全相同，但是，作为评价活动规定性的基本文件，其主要内容一般包括以下几方面：

第一，评价的目的和指导思想。评价方案开始就应交代评价的目的、评价的对象、评价的指导思想和原则、预期达到什么结果。方案的编写要紧紧围绕教育目的和方针政策，既要简练，又要明确、切合实际。

第二，评价的内容。是指对特定的评价对象评价哪些方面的内容。评价内容是为目的服务的，哪些方面内容的信息能实现评价目的，它就应该是评价的内容。例如，在学生评价中，如果要判断学生的综合素质，以促进素质教育的全面实施，那么就应对学生的德智体美劳各方面搜集信息；在学校评价中，如果是为了评价学校的办学条件以提高学校的办学水平，则应在学校的资金投入、师资队伍、生源、设施等方面搜集信息；如果要评价学校的管理水平，以提高学校的管理效能，就应该搜集有关学校管理思想、管理体制、管理制度和方法、管理者素质等方面的信息。如果评价内容是以指标系统表达的，则还应为指标确定权数，编写评价标准，以形成指标体系。指标体系是评价目标的质与量的规定体系，是评价方案设计的核心内容。评价内容确定得是否科学合理，直接影响评价的方向和评价结果的有效性。

第三，对评价指标体系中方法、工具的有关说明。主要是对指标体系中指标、评价标准、量化符号等有关方面进行的说明，并对评价方案、评价方法、计量方法和评价工具的选择及操作方法等进行解释。这部分是对技术性要求的说明，一定要清晰、明确。

第四，评价实施程序的说明。以提纲的形式阐明评价实施的过程、步骤。

第五，附录。包括的主要内容有教育评价指标体系、搜集评价信息的各种表格，如调查表、问卷、测试题及评价表等。

教育评价方案的结构并不是一成不变的，实践中可根据不同的评价目的和需要进行设计。

（二）教育评价方案应具备的特性

第一，目的性。教育评价活动是一种有目的的实践活动。每一特定评价活动的目的，即为什么要进行评价，评价要达到什么样的结果等是在评价活动之前就应该明确确定的。评价目的明确，就会使评价内容、评价标准、评价方式、方法的设计有明确的针对性。否则评价将是一种盲目的、低效的或无效的劳动。例如，过程性评价和成果性评价其目的是不一样的，因此在方案设计中其评价项目和评价标准的表述、评价方法的选择和评价结果解释与使用都不一样。因此，评价方案设计一定要为特定目的服务。

第二，可靠性。可靠性与客观性、精确性相联系。教育评价是在对评价对象客观测量的基础上的价值判断，如果测量结果不精确，或价值判断的主观性太强、误差太大，都不会得到可靠的评价结果。因此在设计评价方案时，要有对评价信息的采集、分析和统计处理的规定，要充分注意评价工具和方法的科学性和信息的全面性。

第三，有效性。有效性主要取决于评价内容确定的是否合理，评价方法是否有效。评价内容是评价目标的具体化。任何评价活动都是通过一定评价内容项目的测量和判断实现评价目的的，如果评价方案中内容确定得不合理，所评价的东西并不是评价目标所规定的，不能反映评价目标，那么依该方案所得的评价结果对评价目的就会是低效的或无效的。同时评价方法影响有效性，对于不同的评价项目，要规定有效的获得信息的方法，如定量的或定性的，精确的或模糊的等。评价的有效性是对评价方案最主要的质量要求。

第四，规范性。评价方案作为评价活动的规定性基本文件，它具有指导作用，应具有规范性的特点，对相同的评价对象，要求评价人员要严格按照方案规定的评价内容、标准、程序、范围采集信息，进行判断，任何人都不能随意更改评价方案或以不同的标准来评价同一类评价对象。评价方案具有规范性，不仅能使评价的各种活动统一，而且决定了在一定范围内评价结果的可比性、公平性。

第五，可行性。评价方案是评价活动实施的指导性文件，它必须可行，否则评价活动难以开展，不利于实现评价目的。评价方案的可行性，一是指评价方案不能只给出抽象的原则性意见，而要有具体的实施规定，具有可操作性；二是指所规定的评价指标、标准要切合实际，指标系统不能太烦琐；三是评价方案不能脱离实施中所需人力、物力、财力、时间及评价技术手段等各种实际条件。

（三）制定教育评价方案的一般步骤

第一步，确定教育评价的目的。任何评价都有其目的性和特定用途，不同的评价目的，其评价的内容和方法不完全一样，如升学考试和水平考试是目的不同的考试，其命题和分数的解释等要求都不一样。评价目的明确、清晰，有利于制定出科学有效的评价方案。

第二步，设计评价项目，即根据特定的评价目的设计评价项目。如果评价目的是鉴定、评比，则评价项目常用指标系统体现；如果评价目的是促使评价对象改进工作，或者是教育工作者所关心的有关问题，则评价项目一般用概括性问题表述。

第三步，确定权重系数。对以鉴定、比较为目的而设计的指标系统，根据各项目的相对重要程度确定权重系数。

第四步，确定评价标准。即确定各项指标的评定量表和项目的等级评价标准。测量要有尺度，评价要有标准。尺度和标准的科学性是影响评价质量的关键因素之一。

第五步，设计评价工具及采集信息所需表格，确定评价信息的统计方法。

第六步，确定评价的组织领导及实施程序。

第二节 教育评价项目的设计

一、教育评价目标

教育活动是有目的、有计划的活动。对教育活动及其各个要素进行评价，是以教育活动实际效果与教育者所预期的教育目标相比较并作出判断、评估的过程。教育评价离不开评价目标，没有评价目标就不知道评什么。因此确定评价目标是进行教育评价的前提和基础。

教育评价目标离不开教育目标。评价目标必须以教育目标为基础，与教育目标相一致，并通过评价促进教育目标的实现。也就是说，教育评价目标必须充分体现国家的教育目标和学校培养人才的目标，否则，教育评价就会偏离正确的方向，偏离正确的价值取向，从而偏离评价的目的和意义。例如《基础教育课程改革纲要（试行）》对新的课程改革提出的培养目标是要使学生具有爱国主义、集体主义精神，热爱社会主义，继承和发扬中华民族的优秀传统；具有社会主义民主法制意识，遵守国家法律和社会公德；形成正确的世界观、人生观、价值观；具有社会责任感，努力为人民服务；具有初步的创新精神、实践能力、科学和人文素养以及环境意识；具有适应终身学习的基础知识、基本技能和方法；具有健壮的体魄和良好的心理素质，养成健康的审美情趣和生活方式，成为有理想、有道德、有文化、有纪律的一代新人。在新的课程标准中，把各课程的教育教学目标具体化为综合培养学生的知识、技能，过程和方法，情感、态度、价值观。制定新课程评价目标要与培养目标相一致。

教育评价目标是体现教育目标的，是对评价对象要求达到的程度、水准的一种规定。

教育评价目标具有抽象和概括性的特点，评价时，常把评价目标分解为具体的评价项目，评价项目是评价对象属性的反映。对于特定的评价目的，会涉及评价对象的各种因素，这些因素中，有些能反映评价对象的本质属性，有些则不能。反映本质属性的因素作为评价项目能引导评价对象提高教育质量和水平，而非本质属性的因素作为评价项目，不仅不能实现评价目的，反而会起消极作用。科学地确定评价的具体内容，要求设计者必须深刻认识教育规律，认识评价对象的本质属性，在一定方法论的指导下准确描述、表达教育评价目标的具体内容。由于教育评价的目的、方法论以及在教育评价中采取的评价方法不同，教育评价目标具体化的表达方式通常有两种，一种是指标系统，一种是概括性问题。

二、教育评价指标系统及其设计

（一）指标与目标

评价指标是评价目标的某个方面的规定，是评价目标某个方面的具体化。而目标则是在目的基础上制定出来的，是实现预期目的并支配实践活动的理想和意图，它引导人们为达到自己的目的去进行实践活动。评价目标比较笼统，具有一定的概括性，不具有可操作性。因此要达到评价目的，就必须把评价目标分解成一系列项目，这就是指标。指标具有行为化、可测量的特点，是直接的、具体的评价内容。很多时候，人们在认识一个复杂对象时，很难一下子从根本上把握住其实质，往往是将对象按照内容分解为各要素，再反复分析各要素及其关系，最后结合各要素分析的结果得出认识结论。这是利用指标体系进行评价的逻辑思维路向。

（二）指标系统及其结构

指标系统是指评价目标逐级分解后所形成的既有层次又相互联系的、系统化的指标群。评价目标被分解时，第一次分解后得到的指标称为一级指标，每个一级指标再分解后得到的指标称为二级指标，二级指标分解后得到的指标为三级指标……，直到指标具有可测性无须再分解时，则指标系统建成。指标系统是根据可测或具体化的要求而确定的评价内容。

评价对象不同，指标系统的结构也不相同。有时评价对象相同，但由于在分析指标系统结构相互关系上的侧重点不同，也会提出不同的指标系统。教育评价指标系统的结构不同，对教育工作的导向就不同。指标系统指向哪些内容，重视哪些内容，实际工作就会注重哪些方面；而指标系统如果遗漏重要指标，就会使工作出漏洞，评价指标系统的这种指挥棒作用十分明显。因此，分析、弄清指标系统的一般结构及关系，是提高指标系统的设计水平，提高教育工作质量和评价质量的基本保证。

1. 指标系统的不同层级

从指标系统的形式看，指标系统有不同的层级，是由目标→指标，或由抽象→具体的多层级指标构成。指标系统一般分两级或三级，层级太多，指标系统太繁杂，容易主次不分。同时，每个前一级指标分解成下一级指标的个数也不能太多，一般不超过 6 个。同一个指标系统中每个指标分解的层级不必相同，具有可操作性即可。指标系统形式如图 2-1 所示。

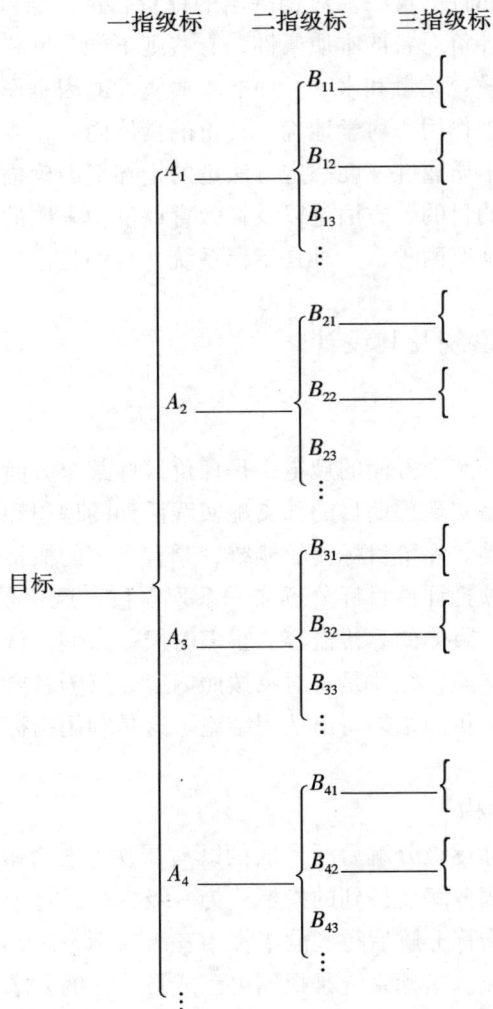

图 2-1　指标系统形式

在指标体系的层级间，指标与目标是相对而言的。一级指标既是目标的一级指标，也是二级指标的评价目标，而二级指标又可看成三级指标的目标，也就是说，每个前一级指标，又都是其下一级指标的评价目标。

2. 条件指标、过程指标和成果指标

从指标系统的内容看，指标系统中有条件指标、过程指标和成果指标。任何教育评价对象，作为一个系统，无论是学生、教师，还是学校，都有着自身的结构。进行教育活动，就要实现教育目标，即输出系统，体现在出人才、出成果上；同时又都必须有一定的条件（素质），即输入系统，作为工作的基础和前提；教育过程和管理过程直接影响系统的输出。实现教育目标是目的，条件是前提，过程是保证，因此教育评价系统的内容应包括条件子系统的内容、过程子系统的内容和成果子系统的内容。

条件指标是指反映实现评价目标所必须的物质基础的指标。作为评价对象的条件指标，一般指的是基本条件，如教师评价中所列出的对教师基本素质如思想、文化、专业技能等评价的指标，学校评价中所列出的对学校基本办学条件如教师队伍、图书、设施等评价指标。根据不同的评价目的，这类指标有时单独使用，有时列入指标系统中，有时作为参考指标。

过程指标是指反映为实现目标的实际工作表现的指标。工作过程是影响工作目标实现的重要环节，过程指标与工作实施过程密切相关。学校评价中，各项管理制度、计划的建立与实施、各类人员积极性的调动与发挥，教师工作评价中的备课、上课、学生成绩考核、课外活动等都属于过程指标。在一定程度上，工作过程的状态对实现目标起决定作用。

成果指标是指反映评价对象水平与质量本质特征的指标。评价对象的水平与质量是目标实现程度的反映，因此，成果指标也称目标指标、效能指标，它不仅注重成果，而且重视投入产出比率。如培养学生的数量、质量，科研成果数量、质量，学生考试成绩、能力水平等属成果指标。实现教育活动目标，是实现教育目的的体现，因此成果指标是教育评价指标系统的重要组成部分。

成果评价是教育评价系统的核心部分，因为教育活动的目的，主要是通过培养人才为社会服务，学生是它的产品，学生质量是它成果水平的主要表现。但是评价成果时，不能脱离基础条件和工作过程，因为基础条件和工作过程都是实现活动目标的保障。同时，脱离客观实际去看条件与成果的关系是不客观的。例如学校办学水平评价，由于我国区域经济发展不平衡，教育发展也不平衡，多方面原因造成各学校的办学条件相差悬殊。如果不顾条件差异，只看成果高低，显然不合理，不利于调动各类不同条件下学校办学的积极性。但又不能绝对化，有的学校虽然条件一般或较差，但学校领导办学思想端正，充分发挥人的智慧和能动性，努力提高管理水平，仍然会取得优秀成绩。活动过程的状况对成果有直接影响，现代教育评价之所以十分强调过程评价，是因为过程评价可以为评价对象随时提供改进工作的信息，同时加强过程评价，能有效地提高管理水平，保持目标绩效的连续性和稳定性。因此，把条件、过程、成果评价有机地结合起来，建立评价指标系统，是全面实现评价目标的保证。当然为某种目的和需要时，这三个组成部分亦可相对独立。

（三）设计指标系统应坚持的原则

第一，导向性原则。指标作为直接的评价内容，起着指挥棒的作用，因为你要评什么，人们在活动时就注意抓什么，这是不言而喻的，因此在设计指标系统时，要坚持导向性原则，把坚持社会主义办学方向作为目标方向，适应教育改革、发展和提高的要求。同时要坚持大方向和小目标的统一，要把总的方向和阶段性的重点统一起来。把工作的长远目标和近期目标统一起来，通过对阶段性小目标的评价，促进其落实，逐渐提高，最终全面实现总方向指导下的大目标。

第二，科学性原则。科学性是人们做任何事情都追求的目标。指标的科学性可包含以下四层意思：一是要求指标与目标一致。指标是目标的具体化，每个指标必须是目标的一方面的具体反映，它的内涵要和教育目标或管理目标要求的东西一致。二是要求同一指标系统中的指标要相容，不能把相互矛盾的两条指标放在同一系统中，否则会使评价者无所适从。三是要求同一指标系统中指标不能重复，不能出现等价指标，否则在分配权数时会加重该内容的分量而使指标体系失调。四是要求指标要具有可比性，即指标必须反映评价对象的共同属性。例如对某种类型学校的评价，就要求抽取该类学校的共同属性设计指标，采集相同时空的信息进行评价。

第三，整体性原则。整体性是指指标系统对目标反映的完备性、全面性。指标是目标的一个方面的规定，而目标则存在于系统化的指标系统之中。因此，设计指标系统时，要求坚持整体性原则，不能遗漏任一重要的、反映评价对象实质的指标。例如，学生评价，就应包括学生德智体等全面发展的指标，而不能仅用学习成绩这一方面的指标。评价教师的素质，不仅包括教师的政治思想、文化、专业知识、教育技能，还应包括身心素质。整体性原则并不是要求指标事无巨细，使指标体系主次不分，而是要求不遗漏重要指标，尤其是对于一级指标，遗漏一项就会使目标出现偏离。

第四，可测性原则。指标作为目标的具体化、行为化表现，应该具有可测性，这也是以指标系统方式表达评价内容的目的所要求的。可测性要求指标应尽量用具体可操作化的语言来描述，并能通过观察或者测量得到明确的结果，以便于综合得出评价结论。但是教育现象是十分复杂的，人们对它的认识也有一定的局限性，片面追求可测性，追求量化，会损失评价的有效性。因此，贯彻可测性原则，是指在设计指标时，应尽可能地使指标定量化，或尽可能找到定量化的途径，尤其对于目的在于鉴定、比较的总结性评价更应如此。对于为改进工作而进行的形成性评价并不强调可测性，而是坚持描述性的评价。

第五，可行性原则。可行性是影响评价实施效果的重要因素。指标系统的可行性可以包括以下三层含义：一是要求指标涉及的信息应易于获取；二是指标系统要简便易行，在设计指标系统时，要善于抓住问题的要害，反映事物本质的因素，即抓住影响活动目标达成的主要因素，而对于一些虽能反映目标，但属次要的一般的因素可以忽略，或可适当地概括、合并，以减少指标数目，简便内容系统；三是简化量化方法，使之易懂，便于操作。

（四）设计指标系统的程序和方法

指标系统的建立，是在对一定评价目标层层分解的基础上实现的，下面将这一过程经历的步骤和每个步骤所采用的基本方法概括如下。

1. 将评价目标分解，获得初拟指标

进行目标分解的方法主要是内涵分析的方法。科学分解评价目标，并非轻而易举的事。评价者必须先认识评价目标的内涵，只有在透彻理解评价目标内涵的基础上，才能科学地逐级分解评价目标。从内涵分析入手分解评价目标，是设计指标系统的基本方法。对评价对象内涵层次理解得越准确、深透，抓住本质属性，则目标的层级分解越清晰、越顺利。按照内涵分析的方法具体操作时，首先是对目标内涵的理解，将其分成几个关键要素，属于一级指标；每个要素自成一个子系统，再分解每个子系统的内涵，列出能反映其内涵的项目，属于二级指标；每个二级指标又是个子系统，再分解，直到认为具有可操作性为止。设计指标系统，要求设计者不仅是被评领域的专家，而且还应具有一定的逻辑学、心理学、教育学方面的知识和理论。

此外，还可以从事物变化后产生的效应的角度去设计指标，如评价一所学校的办学水平，除了直接看它的条件、管理、人才培养质量外，还可以通过学生、教师、家长对学校的态度如喜欢、不喜欢等来评价。

设计指标系统第一步的任务是获得初拟指标，设计者可以自己（或小组）按照上述方法自拟指标，也可以通过会议或调查的方式向专家或有实践经验者征集指标。

2. 归类、筛选，精简指标

第一步所获得的指标往往较多，因为人们在分析目标内涵，对目标进行分解时，怕漏掉重要因素，尽量将有关可能指标列出，往往杂而多，因此要进行筛选。

对初拟指标进行筛选的原则是：同系统、同层指标内涵相同的要合并，指标有因果关系的留因去果，相互矛盾时选择合理的，可操作性差或无法获取信息的可寻找替代指标。

指标筛选的具体方法常用的主要有：①经验法。主要是专家根据对目标的内涵分析，考察指标在总体中的地位、作用，是否具有可操作性，指标群中是否交叉重复等。在准确把握指标内涵、外延，又从实际出发考虑可行性的基础上决定指标取舍。②调查统计法。首先将初拟指标列成调查表，发给被调查者（应该是专家或本领域实践经验丰富者），请他们指出他们认为重要的指标；然后收回调查表并统计每项指标被提到的人数的百分比；再按照百分比的大小取舍指标。③相关分析法。先按照初拟指标系统试评，获得评价值，然后求指标评价值两两相关的相关矩阵，将相关程度高的指标合并，达到简化指标的目的。

3. 专家论证

对于筛选过的指标，可初步形成指标系统。为保证指标系统的质量，还要进一步找专家论证。这里请的专家不应和征集、筛选时的专家完全重复。经专家论证、修订后的指标系统，最好再到评价对象中征求意见，以便使内容更符合实际，再经修订后便可确定下来。

如果为指标系统配以权重，并确定指标的评价标准，则构成指标体系，指标体系是目标的质与量的规定体系。利用指标体系进行评价，可提高评价结果的精确性、客观性，便于综合以及对评价对象进行区分。但是，由于教育活动是十分复杂的，而且，人们对教育活动中各种因素间的相互关系的认识也有一定的局限性，因此，在评价中，对于反映评价对象的一些重要因素，由于不能量化或找不到合适的量化方法，使之或者取消，或者用其他指标替代，或者降低其权重，这一系列的处理方法无疑会降低评价的有效性。同时，从改进教育工作、提高教育工作质量的角度，定量的结果仅给出个分数或给出个等级，它能使评价对象在相互比较中分出高低，但针对工作中的具体情况，却很难为评价对象提供改进工作的具体信息。

三、概括性问题

概括性问题是针对指标存在的问题而提出的表达教育评价内容的另一种方式。它是就评价者所关心的方面将被评客体分解为一系列的抽象问题，类似平时考察时的调查提纲。例如，评价学校领导班子建设时可以提出这样一些概括性的问题：领导班子的结构和成员的自身素质状况如何？是否有提高班子成员素质的有效措施？领导班子的办学思想是否明确？学校规章制度是否健全？在民主管理及校内管理体制改革方面做了哪些尝试，效果如何？教职工的积极性发挥得怎样？影响教职工积极性的因素主要有哪些？教职工、学生及家长对学校工作的满意度如何？概括性问题关注的是大家共同关心的、亟须解决的重要问题，反映社会多元的价值要求。

（一）概括性问题的特点

与指标体系相比，概括性问题具有如下特点：

1. 直接反映目标，评价的有效性高

概括性问题不针对具体的行为，而是强调整体感知，直接反映目标。我们知道，人们在观察和分析问题时，往往有知觉参与，要求从整体上把握对象。概括性问题的方式对评价客体的抽象、概括，所强调的正是整体感知。通过设计的概括性问题规范评价内容，可以告诉评价者去了解哪方面的信息，避免漫无边际。它不需要将目标转换成具体的、行为化的评价项目，而是通过一系列的抽象问题直接反映目标的本质属性，避免了分解目标时因多次转化而使某些末级指标反映目标不直接、不贴切的现象。利用概括性问题的方式进行评价，其结果的有效性较高，尤其是为改进工作而进行评价时，概括性问题评价可为被评者提供针对性较强的反馈信息。

2. 简练而明确，突出主要因素

利用指标体系进行评价，要求指标要具体、全面，用次级指标说明上一级指标，用小问题说明大问题，因而一般情况下指标系统的指标数量繁多、庞杂。而概括性问题不同于指标系统，它强调对大的、典型问题的总体判断，而不是面面俱到的具体问题。因此在一次评价中，所用的概括性问题较少，问题简练而明确，突出主要因素，评价的针对性强，有利于反映评价对象的个性。

3. 信度偏低

利用指标系统进行评价的最大特点是评价结果精确性高，便于量化和综合。而依据概括性问题进行的评价，其评价结果比较笼统，评价者对评价对象一些方面从整体上进行感知和认识的空间较大，自由度较大，在实际评价活动中，不同评价者对问题理解的角度及程度不同，因此会产生某种偏差，从而影响评价的信度。由于概括性问题的评价结果较少量化，所以在作综合结论时往往不易统一意见，也不便于在评价对象间作精确比较。

为了控制概括性问题评价中不同评价者可能产生的认识上的偏差，统一评价者采集信息的广度和深度，有时可为每个问题附以具体的调查内容、范围及应分析的问题。例如，评价某地区中小学教师的素质，可以提出以下几个问题（标在括号内的是具体的调查内容、范围及应分析的问题）。

（1）该地区中小学教育的基本情况（包括办学思想、教育规模、学校分布、学校类型、教育发展现状及与本地区对教育的规划要求的符合程度等）。

（2）教师队伍的结构与数量（包括教师总体人数、分布情况、适应情况，教师队伍的年龄结构、性别结构、学历结构、专业结构、职称结构等）。

（3）教师队伍的政治思想与职业道德情况（包括教师的政治态度、思想觉悟、职业道德修养的状况等）。

（4）教师队伍的学历水平和业务能力（主要包括教师学历达标情况和取得合格学历的途径、教师的教学技能，专业能力，沟通和组织管理班级教学的能力，运用现代化教学手段、指导课外活动的能力，从事教学研究的能力等）。

（5）教师教育思想观念（主要包括教师的教育理论知识、现代教育观念及素质教育思想的树立等）。

（6）教师身心素质（主要包括教师的身体健康情况和心理健康水平以及与现代教师职业要求相适应的状况等）。

（二）概括性问题和指标系统的关系

概括性问题和指标系统，是评价内容的两种不同表达方式，构成两种不同的评价范式。两种不同评价范式的区别，如表2-1所示。

表2-1　两种不同评价范式比较表

比较项目	指标系统式	概括性问题式
评价内容	具体可操作	抽象、概括
方法论	实证化的	人文化的
可测性	较强	较差
结果处理	便于综合	不便于综合
功能	鉴定、比较，适用于终结性评价	改进、交流，适用于形成性评价
信度	高	低
效度	低	高
设计难度	高	低

指标系统和概括性问题虽有不同，但联系密切。实际上，指标系统是概括性问题分解和筛选后的具体评价项目群，在设计指标体系时，目标分解的过程体现了从概括性问题到具体指标的过程；而概括性问题则是指标系统的抽象与概括。当然概括性问题比指标系统具有更大的弹性和更丰富的内涵。

第三节　权集合及其构建方法

一、权集合的含义及确定权重系数的原则

评价指标系统的建立，确定了评价目标及一群评价指标，而各指标在构成目标时的客观地位及各指标间的关系是不同的，这种不同的地位和关系是通过权集合描述的。权集合是指标体系的重要组成部分。

权集合，即权重系数集合，简称权集，是描述各指标重要程度的关系集。所谓权重系数，是指一个整体被分解成若干因素（指标）时，用来表示每个因素在整体中所占比重大小的数。权重系数简称为权数。每个因素的权数表示了该因素在整体中的相对重要程度，而权重系数集合反映了每个因素与其他因素间的关系。

权集合常应用于评价时其内容是以具体指标表示，并以指标的定量评价值为基础来综合评价结果。同一级指标的权数之和等于1；同级指标分解为各子系统时，每个子系统内各指标的权数之和等于1。

权重系数是分项评分综合合成时的重要参数，它表明了各指标同评价结果之间的确定关系，具有导向作用。因此在确定指标权重系数时，要慎重分析各指标在目标中的重要性，合理分配权数，这样才能使综合评价结果客观、科学。

指标的权数反映了该指标在实现目标中的客观地位，同时，权数又是评价主体对该指标价值的认识程度的反映，即哪些指标重要，则权数大些，反之小些。这说明权数是主、客观结合产生的结果，因此在确定权数大小时，一般应遵循以下原则：

第一，客观性原则。这是确定权数时最重要的一项原则。它要求在对各指标分配权数时，在同层次中，要根据各指标在目标（有的即是其前一级指标）中的客观地位和实际作用来确定哪个指标重要，而不能以个人的主观愿望和喜好来确定。为了能准确反映每个指标在实现目标中的客观地位，在确定指标权数时，要采用科学的统计方法，综合多个专家的意见，以防止专家个人判断的偏颇。

第二，导向性原则。有时根据实际需要，当给各指标分配权数时，在遵循客观性原则的基础上有时可进行主观的调整。比如某个阶段的评价，根据一定时期工作目标的重点强调加强什么、纠正什么偏向，评价者可有意对某一指标的权数加大或减小，通过拉大某些指标权数间的距离而引导评价对象适当调整工作指向。另外，对于一级指标，其权数关系到整个指标体系的生命，权数的分配一定要与评价目的和要求相联系。比如校内的评价主要是诊断问

题，推动工作提高，强调工作过程和努力程度等，而校际间的评价多是鉴定性的评价，则侧重于目标控制与指导，强调工作结果。

第三，可测性原则，即根据指标的可测程度来确定权重。在构建指标体系时，有的指标对反映目标比较重要，但其可测性差，同时又没有相近的指标替换，这时为避免由于对指标测定不准而导致评价结果的不精确，只有减少该指标的权数。如果这个指标特别重要，可以在综合分项评分之后，对其重要性作些描述性的补充评价，以供作评价结论时参考。

二、构造权集合的方法

构造权集合的过程既是反映人们价值认识的过程，也是统一人们价值认识的过程。因此，权集合的构造过程体现了主观和客观、认识事实和判断价值的高度统一。在教育评价指标体系构建中，常用的、比较简便的方法有以下几种：

（一）简单调查统计法

简单调查统计法也称直接打分法。具体做法是，首先邀请若干专家，请他们在列有指标的调查表中分别对各指标的重要程度作出判断，给出权数或分数，然后再统计平均值，即可得到该指标的权数。如果专家在判断时给出的是分数，则要进行归一化处理而得到各指标权数。所谓归一化处理，就是将同级每个指标的得分，分别除以该级各指标得分之和，所得的相对数即为各指标的权数。各指标权数之和等于 1。

例如，表 2－2 是制定教师课堂教学质量评价指标系统时，确定一级指标权集合时调查结果的综合情况以及确定的权集合。本调查要求专家根据课堂教学目标分解后每个指标的相对重要程度给每个指标打分，满分为 10 分。

表 2－2　简单调查法的权数统计表

指　　　标	平均分值	归一处理	权重系数 W_i
教学目标	1.3	1.3/10	0.13
教学内容	2.7	2.7/10	0.27
教学方法	1.4	1.4/10	0.14
教学技能	1.1	1.1/10	0.11
教学效果	3.5	3.5/10	0.35

简单调查统计法简便直观，易操作。但是应用此法时，专家判断是根据自己的理解直接一次性打分，在专家人数较少时，精确性较差，但专家人数较多时，基本能保证其合理性。

（二）特尔斐法

特尔斐法（Delphi technique）是 20 世纪 50 年代初美国兰德公司的戈登（T. Gordon）和赫尔默（D. Helmer）提出的一种专家咨询方法。这种方法是找一组专家（一般 10～50 人），由联络人员初拟调查提纲或调查表，轮番征求各专家的意见，经过几次反复调查、归纳、汇总，得到专家的判定结果。

利用特尔斐法确定权集的步骤是：

第一步，由联络组成员将设计好的第一轮权数咨询调查表发给各专家。第一轮咨询表一般包括指标和判断指标重要程度的等级。此表格的一般形式如表2－3所示。

表2－3　第一轮权数咨询调查表形式

指　标	重要程度的等级			
	很重要（0.4）	重要（0.3）	一般（0.2）	不重要（0.1）
办学条件				
管理水平				
培养水平				

为了使咨询时专家对指标内涵及重要程度词语的理解一致，往往需要列出指标内涵及各种等级的明确定义，使专家明确什么情况下是很重要，什么情况是重要、一般和不重要。每个等级上按照重要程度所赋的值是权数的估计值。

第二步，收回第一轮咨询表，进行统计处理，并设计发放第二轮表。统计处理时，主要求出两个量数：

（1）求每一指标权数的平均估计值 $\overline{W_i}$

$$\overline{W_i} = \frac{1}{n} \sum W_{ij} \tag{2.1}$$

式中 W_{ij} 为第 j 个专家对第 i 项指标权数的估计值（ $i = 1, 2, \cdots, m; j = 1, 2, \cdots, n$ ）；

（2）求每一位专家的估计 W_{ij} 值与平均估计 $\overline{W_i}$ 的偏差 Δ_{ij}

$$\Delta_{ij} = W_{ij} - \overline{W_i} \tag{2.2}$$

将上述两个量数及有关说明填在表中，请专家参考第一轮的统计结果再一次进行估计，也可以附上自己的意见、理由。第二轮及以后各轮表格形式一样，如表2－4所示：

表2－4　第二轮及以后各轮表格形式

指　标	上一轮估计值		本次估计值
	平均值 $\overline{W_i}$	偏差 Δ_i	
办学条件			
管理水平			
培养水平			

经过几轮反复咨询后，专家意见逐渐趋于一致，经统计进行归一处理后，权数即可确定下来。

（三）专家排序统计法

设有 m 个同层指标，聘请 n 个专家，首先将设计好的指标重要程度排序调查表发给每个专家，要求每个专家分别对 m 个同层指标按照重要程度排序，最重要的为 1，依次排出顺序；然后将每个专家对 m 个指标的排序汇集在一个表中，如下面例 2 – 1 中表 2 – 5 所示（教师相当于专家）。各专家对第 i 个指标的排序等级之和记为 R_i，最后按照公式求出每个指标的权数。

专家排序法按照排序整理的形式不同，可以用不同的公式求出权数。

（1）对于单纯排序的指标采用公式（2.3）求权数。

$$W_i = \frac{2\left[n\left(1+m\right) - R_i\right]}{mn\left(1+m\right)} \tag{2.3}$$

式中，m 为同层指标数；n 为专家数；R_i 为各专家对第 i 个指标排序等级之和；W_i 为第 i 项指标权数，$\sum W_i = 1$

（2）在排序的基础上，如果统计了每项指标被专家排为各等级的人数，可用公式（2.4）求权数。

$$W_i = \frac{\sum a_j n_{ij}}{N \sum a_j} \tag{2.4}$$

式中，a_j 为排序为第 j 等级的分值；N 为专家数；n_{ij} 为第 i 项指标评为第 j 等级的人数；W_i 为第 i 项指标的权数，$\sum W_i = 1$

例 2 – 1 某校学生素质综合评价指标体系有 6 项一级指标，由 7 位教师采用排序法确定其权集合。7 位教师排序结果汇总于表 2 – 5 中。

表 2 – 5 一级指标

专家 \ 指标	1	2	3	4	5	6
A	2	6	5	1	4	3
B	4	6	1	2	3	5
C	5	6	2	1	3	4
D	2	5	3	1	4	6
E	3	4	1	2	6	5
F	5	6	1	4	2	3
G	2	6	3	1	5	4
R_i	23	39	16	12	27	30

已知各指标的 R_i 值，将各 R_i 值分别代入公式（2.3）可求出各指标的权数。

$$W_1 = \frac{2\left[n\left(1+m\right) - R_i\right]}{m \times n\left(1+m\right)} = \frac{2\left[7 \times \left(1+6\right) - 23\right]}{6 \times 7 \times \left(1+6\right)} = 0.177$$

同理可求得　　　　$W_2 = 0.068$　　　$W_3 = 0.224$

$W_4 = 0.252$　　　$W_5 = 0.150$　　　$W_6 = 0.129$

$$\sum W_i = 0.177 + 0.068 + 0.224 + 0.252 + 0.150 + 0.129 = 1$$

例 2 - 2　仍是上述资料，如果将各位专家的排序结果整理成表 2 - 6 的形式，则可用公式（2.4）求权数。

表 2 - 6　专家排序统计表

指　标 ＼ 等　级 分　值	1	2	3	4	5	6
	6	5	4	3	2	1
1	0	3	1	1	2	0
2	0	0	0	1	1	5
3	3	1	2	0	1	0
4	4	2	0	1	0	0
5	0	1	2	2	1	1
6	0	0	2	2	2	1

已知 $N = 7$，$\sum a_j = 6 + 5 + 4 + 3 + 2 + 1 = 21$

$$W_1 = \frac{\sum a_j n_{1j}}{N \sum a_j} = \frac{6 \times 0 + 5 \times 3 + 4 \times 1 + 3 \times 1 + 2 \times 2 + 1 \times 0}{7 \times 21}$$

$$= 0.177$$

$$W_2 = \frac{\sum a_j n_{2j}}{N \sum a_j} = \frac{6 \times 0 + 5 \times 0 + 4 \times 0 + 3 \times 1 + 2 \times 1 + 1 \times 5}{7 \times 21}$$

$$= 0.068$$

同样，可求出其他三个指标的权数分别为：$W_3 = 0.224$，$W_4 = 0.252$，$W_5 = 0.150$，$W_6 = 0.129$。两种方法计算的权数完全相同。

当同层指标个数不多时，用排序统计法确定权集合可以得到比较可靠的结果。

第四节　教育评价的标准

教育评价标准是进行教育评价活动的重要因素。教育评价指标体系的建立，确立了评价目标及其具体内容项目，教育评价活动则是对评价对象实现评价目标的程度做出价值判断，而价值判断的依据是主体的需要和尺度，其具体体现为评价标准。没有标准，就无法进行教育评价活动。

一、教育评价标准的含义、结构和类型

（一）教育评价标准的含义

所谓标准是指衡量事物的准则，是对事物进行评判的具体尺度。教育评价的标准是指对应于相应的评价指标或项目，规定评价对象达到什么程度或水平才是合乎要求的，或是优秀的、良好的等。

标准是衡量事物水平高低的准则。这种准则可以以客体属性的质变的临界点的形式提出，也可以以客体在质变过程中不同程度的量的形式提出。它是根据评价主体的价值观和客体发展的客观规律而形成的对客体发展变化的一种期望水平。就教育评价而言，教育发展的不同时期，其评价标准总会有些不同，这些标准都是根据当时人们教育思想观念，根据社会对教育和人才质量的需求以及对其实现的可能性的认识确定的。标准是主体的愿望、需要与客体发展的客观规律相结合的产物。教育评价的本质是对教育现象价值的一种判断活动。对教育价值作出判断，就要有一个判断的尺度，因此，制定教育评价标准是教育评价活动的基础性环节，否则，教育评价活动就无法进行。

（二）教育评价标准的结构

不同的评价对象、目的，其评价具体项目、内容不同，则评价标准也有所不同。但是无论教育评价对象是什么，从总体上说其评价内容存在着共性的东西，因此，评价的总目标一般分解为三个子系统，即条件指标系统、过程指标系统和效能指标系统。而教育评价标准也相应由三部分构成，即素质标准、职责标准和效能标准。

素质标准，也称条件标准。是指从被评价的客体在承担或完成各项教育工作任务时应具备的条件角度确定的标准，也就是对应指标体系中条件指标系统各末级指标的评价标准。一般情况下，评价对象如果是人，则称为素质标准，如教师评价中对教师的政治思想、教育观念、专业知识等方面的评价标准；评价对象如果是物，则称为条件标准，如学校评价中对学校的教师队伍、实验设施、图书资料室设施、资金等教育条件保障方面确定的标准。素质是评价客体承担或完成工作职责需具备的基础条件。合理的素质评价标准可以规范和不断提高评价对象对自己的素质要求。

职责标准，也称过程标准、状态标准。是指从被评客体应承担的责任和应完成的教育工作任务的角度确定的评价标准。也就是对应指标体系中工作过程指标系统各末级指标所确定的工作质量评价标准。例如评价学校的工作状况、管理水平时，要看学校各领域、各部门规章制度的建立健全及执行情况，看机构设置、工作协调、财务管理情况等；评价教师教学质量时，要看教师在备课、讲课、作业批改、辅导、考试、课外活动指导等方面的工作质量。明确的职责标准，会增强评价对象的工作责任感和事业心，有利于保质高效地完成工作任务。

效能标准，包括效果标准和效率标准，是指从评价对象完成工作任务的效果和取得这些

工作效果所耗费的时间、财力等角度确定的评价标准。也就是对应指标体系中效果指标系统各末级指标所确定的评价标准，其中效果标准是从评价对象完成工作任务取得的成果角度确定的标准，例如评价学生时学生的思想、知识、能力、人格、身体等发展水平，评价教师时看教师教学效果、教学研究成果等；效率标准是从评价对象完成工作任务的投入产出比率角度确定的标准。例如评价教师的教学质量，要看他取得教学质量所占用的时间等，评价学校培养学生的成就，不仅要看学生质量，还要看学校师生比，看培养学生的数量等。

（三）教育评价标准的类型

1. 相对标准和绝对标准、主观标准和客观标准

按照评价标准的性质，可以把教育评价标准分为相对标准和绝对标准、主观标准和客观标准。

相对标准是指那些根据不同的评价目的、评价对象的性质和水平等可以变化的评价标准。相对标准的建立是以被评群体的一般水平为根据，依该标准所确定的评价结果可以表明被评个体在群体中的相对位置。例如选拔性考试确定的录取分数线，年终评选先进的标准都属于相对标准。教育评价指标体系中，管理水平、工作过程类指标的评价标准多为相对标准。

绝对标准是指那些根据教育活动目的、要求而确定的评价标准，它不依被评群体的一般水平变化，而只依教育目的、要求变化而变化，对于任何评价对象都是无条件的。依该标准所确定的评价结果，可以表明评价对象达到目标的程度。例如水平考试和毕业考试的合格标准，属于绝对标准。教育评价中素质评价和成果评价中有一部分标准属于绝对标准，如学校的办学基本条件，教师教学工作量等。

主观标准，是指标准设计者在其对评价内容的要求及对评价对象认识的基础上凭经验设计的评价标准。这种评价标准反映了评价者对评价对象的期望，主观性较强。为了克服个人设计评价标准的偏颇，一般应在集体讨论、反复论证以及经过试评修订才能最后确定。

客观标准，是指根据评价对象的关键行为特征或事物发展的客观要求而确定的标准。这种标准是基本独立于个体经验判断以外、具有较高的客观性。教育考试中确定的 60 分为及格的标准是一个客观标准，也是一个绝对标准。

2. 定量标准和定性标准

按照评价标准表达的形式，可以把教育评价标准分为定量标准和定性标准。

定量标准是指以达到指标体系项目要求的数量或各种规范化行为的相对数所表达的标准。例如以分数或比率等数量表达的标准，像学习成绩评定中，90 分以上为优秀，80～89 分为良好，……，59 分以下为不及格；某教学评价方案对实验室开放率规定：开放率 $P \geqslant 0.3$ 为好，$0.2 \leqslant P < 0.3$ 为较好，$0.1 \leqslant P < 0.2$ 为一般，$P < 0.1$ 为差。定量标准有助于提高评价结果的精确性、客观性。由于用数量表示的结果便于区分评价对象间的差异，所以在以评价指标体系为准则的终结性评价中，常较多地使用定量标准。但是由于教育现象是非常复杂的，有些很难直接量化，为了综合评价结果，便于评价对象间比较，所以教育评价实践中

常采取一些转换的方式使其量化，一些定量标准的设计实际上是把教育活动的复杂性简化后的结果。

定性标准是指以达到指标体系中项目要求的程度或各种规范化行为的优劣程度而表达的标准，一般以评语或符号做标度。例如在教育评价中，常用一段评语描述评价对象达到什么程度是好的，什么程度称较好等。由于定性标准能表明评价对象达到某一程度时做到了什么、不足是什么，有利于帮助评价对象改进工作，因此在形成性评价中多采用定性标准。

教育评价标准的这种相对与绝对、主观和客观、定量与定性等的划分只具有相对的独立性，事实上它们之间存在着辩证的转化关系。另外我们也应清楚地认识到，制定教育评价标准是为人们确定教育评价客体水平高低的需要，而这种标准的确定又是人们对评价客体的一般水平或关键行为抽象、概括的认识结果。教育评价标准的制定过程是一个"自我相关"的过程，人们对客体的认识的不断深化，决定了评价标准的动态性，尤其对于绝对评价标准来说，更需要不断地修改完善，才能符合客体发展水平的实际。

二、确定教育评价标准的依据和要求

（一）确定教育评价标准的依据

1. 国家的经济和社会发展对教育的需要

教育及教育的发展受制于经济和社会的发展，同时，又能动地影响经济和社会的发展，服务于经济和社会的发展。经济和社会对教育的需要表现在许多方面，但主要表现为对人才培养的数量和质量方面，而教育服务于经济和社会发展的功能也主要表现在为经济和社会发展输送足够数量和质量的人才。因此，制定教育评价标准必须依据国家经济和社会发展对教育及其人才数量和质量的需求。只有依据经济和社会发展对教育及其人才的需要制定出标准，才能对教育的价值特别是比较宏观的价值作出正确的判断。

2. 国家的教育方针政策和法规

国家根据经济和社会发展对教育的需要以及教育活动本身的特点制定了一系列方针、政策和法规，用以规范和发展教育及其人才培养。这一系列方针政策和法规，是兴办教育、发展教育的准则，是对一切教育活动的基本要求，也是一切教育活动的基本依据，因而也是衡量教育活动价值的标准，是制定教育评价标准的基本依据之一。

3. 教育规律和人的心理活动规律

教育评价活动是人们对教育价值的一种认识、判断活动，要使这种活动能科学地进行，就必须从教育活动自身的特点出发，遵循教育活动的规律。因此，制定教育评价标准不仅不能离开教育活动规律，而且必须符合教育发展规律的要求。另外，教育评价活动是人们的一种价值判断活动，评价者和以人为被评者时，双方都是具有感性和理性、情感和意志等心理活动的人群，教育评价活动也应该遵循人的心理活动规律，制定教育评价标准也不能违背人的心理活动规律。

4. 从评价对象实际出发，实事求是

经济和社会发展的不平衡，决定了我国的教育发展也是不平衡的，各地区间、城市和农村间、城市间、农村间的教育环境、条件和水平差距很大，用一个统一的标准去评价不同的对象，就不能很好地发挥教育评价的功能。因此，制定教育评价标准，要从评价对象的实际出发，因时制宜，因地制宜，实事求是，把原则性和灵活性结合起来。

5. 评价主体的需要

评价主体是评价活动的发起者、主动者，不同性质和类型的评价活动，其主体都有一定的目的性和需要。评价主体的目的性和需要，也是制定评价标准的依据之一。

（二）教育评价标准的基本要求

1. 先进性

教育评价标准要反映经济、社会及教育发展的新要求，反映国家方针、政策和法规的新要求，反映教育自身发展的新要求，要体现教育要"面向现代化、面向世界、面向未来"的思想，体现时代精神和时代前进的发展方向。例如，当前对学生和教师评价时，其标准就要符合新课改目标的要求。教育评价标准的先进性是发挥评价的导向功能、激励功能的重要保证。

2. 科学性

教育评价标准的科学性主要是指教育评价标准要反映评价对象自身发展的规律性。如根据不同年龄段学生身心发展的规律制定学生评价标准，根据教学规律制定教师教学评价标准，根据教师职责特点及教学、科研的关系制定教师职称评定标准等。另外，教育评价标准多具体体现在评价指标体系中各项指标上，每个指标是目标的一个方面的规定。教育评价各指标的标准要与教育目标及评价目标要求一致，目标是价值判断的总的根据。

3. 可接受性

教育评价标准的可接受性，主要是指教育评价标准既不能太低，也不能太高，要适度，要符合评价对象的总的状况。教育评价标准定得太高，使评价对象可望而不可即，会使其失去信心；反之，如果评价标准定得太低，唾手可得，则会培养惰性。这两种情况都会妨碍评价的激励功能的发挥，失去评价标准的效用。教育评价标准的确定要符合被评客体的总体状况，使评价对象总体在标准的引导和激励下，朝着目标的方向努力，才能促进评价对象总体水平的提高。

三、教育评价标准的表达方式

（一）评语式标准

评语式标准是指对每个因素都以评语式的语言叙述标准，这是目前比较常用的表达评价标准的方式之一。评语式标准又有各种形式，可归纳为分等评语式、期望评语式和积分评语式三种。

1. 分等评语式标准

分等评语式标准是指对每个末级指标列出各等级标准。例如表 2 - 7 是某市教师课堂教学质量评价指标系统中所采用的分等评语式标准。

表 2 - 7　分等评语式标准（示例）

评价指标	等　级　标　准	等　级			
		A	B	C	D
教学目标	很好（A）：符合大纲要求与学生特点，并能体现于教学过程。 较好（B）：基本符合大纲要求与学生特点，在一定程度上能体现于教学过程。 一般（C）：教学目标在教学活动中没有得到明确反映。 较差（D）：教学目标不明确				
教学内容	很好（A）：把握准确，无科学性方面错误。 较好（B）：偶有把握不准，但能及时发现，纠正。 一般（C）：有一定的科学性方面的错误，能较及时或事后能纠正。 较差（D）：常有科学性错误，不能及时纠正				
教学环节	很好（A）：环节紧凑、多样，学生学得生动，能力得到均衡发展。 较好（B）：环节基本能适应各种能力发展的需要。 一般（C）：环节不常变化，部分学生主要精力在于应付作业。 较差（D）：环节单一，学生只能应付书面作业				
教学方法	很好（A）：课堂讲授逻辑性强，易于被学生接受与理解，有很强的启发性，能促进积极思考，举一反三。 较好（B）：课堂讲授逻辑性较强，多数情况学生能顺利接受与理解，教学有一定的启发性，大部分学生思维经常处于活跃状态。 一般（C）：课堂讲授逻辑一般，学生理解较费劲，启发性较弱，有一定数量的学生被动听讲。 较差（D）：课堂讲授逻辑混乱，学生难于接受与理解，教学无启发性，大部分学生只能是教师讲什么就记什么				
考试、考核	很好（A）：试卷设计科学，从内容到形式都能反映教学大纲要求，各类各层次教学目标能得到充分反映。 较好（B）：试卷设计科学，能较好地反映教学大纲的要求，但部分教学目标没能得到很好反映。 一般（C）：试卷设计有偏离教学大纲的情况。 较差（D）：试卷设计随意性较大，与教学大纲脱节				

为了简明，实践中人们常采用四级分等、两级定标的方法，例如评价分为 A，B，C，D 四个等级，只对 A，C 两个等级制定标准，A 等为优，C 等为一般，A，C 两等级之间评价为 B（良），C 等以下为 D（差）。

2. 期望评语式标准

期望评语式标准是指对每项末级指标都以期望的最理想的要求或某种程度的要求拟出相应的标准，这种标准只给出最好等级的标准或某种程度要求的标准，其他等级不列标准。评价时，靠评价者自己根据了解去判断评价对象属于哪一等级或是否与这一肯定的陈述相符合。这种形式的标准是和评价指标完全一致的，只是在叙述上把最高的要求或某种程度的要求用评语的方式表达出来。表2－8和表2－9都是期望评语式标准的示例。

表2－8 班主任工作评价表（期望评语式标准示例1）

一级指标	二级指标	评价标准（期望式评语）	等级		
			A	B	C
班主任工作职责	了解研究学生	深入学生实际，全面了解和掌握学生情况			
	组织培养班集体	班级机构健全，有合理的班约班规 学生参与民主管理，干部队伍成长快 正确的班集体舆论，优良的班风			
	班级日常管理	班级日常管理井井有条，制度健全 有长计划、短安排			
	协调教育合力	与社会、家庭、任课教师联系密切 教育力量配合得好			
	思想教育和学习指导	开展各种有意义的教育活动 耐心细致地做学生的思想工作 重视学法指导，重视培养学生能力			
	工作计划、总结和学生操行评定	工作计划目的明确、内容充实、措施得力，每学期有工作总结，学生操行评定公正、合理、全面、准确			
班主任工作效绩	班集体发展水平	班级班风正、学风好、凝聚力强			
	学生全面发展状况	学生遵章守纪、勤奋好学，学习兴趣和成绩逐步提高，身体素质好，综合能力强			
	班主任威信	能得到大多数学生的亲近、信任、拥护，得到领导、同事的信任和赞许			
	班主任工作研究成果	有班主任工作经验总结或研究论文发表			

表 2－9 中小学课堂教学评价表（期望式评语示例 2）

评价项目	评价要点	评 价 标 准	符合程度	
			基本符合	基本不符合
教学目标	符合课程标准和学生实际程度	符合课程标准的要求，包括知识、能力、情感态度与价值观等方面与学生的心理特征和认知水平相适应，关注学生的差异		
	可操作的程度	教学目标明确、具体		
学习条件	学习环境的创设	有利于学生身心健康，有利于教学目标的实现		
	学习资源的处理	学习内容的选择和处理科学，学习活动所需要的相关材料充足		
学习活动的指导与调控	学习指导的范围和有效程度	为每个学生提供平等参与的机会，对学生的学习进行有针对性的指导，及时采用积极多样的评价方式		
	教学过程调控的有效程度	能依反馈信息对教学进程、难度进行适当调整，合理处理临时出现的各种情况		
学生活动	学生参与活动的态度	学生对问题情境高度关注，积极主动参与活动		
	学生参与活动的广度	学生参与学习活动的人数较多，参与活动的方式多样，参与活动的时间充分		
	学生参与活动的深度	学生能提出有意义的问题或能发表个人见解，能按照要求正确操作，能够倾听、写作、分享		
课堂气氛	课堂气氛的宽松程度	学生的人格受到尊重，学生讨论和回答问题、质疑问难得到鼓励，学习进程张弛有度		
	课堂气氛的融洽程度	课堂气氛活跃、有序，师生、生生交流平等、积极		
教学目标	目标达成度	基本实现教学目标，多数学生能完成学习任务，每个学生都有不同程度的收获		
	解决问题的灵活性	有些学生能灵活解决教学任务中的问题		
	教师和学生的精神状态	教师情绪饱满、热情，学生体验到学习和成功的喜悦，学生有进一步学习的愿望		
教学特色	教师在某些方面具有的独创性：			
评价等级	A	B	C	D
评语				

3. 积分评语式标准

积分评语式标准是指将每项末级指标分解为若干因素，按照每个因素在其前一级指标中的重要程度确定一个满分值以及各因素分值，每个被评对象在各因素上得分之和便是该指标评价得分。例如表 2－10 是某中学教师课堂教学质量评价标准。

表 2－10　教学评价表节选（积分评语式标准示例）

指　标	评　价　标　准	记　分（满分20分）
教学方法	1. 教法选择具有科学性、灵活性、实践性，有利于提高教学效率	6
	2. 能根据教学内容的特点灵活使用现代化教学手段	4
	3. 对学生进行了学法指导，使学生学会对知识分析、综合和概括	4
	4. 实施水平区别化教学，使学生在一定程度上有选择学习的机会和条件	6

（二）数量式标准

数量式标准指的是对末级指标以数量的大小为标准判定其等级的高低。数量式标准可以有多种形式，常用的有数量点式标准、数量区间式标准等。

1. 数量点式标准

数量点式标准即以某个数量点值为标准，判断评价对象水平高低。如学生成绩 60 分以上为及格、60 分以下为不及格，60 分即为学生成绩评价的数量点标准。

2. 数量区间式标准

数量区间式标准是以明确的数量区间为标准给被评对象评定等级。例如期末考试成绩的评定中一般规定：优秀，90～100；良好，80～89；中等，70～79；及格，60～69；不及格，59 以下。表 2－11 是某市中小学教师培训工作评价标准。

表 2－11　教师培训工作评价标准（数量区间式标准示例）

指　标			等　级　及　标　准		
			A	B	C
中小学新任教师试用期培训	小学新任教师	参培率	$P = 100\%$	$100\% > p \geq 98\%$	$98\% > P \geq 97\%$
		合格率	$P = 100\%$	$100\% > P \geq 95\%$	$95\% > P \geq 90\%$
	中学新任教师	参培率	$P = 100\%$	$100\% > P \geq 98\%$	$98\% > P \geq 95\%$
		合格率	$P = 100\%$	$100\% > P \geq 95\%$	$95\% > P \geq 90\%$

（三）隶属度加评语式标准

隶属度加评语式标准是用模糊数学中的隶属度函数为数量标度并加上相应等级评语表示的评价标准。这种标准是运用模糊集合的概念，采用［0，1］区间赋值的办法来规定每个要素各等级的隶属度范围。这种办法能使那些难以用精确数量判定等级的要素得到较为客观合理的评价。判断时，考察评价对象在该项指标上的水平并根据评价标准判定等级，并赋予［0，1］区间的某个值，即该指标获得该等级区间的一个值。例如表 2 - 12 教师授课评价标准。

表 2 - 12　教师授课评价标准（隶属度式评价标准示例）

一级 指标	二级 指标	A （0.85～1）	B （0.5～0.84）	C （0.3～0.49）	D （0～0.29）
教 学 目 的	教学 目标	目标合理、全面，注重开发潜力，培养能力	目标准确具体，激发学生学习的兴趣	基本能体现教学目标的要求，从学生实际出发	基本不能体现教学目标要求，脱离学生实际
	教学 思想	熟练运用现代教学理论，面向每个学生	能运用教学理论，面向全体学生	基本面向大多数学生	不懂现代教学思想，只注重很少学生
	整体 结构	立意新颖，思路清晰，有特色	思路清楚，有一定特点	层次较清楚，结构较完整	层次不清楚，结构不完整

隶属度加评语式标准是评语式标准与数量式标准相结合的一种标准表达形式。也有的实践者在采用隶属度标准时不同时给出评语标准，评价者完全根据自己对被评者的了解，对每个因素判定给出某个隶属度区间的某个值，但这样做会使随意性增强。

（四）量尺式标准

量尺式标准是指以标准分量尺作为划分等级的标准。量尺式标准是以平均数作为零点，以标准分数作为刻度。评价时，只要把各评价要素的原始分数转化为标准分数，则可以在标准分数量尺上标出每个要素的位置水平。例如图 2 - 2 是利用量尺式评价标准确定的甲乙两个学生各科成绩。图 2 - 3 是利用量尺式评价标准确定的某个学生在语文和数学两科多次考试中的成绩比较图。

无论是哪种表达形式的评价标准，在编写时都要力争界限清晰，不同等级的评价标准之间，从高到低，要有明显的等级层次，便于评价时对因素的不同水平进行区分。具体确定标准时，有为每个等级定标准的，有隔等级定标准的，也有只定最好标准的，操作时可以根据实际情况灵活选用。

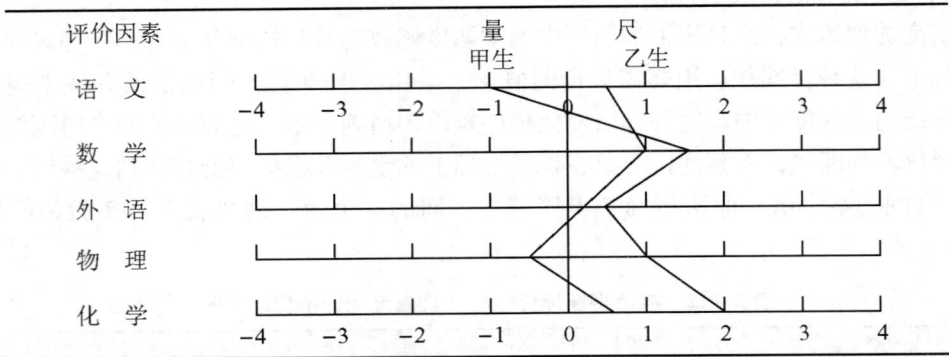

图 2-2 量尺式评价标准（1）

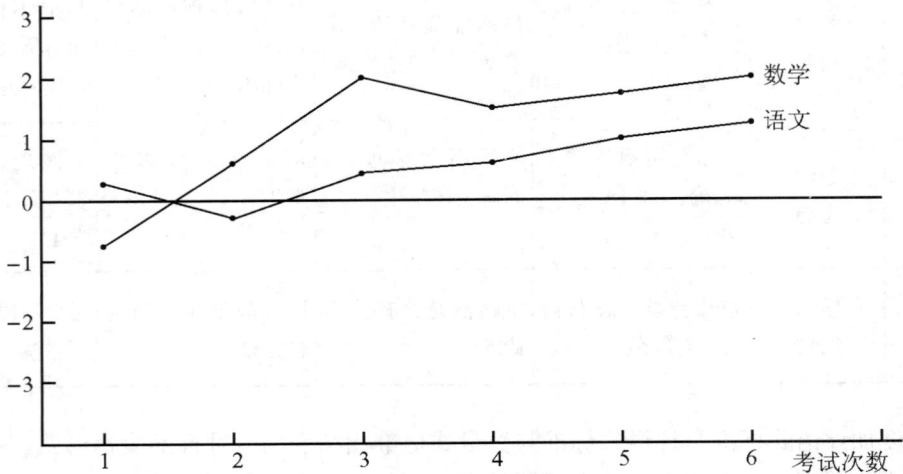

图 2-3 量尺式评价标准（2）

四、教育评价中常用的量表

（一）教育评价中量表的种类

评价是在测量基础上的价值判断，量表是测量活动的尺度，离开尺度，人们就无法进行测量和评价活动。教育评价中常用的量表有以下几种：

1. 类别量表

类别量表也叫称名量表。这是一种最简单的量表。它是根据某一标志用数字代表事物的类别，其中用来代表各类事物的数字仅仅是代表事物的符号，而没有任何数量的意义。例如普查统计人口时，根据性别将人分为两类，即男性和女性。规定用"1"代表男性，用"0"代表女性，这里数字只起对事物特性进行区别和分类的作用，它所记的数字或符号没有数量的大小、多少、位次和倍数关系，因此对其不能进行加减乘除运算，但可求各种类型的百分比。此种量表在教育评价中使用较广泛，它与分类紧密联系。可有二分类和多分类，如回答问题的正误属二分类，科研论文分为国家级、省级、市级、校级等属于多分类。

2. 等级量表

等级量表也称顺序量表。它是依据一定标志把事物分成等级，并用数字加以区分，也就是按照事物的某种特性的大小或程度高低依次把事物排列成等级顺序。例如学生考试成绩的名次、工作人员的工资级别、人的能力评定等都采用等级量表。

等级量表在给事物分类的同时，又把事物排列了等级，量表中用来描述各个类别的数字之间存在着表示事物某种特性大小的顺序关系，但是这些数字不能表示事物某种属性的绝对准确数量，只能表示等级顺序。等级量表的特点是既无相等的单位，又无绝对零点。等级量表的单位与单位之间的距离不相等。例如学生成绩的五级评定中，虽然同是一级之差，但是级与级之间的数量差异却大不一样。由于等级量表不具有相等的单位和绝对零点，所以等级数字之间不能进行加、减、乘、除运算，适用的统计方法有中位数和百分位数。

等级量表是教育评价中用得较多的量表，如评价教师的教学质量，常分为很好、较好、一般、较差四个等级；学生成绩常分为优、良、中、及格和不及格五个等级等。一般在教育评价中常用四级量表，以防止由于趋中倾向而选择"中"偏多。等级量表的标度方法常采用形容词式：如教师教学态度评价常分为很认真、认真、不太认真、不认真；符号式：如教师教学态度分为 A，B，C，D 四个等级；形容词加符号式：如教学态度分为很认真（A），认真（B），不太认真（C），很不认真（D）。

3. 等距量表

等距量表除具有等级量表的分类和有序的特性之外，还具有等距性，即单位相等。对于同一单位来说，在量表上所有相临点间的距离处处相等。如温度计属于等距量表，5℃与6℃的差别与13℃与14℃的差别是相等的。等距量表测得的数据可以进行加、减运算，但是等距量表无绝对零点，例如温度计是一种等距量表，它有零点，但是其零点是人为规定的。因此，用等距量表测量的结果不能进行倍数比较。教育评价中往往把原始分数转化为标准分数而获得等距量表。标准分量表是在教育测量、评价中用得最多的等距量表。设计较好的等距量表，其测量结果可以按连续等距变量处理。

4. 模糊量表

人的行为、心理品质以及一些社会现象如集体主义精神、教学态度、学习态度等很难精确测出其分值，因此，人们又设计了一种模糊量表。

1965 年，美国数学家扎德（L. A. zadeh）提出模糊集合的概念，研究人们对客体进行模糊描述的方法。模糊概念是指那些没有明确内涵和外延的概念，模糊概念描述的是"亦此亦彼"的现象。现实生活中许多现象存在着"亦此亦彼"的中间状态，例如"学习好"是一个概念，如果问 90 分是否算"学习好"，它与"学习较好"的差别是多少？其间是没有明确的界限的，很难确定等级标准。而另一类"非此即彼"的概念则是清楚的概念，具有明确的外延，比如大于 15 岁的学生就是一个清晰的概念。在现实社会生活和教育现象中，那种"亦此亦彼"的模糊概念到处都是，在日常生活中人们常用的"很好、较好、一般、不好、很不好"就是一个等级模糊量表。我们常说的"某人身体好，身体较好，身体一般"等，这本身就包含着很多模糊性，均含有亦此亦彼的成分。使用模糊量表，就是根据许多现象存在亦此亦彼的中间过度状态的事实，确定现象属于某一状态的程度。如描述某人身体很好，这就是确定了这个人身体好的程度，而判断其属于某一状态的程度时是根据对其认识和了解，采用先定性后定量的方法。在教育评价中模糊量表是一种常用的量表。实际上，分类量表、等级量表都有模糊量表的成分。

（二）教育评价量表的特点

教育评价中，类别量表、顺序量表、等距量表、模糊量表等都不同程度地被使用。教育评价中的测量多为精神的、社会的测量，其对象是不断发展变化的，其量表与物理测量中的量表相比，有它自己的特点。了解教育评价中量表的特点，对于我们科学地选择和运用测量方法，掌握测量技术，获得可靠有效的测量结果是非常重要的。

1. 测量尺度具有一定程度的不确定性

测量是一种与标准物的比较中确定被测物体的量的过程。物理测量中，这种用来比较的标准物往往是具体的、精确的，其测量结果具有很大的客观性，而且能以很高的精确度保证两次或多次测量结果的同一性。但是教育测量中所使用的量表，虽然其标准也是按照量表理论确定的作为客体而存在，但是由于教育评价中，其测量对象是不断变化的，而且在测量者的头脑中，对评价对象及其标准物的认识和理解也是不确定的，这就使得在给评价对象进行赋值时，表现出很大程度的不确定性。这种不确定性主要表现在两个方面：

第一，尺度不同一。尺度的同一性是指作为标准物的尺度，在整个测量过程中应是一致的、固定的。不同的人用同一尺度测量同一物体的结果应是一致的、等价的，这是科学测量的要求。但是教育测量中，虽然在量表中规定了标准，可由于评价对象或教育活动始终是随时空变化的动态过程，以及评价者水平不同，对评价标准掌握得不一致，而使统一的标准变得不统一。在教育评价实践中是用这种非统一的标准测量动态的教育现象，所以在多人评价或同一个人对同一现象评价多次时，往往都会得出不确定的结果，实际上这都是测量的尺度不同一造成的。

第二，测量结果的不可复验性。可复验性就是复测性，指对某一特定的测量活动的重复或检验。但教育评价中的测量不具有这一性质，这主要是由于教育测量中尺度的不同一、实际的不确定所决定的。人们不可能用评价者评价时头脑中实际使用的尺度对其测量结果进行检验、复查；另外由于时空的变化，评价对象也在变化，所以很难判断哪次测量结果更符合实际。

2. 测量标准的社会性

教育评价中测量标准的社会性，也是与物理测量相对而言的，主要表现在以下两个方面：

第一，教育评价中的测量标准不是客观自然物，不像某物件的防腐性、药品的毒副作用、布料的质地等标准，而是产生于社会、存在于社会的社会形成物，并随社会变化而变化。不同的历史时期，不同的评价目的，有不同的评价标准。标准不是永恒的。

第二，教育评价中测量的一般不是评价对象的自然属性，而是它的社会属性。物理测量中所测的是对象的自然属性，而教育评价中的测量是精神的和社会现象的测量。人们所测的一般是社会的属性，例如描述一个人的智力，是把他放在同类人群中，以群体的智力的一般水平为参照确定其智力的高低；再如评价某一地区一所学校管理水平的优劣，往往也是把该校放在该地区的同类学校中，以各学校管理的一般水平为参照确定的。教育测量标准的社会属性是明显的。

3. 量表使用的复合性

教育评价是一项复杂的活动，教育评价量表的应用，有时是单独的，有时是交叉和复合的。在教育评价的准备阶段，如指标系统的确定，进行教育活动因素分解时，用的是类别量表；在构建权集时，要明确各因素相互关系及其内涵，则用得较多的是顺序量表；而在比较、判断、赋值、综合的各环节，常是两种以上量表的复合应用。在教育评价的过程中，一般是先应用类别、顺序量表进行分类、排序；然后以自然语言如好、较好、一般、较差或优、良、中、差等描述，同时给等级直接赋值或用模糊量表赋值并综合评价值；最后又将综合值按类别量表定性分类。这一应用过程体现了量表的复合应用。评价者应加强对评价对象属性的认识，对不同属性的对象，在评价的不同环节，选取恰当的评价量表，才能保证获得科学的评价信息和可靠的评价结果。

本章小结

1. 教育评价的目的

（1）以诊断、改进、促进提高和发展为主要目的。通过评价来诊断教育计划、方案以及教育过程与活动中的问题，为方案或计划的改进，为正在进行的教育活动提供反馈信息，以便提高方案、计划或正在进行的教育活动的质量。

（2）以分等、鉴定、区分优劣为目的。通过对评价对象作出鉴别、分出等级或者决定奖惩。

2. 教育评价背景分析

主要包括社会发展背景分析，教育发展阶段性需要分析，教育行政管理部门政策制度要求或评价委托人的需要分析，评价对象自身状况分析等。

3. 教育评价的组织准备

一般建立教育评价机构。教育评价机构是进行教育评价的工作部门。常见的教育评价机构主要有：教育管理部门的评价组织机构、社会学术团体的评价组织机构、教育管理部门和社会力量相结合的评价机构、自我评价的组织机构。

4. 教育评价方案

教育评价方案是根据一定目的和教育活动及评价活动的一般规律，对评价的内容、范围、方法、手段、程序和组织领导等加以规范，作出规定的基本文件。教育评价方案的主要内容一般包括：评价的目的和指导思想；评价的内容；对评价指标体系中方法、工具的有关说明；评价实施程序的说明；附录。

5. 制定教育评价方案的步骤

制定教育评价方案的一般步骤是：确定教育评价的目的；根据特定的评价目的设计评价项目；根据各项目的相对重要程度确定权重系数；确定各项指标的评定量表和项目的等级评价标准；设计评价工具及采集信息所需表格，确定评价信息的统计方法；确定评价的组织领导及实施程序。

6. 指标系统

（1）评价目标分解而成的一系列具体项目即是指标系统，评价指标是评价目标某个方面的具体化，具有行为化、可测量的特点，是直接的、具体的评价内容。指标系统是评价目标逐级分解后所形成的既有层次又相互联系的、系统化的指标群。

（2）评价指标系统由条件指标、过程指标和成果指标构成。条件指标是指反映实现评价目标所必须的物质基础的指标，过程指标是指反映为实现目标的实际工作表现的指标，成果指标是指反映评价对象水平与质量本质特征的指标。

（3）设计指标系统的程序是，将评价目标进行分解，获得初拟指标；归类、筛选，精简指标；专家论证。

7. 概括性问题

概括性问题是就评价者所关心的方面将被评客体分解为一系列的抽象问题。与指标体系相比，概括性问题的特点是：直接反映目标，评价的有效性高；简练而明确，突出主要因素；不易量化处理和作综合结论，信度偏低。

8. 权数

（1）权数是权重系数的简称，是指一个整体被分解成若干因素（指标）时，用来表示每个因素在整体中所占比重大小的数。

（2）确定权数大小时，一般应遵循客观性原则、导向性原则、可测性原则。

（3）常用的构造权集合的方法主要有：简单调查统计法、特尔斐法、专家排序统计法。

9. 教育评价的标准

（1）教育评价的标准是指对应于相应的评价指标或项目，规定评价对象达到什么程度或水平才是合乎要求的，或是优秀的、良好的等。

（2）教育评价标准由素质标准、职责标准和效能标准三部分构成。素质标准，是指从被评价的客体在承担或完成各项教育工作任务时应具备的条件角度确定的标准；职责标准，是指从被评价的客体应承担的责任和应完成的教育工作任务的角度确定的评价标准；效能标准，包括效果标准和效率标准，是指从评价对象完成工作任务的效果和取得这些工作效果所耗费的时间、财力等角度确定的评价标准。

（3）教育评价标准有不同的类型，按照评价标准的性质分，可以把教育评价的标准分为相对标准和绝对标准，主观标准和客观标准；按照评价标准表达的形式分，可以把教育评价标准分为定量标准和定性标准。

（4）确定教育评价标准要依据国家的经济和社会发展对教育的需要、国家的教育方针政策和法规、教育规律和人的心理活动规律、评价对象的实际以及评价主体的需要。

（5）教育评价标准的表达方式主要有评语式标准、数量式标准、隶属度加评语式标准、量尺式标准等。

（6）教育评价中常用的量表主要有类别量表、等级量表、等距量表、模糊量表等。

思考题

1. 不同目的的评价在操作上有什么不同？
2. 教育评价方案一般应包括哪些内容？
3. 为什么评价前要对被评者的需要和心理准备进行分析？
4. 设计评价指标体系、构建权集合应坚持什么基本原则？
5. 教育评价标准是如何分类的？
6. 确定教育评价标准的依据是什么？
7. 说明教育评价中常用量表的种类及其各自的特点。
8. 下表是5位专家对某教育评价指标体系中4个一级指标按照重要程度排序的结果，试求各指标的权数。

指标＼专家	A	B	C	D	E	R
1	2	3	4	3	2	14
2	3	2	2	1	3	11
3	4	4	3	4	4	19
4	1	1	1	2	1	6

第三章

教育评价的实施

学习提示

　　教育评价的实施是教育评价活动的中心环节。本章主要阐述教育评价实施的一般步骤、搜集评价信息的要求，教育评价信息资料整理的含义和一般步骤。由于教育评价活动是评价者依据客观事实进行的主观选择性活动，因此评价者和被评者的心理状态会影响评价结果的准确性，因此本章概括地论述了教育评价中的误差心理及其调控。

学习目标

　　了解：评价误差心理的含义，评价对被评者心理的影响。
　　理解：搜集和整理教育评价信息的要求，被评者障碍心理产生的原因及其调控。
　　掌握：教育评价实施的一般步骤，评价者产生误差心理的原因及其调控。

　　教育评价的实施，是教育评价理论、目标、方案转化为教育评价实践活动的关键性环节。评价实施的主要工作是运用各种现代教育评价的方法、技术和手段，通过多种渠道与形式，系统地、全面地、准确地搜集评价信息，并以评价标准为依据，综合运用定量与定性评价信息，在分析的基础上对评价对象作出科学的评价。在评价实施阶段，仅有科学的评价指标体系和严谨的评价实施程序还远远不够，由于评价主体和客体的心理状态是影响评价科学性和可靠性的一个重要因素，因此，教育评价的过程中，组织者必须清楚评价中评价者和被评者可能产生的心理现象，并及时进行调控以保证评价顺利进行。本章将重点研究教育评价的实施程序、搜集和整理教育评价信息的要求以及评价心理等问题。

第一节　教育评价实施的一般步骤和要求

　　教育评价的实施阶段，就是实际进行评价活动的阶段，它是评价组织管理工作的重点。明确评价实施的步骤和要求，是评价工作顺利开展的基本保证。

一、教育评价实施的一般步骤

（一）宣传动员

在具体评价活动进行之前，评价组织者要进行广泛、深入、细致的宣传教育动员工作，宣传动员不仅可以沟通认识，统一思想，协调行动，而且也为以后根据评价信息分析原因、改进工作奠定基础。宣传动员的目的在于：

第一，使参与评价的全体人员（包括评价者和被评者）充分了解本次评价的意义和目的，激发他们内在的积极性。这不仅为开展教育评价活动提供条件，而且也为发挥评价作用、改进教育工作奠定基础。

第二，使参与评价的全体人员掌握评价的方法和步骤，理解各自的工作在实施评价中的作用，并能按科学的评价程序参加评价活动。

第三，使参与评价的人员切实了解本次评价活动的具体进程，便于他们相互配合与协助，使教育评价活动能顺利地实施。

第四，使参与评价的人员都能坚持以教育方针、培养目标为依据的价值取向，坚持正确的教育价值观；坚持实事求是的精神，以高度的责任感，按照评价的具体要求，认真负责地做好评价工作。

总之，宣传动员主要是向评价者和被评者讲清楚评价的目的和意义，充分调动这两方面的积极性。宣传动员方式可以根据参与人员的具体情况，召开有关评价动员会、讨论会等，大规模的评价，可以利用地方性广告、广播、电视等宣传媒体，其效果会更佳。还可以聘请专家作专题报告，使他们懂得评价的基本理论和基本精神，提高对教育评价的目的和意义的认识，积极地完成教育评价的任务。同时，在评价活动开展的过程中，有计划地利用校刊、学生报纸和专门的海报进行宣传也是十分必要的。

（二）预评价

为了使教育评价妥善可靠，在正式评价之前，一般是先选择好试点单位，依评价方案进行试评，以便获得经验，提高正式评价的质量。试评可以由评价组织者进行评价，也可以把评价对象的自我评价作为试评。但通常把组织正式评价前评价对象的自我评价叫预评价。试评价主要目的是为修订完善评价方案或为正式评价积累经验、收集信息，而预评价则要发挥更大的作用。在国外，学校鉴定主要是校外鉴定机构或其他组织对学校或专业的教育工作予以承认或认可的评价活动，他们把学校或专业的自我评价作为整个工作的基础。我国的学校教育评价也大都如此。教育评价通常把自我评价作为预评价阶段，其原因主要是：

第一，把自我评价作为教育评价实施的组成部分，有利于全面地搜集信息，准确地形成价值判断。对教育活动价值能否形成准确的判断，在很大程度上依赖于能否全面地搜集关于评价对象的信息。哪怕是在实地调查的场合，由于校外调查组只是在某一时间点生活在学校的某一局部区域，因此要想全面地掌握被评学校的情况是非常困难的。尤其是关于被评学校工作中的某些失误与教训，由于心理上与利益上的原因，被评单位往往不愿意全面地向校外的检查组提供信息。而自我评价则不一样，因为不存在时间和空间上的限制，所以被评单位自己可以全面、系统、综合地评价自己，衡量自己的实力。在揭露自己工作中的问题时，心理上的障碍也比较容易消除，可以大大提高搜集信息的质量与数量。因此，在评价实施的过程中，预评价这一环节非常重要。

第二，把自我评价作为评价的预评价阶段，有利于减轻组织者的工作负担。预评价阶段被评单位在自我评价中，会搜集很多反映自身情况的评价信息，为自我认识提供依据，比如，在择优评选过程中，自我预评价的过程是一个自我总结、自我把关的过程，一些明显不符合条件的单位或个人，通过预评价就不用再审报，从而大大减轻了组织的工作量。同时，预评价时搜集的信息、预评价报告，可作为外部正式评价的基础，一些经核实确定是准确的评价信息可以直接利用，因此会大大减轻正式评价时的负担。

第三，把自我评价作为评价的预评价阶段，有利于真正发挥评价的促进改革和推动工作的作用。教育评价具有诊断问题的功能，通过搜集信息可以发现评价对象存在的问题并促进其改进。但是这些功能能否真正发挥，归根结底取决于评价对象自身的积极性能否得到充分的发挥。调动评价对象内部的力量，自己发现问题，这极有利于评价对象解决自身问题，促进自身的发展。因此，为了充分发挥评价的作用，把预评价作为评价过程的重要阶段，作为整个评价工作的基础是十分必要的。

（三）复评价

复评价是在自我评价的基础上进行的外部评价。通常是由相关管理部门、社会组织或同行主持评价。在教育评价的全过程中，复评价的意义主要表现在以下几个方面：

1. 有助于提高评价的可靠性

在自我评价中，不能否认由于种种原因经常会出现"报喜不报忧"的现象，例如，有的可能是掩饰自己的某些不足之处，有的可能是夸大自己的成绩。在评价活动中出现这种虚假的信息，会干扰行政管理部门制定、执行正确的政策，同时也不利于被评单位自己工作的改进。复评价是对自评信息的再鉴定，是克服各种错误倾向的重要途径。除此之外，在外部评价中还有来自社会的外部专家，这些外部专家对被评单位进行复评价，有利于在各个被评单位之间进行横向比较，因此易于发现被评单位自身所忽视的缺点、问题，使被评单位发现自己所不能发现的问题，让被评单位得到系统、综合、全面的改进。复评价能修正、补充自评中可能出现的信息不准、不全等问题，有助于提高评价的可靠性。

2. 有助于提高评价结论的权威性，评价结论容易被大家所接受

复评价一般是由专家组进行的评价，而专家组的成员大都是严格挑选的有专业知识和管理经验的人士，所以评价得出的结论自然也为大家所信服。因此复评价可以提高结论的权威性。

复评价的实施需要被评单位的密切配合，尤其是在实地评审中，被评单位要协助做好物质准备。物质准备主要是做好三方面的工作：一是评价资料和用具的准备。要实事求是地提

供反映本单位情况的信息以及获取信息的各种材料，包括各种测验题、试题、调查问卷等工具，整理、统计评价信息使用的各种表格和统计汇总评价结果的用表等。此外，还可以把以往的评价资料、统计数据和评价结果加以整理，供此次评价参考。二是办公用品的准备。主要是文具纸张、计算工具，有条件的地方还可以准备录像设备和电脑等。三是为专家组提供一些包括生活设施在内的各种条件。在这个阶段，专家组要注意加强自身的监督、检查，防止各种拉关系、弄虚作假等现象和行为，使评价做到客观、公正、公平。

二、搜集教育评价信息的要求

教育评价实施是落实评价计划，引导评价对象完善行为，提高效益与质量，为教育决策提供依据的重要环节。评价信息搜集的多少和质量的高低直接关系到评价结果的科学性。搜集评价信息要做到以下几点：

1. 真实性

评价信息的真实性，是指搜集到与评价对象的实际状态相一致的信息。在搜集教育评价信息的实践中，评价信息失真现象时有发生。究其原因，既有客观方面的原因，也有人为主观方面的原因。概括起来有以下几方面：

（1）搜集评价信息的方法不当。这是造成评价信息失真的原因之一。搜集不同的评价信息，应当选用与之相适应的方法。如在进行学生文明礼貌行为调查时，用自然观察法比较合适，这种方法可以真实地观察到学生的文明礼貌行为状况，能搜集到真实的信息。如果用问卷法搜集学生文明礼貌行为表现的信息，就可能使评价信息失真。

（2）编制的测量工具缺乏效度。用缺乏效度的测量工具搜集的评价信息也往往失真，因为用缺乏效度的测量工具不可能测到所要测量的内容，搜集的信息自然也就失真了。

（3）疏忽大意，张冠李戴。由于评价者的疏忽大意、不认真，很可能把某一评价对象的信息，用来评价另一对象，显然用不相关评价信息是极大的失真。

（4）故意作假，无中生有。在评价的实践中，亦有故意制造假评价信息的现象，这种虚假的评价信息当然是不真实的信息。

2. 准确性

评价信息的准确性，是指在众多的反映评价对象状况的信息中，要搜集到反映评价对象本质的信息。反映评价对象状况的信息非常之多，在这众多的信息之中，有的反映评价对象状况的本质，有的反映评价对象状况的现象，有的与评价对象的现状直接相关，有的则只有间接关系。那些与评价对象有直接关系、反映评价指标和评价标准规定状况本质的评价信息，是符合准确性要求的信息。

3. 全面性

评价信息的全面性，是指搜集的评价信息要能反映评价目的、评价准则和评价标准所规定范围内的全部信息，不能有任何一方面的漏缺。只有掌握了评价指标、评价标准规定范围内的反映评价对象全面状况的评价信息，才有可能对评价对象的状态和价值作出准确的判断。

4. 次量性

评价信息的次量性也叫评价信息的足量性。信息的真实性、准确性、全面性反应的是信息的质，质是以一定的量为必要条件的，量是决定质的数量界限，没有一定的量就没有一定的质。因此，反映教育评价对象活动的信息，必须有足够的量。评价信息的次量性，不仅仅指数量的多少，而是还要看积累次数是否足够多。对于许多评价指标只凭一次信息就得出正确的结论是不可能的，必须多次搜集此方面的信息，这样才能排除偶然因素的影响，保证对评价对象作出客观准确判断。

第二节　教育评价信息资料的整理

一、教育评价信息资料整理的含义

资料的整理是从资料搜集阶段过渡到分析研究阶段，由感性认识上升到理性认识的一个必经的中间环节。教育评价信息资料的整理，主要是指将搜集到的全部教育评价信息，依据评价指标体系及各层次、同层次间的结构关系，对信息资料反复加以核实、优化、分类、汇总，使信息资料具有集中性、针对性、外显性，达到把信息资料转化为评价被评对象的客观依据。这里所谓的集中性是指信息资料应该围绕指标体系而集中收齐，并由评价的办事机构统一保管；针对性是将获取的信息资料经整理后要与评价指标体系有密切的关系，剔除与本次评价无关的资料；外显性是指整理后的信息资料，对于相应的末级评价指标及标准，应成为外显的可以操作化的语言或数据。评价信息资料的整理是进行评价分析的基础。

二、教育评价信息资料整理的一般步骤和要求

教育评价信息资料整理一般包括以下几个方面的工作：一是对评价信息资料的来源、获取信息的方法、信息资料适用的指标逐一登记，即信息资料的归集；二是对评价资料进行去伪存真、去粗取精、查漏补缺，以保完整，即信息资料的审核；三是对核实认定的评价资料按指标的类别归类、制表，建档立卷，即信息资料的归类、汇总、建档。

（一）教育评价信息资料的归集

教育评价信息资料的归集，是整理评价信息资料的首要程序。它是将各级评价组织得到的信息资料，在规定时间内进行汇集、归拢。归集的形式一般有文字、表格、录音、录像等。在这一环节中，要有专门的机构和人员来收集各种信息资料，要尽可能无缺漏，并由专人来汇总和保管。

进行资料归集时，必须编制归集提纲。归集提纲一般有三种形式：第一种是横向形式，

按评价对象系统的常规要求和惯例编制。第二种是纵向形式，按评价指标体系的结构编制。第三种是纵横结合形式，即两者兼而有之。具体如何编制归集提纲，要按需要而定。

（二）教育评价信息资料的审核

教育评价信息资料的审核，是评价信息整理的第二步工作。已经获取和归集的大量教育评价信息资料，由于信息提供者和信息搜集者的主客观原因，这些信息资料中还会有实实虚虚、真真假假的成分。资料的审核是对已经获取和归集的原始信息资料，在着手归类、汇总之前进行审查与核实。审核目的是消除原始资料中的虚假、差错、短缺、余冗等问题，以保证资料真实、可信、有效、完整、合格，从而为进一步汇总、分析打下基础。

1. 信息资料审核的步骤和要求

搜集来的资料一般分为定性资料和定量资料，对定性资料和定量资料进行审核的方法虽然不完全相同，但是对信息资料进行审核的步骤和要求基本相同。

（1）审核信息的完整性。在审核信息资料时，要对照评价指标检验相应的信息资料是否有遗漏、缺陷、错误等。必要时也可以采取紧急措施，追加调查，补齐补足信息资料，以保证信息资料的完整。

（2）审核信息的准确性。在审核信息资料时，对照科学的获取信息资料的方法，审核抽样方法、观察技术、问卷设计、文献分析等手段的运用及原始数据、各种记录是否出现偏差和谬误。必要时还要设法予以修正，保证信息资料的准确性。

（3）去伪存真。原始的信息资料按其真实程度大致分为三类：假信息、真假并存的信息、真信息。虽然经过初步挑选，但是还要去伪存真，更深层地进行审核挑选。对于假信息应坚决丢弃；对于真假并存的信息经核实应该将虚假信息滤去，保留其真实的部分；对于真信息应当认可。判定信息资料真实程度，必须以事实为依据，以评价指标及标准为参照系，既不能全依被评者提供的信息资料为根据，也不能全凭评价者的主观意愿来取舍。有争议的，要拿出证据，并经过双方或评价者集体认定为准。

（4）去粗取精。经过以上几个步骤审核的信息资料可以说是真信息了，但是真信息并不一定都是有用的信息，需要经过比较和选择，去粗取精。在这个过程中要注意两点：一要根据评价指标的界定，在真信息中选择有用的信息。比如，评价教师教学效果时，经常用任课教师所教班级的前后几次考试成绩来比较，认定教学质量是上升、持平，还是下降。在这种情况下，班级平均分、标准分都是真信息，但是只有标准分才是有用的真信息。二要选择有代表性的信息，即有些信息资料尽管表现形式不一样，但反映的却是同一个现象，而且反映的深度也差不多，在这时就可以从中选择最有代表性的信息资料，做到能取能舍。

2. 信息资料审核的一般内容和方法

对资料的审核，主要是审核资料的真实性、准确性和适用性。

资料的真实性审核，也称为信度审核，是对搜集到的资料根据实践经验和常识进行辨别，看其是否真实可靠地反映了调查对象的客观情况。在审核中一旦发现有疑问，就要根据事实进行核实，排除其中的虚假成分，保证资料的真实性。进行真实性审核通常采用以下几种方法：

第一种，直观判断，即根据已有的经验和常识进行简单的思维判断，一旦发现与经验、常识相违背就要根据事实进行核实。一般地说，当事人反映的情况比局外人反映的情况可靠些，有文字记录在案的比传说的情况可靠些，引用率高的文献比引用率低的文献可靠些等。此外，社会学的人类学者曾把在一个部落停留的时间作为衡量资料真实性、可靠性的一个标准。因为在较长的时间里，调查者可以排除某些人为的虚假成分，了解到许多短期调查所了解不到的事物。

第二种，逻辑判断，即根据资料的内部逻辑关系和外部逻辑关系进行核查。如果发现资料前后矛盾，或者违背事物的发展逻辑，就要找出问题所在，提出不符合事实的材料，或者利用资料的外部逻辑关系进行核查；如果资料是用多种方法获得的，就可以将这些资料进行比较，看有无出入，以判断真假；如果是观察资料，集体进行的就可以将组内各个人的观察结果进行比较；如果是访问资料，可将对同一事件不同回答者的叙述进行比较，来检查资料的可信度。

资料的准确性审核，也称为效度审核，即审核搜集到的资料是否符合原设计要求，分析其是否对所研究的问题有效用以及资料对于事实的描述是否准确。在审核中要将那些离题太远、效用不大或不符合要求的资料清除掉，以保证资料对所研究问题的贴切性，尤其是和事件、时间、人物、地点、数字等有关的资料，要准确无误。

资料的适用性审核，主要是考察资料是否适合分析与解释，要审查资料的分量是否合适，资料的深度、广度如何，资料是否集中紧凑、完整等。

对于实地观察、访问获得资料的审查，分为实地审查和系统审查两种方式。审查工作和搜集工作同步进行，边搜集边审查称为实地审查；而在资料搜集完毕之后集中进行的审查称为系统审查。对于通过访问和观察获得的资料，搜集过程中的审核特别重要，一方面可以防止遗忘，并且在发现错误、遗漏时能就地改正和补充，及时弥补准确性和适用性上出现的问题，并且也能发现新线索和新问题，有助于资料的搜集；另一方面，在搜集资料的过程中，访问者通过对资料提供者的考察，或者通过对产生资料的实地进行社会背景的考察，以及通过相互讨论等，可对影响资料可靠性和有效性的各种因素进行分析和控制。

3. 问卷资料和结构性访问资料审核

由于结构性访问和问卷资料在形式上相似，因此将两者放在一起叙述。对于问卷资料和结构性访问资料的审核主要考察其完整性及合格性。

资料的完整性包括资料总体的完整性和单份资料的完整性。总体问卷的完整性，如全部问卷的回收率；单份资料完整性，如抽样调查中的样本数目是否达到要求。如果问卷回收率很低或者是样本数目没有达到要求，应该在后面分析其原因及评估其对调查结果的影响。另外，每份问卷是不是该填写的项目都填写了，如果有遗漏的项目，最好请被调查者及时补上，要尽量避免问卷上留下空档，如果访问时得到"不知道"或者是"无可奉告"之类的回答，一定要原封不动地登记。

资料的合格性审核，主要审核资料提供者的身份是否符合所规定的要求，所提供的资料是否符合方法的要求。

问卷资料和结构性访问资料的审核，在资料搜集时就已经开始。访问即将结束或到调查对象处收取其自填问卷时，就要对问卷进行初次检查，看有没有漏记的项目、记录填答不全的项目和登记回答的错误，等等。

4. 观察记录资料的审核

观察法是获得直观资料的好方法。通过观察获得的资料往往能较大程度地排除人为的虚假信息，但是也会因为调查人员的介入，被调查单位或个人制造种种假象来掩饰事实，使调查背离目的。在对观察资料进行审核时，要注意以下几个方面：

（1）审核观察资料是否严格遵循调查提纲。一份好的观察资料既要记下提纲中规定的调查内容，又要记下那些看到的暂时无法归类的事实，而不是看见什么就记下什么的随意记载。

（2）如果资料能从多种途径取得，则应该把通过观察法取得的资料和通过其他方法取得的资料进行比较，包括相互间的观察资料以及其他调查问卷资料等。

（3）对于较重要的问题，要注意调查时间的长短。因为在较长调查时间内，调查者可以排除某些人为的虚假成分，同时还可以观察到短期调查者所观察不到的情况。当然，时间的长短，要因事、因地、因人而异。一般情况下，长时间观察比短时间观察可靠性要高。

无论是问卷资料、结构性访问资料还是观察记录资料，在审核过程中，如发现问题，都可以根据不同的情况进行处理：对于在调查中已经发现并且经过认真核实后确认的错误，可以由调查者代替更正；对于资料中可以指出或明确有错误的地方，应设法进行补充调查；在无法进行或无须进行补充调查的情况下，应坚决剔除那些有明显错误的或没有把握的资料，以保证资料的真实性和准确性。为了保证审核后的资料能得到及时的补充或纠正，一般不应该在所有的调查工作都结束，调查队伍离开现场之后再进行资料的审核，而应当在搜集资料的过程中及时进行资料的审核工作。

5. 统计资料的审核

统计资料的整理和审核较问卷资料和结构性观察资料要简单。审核主要注意一致性审核。一致性审核主要包括两个方面：一是审核指标的定义和分组的标准是否与自己的研究、分类相一致，若不一致，则不能使用这些资料，若要使用，必须根据自己的研究目的重新分类。二是审核指标统计总体范围是否一致。

（三）评价信息资料的分类、汇编、建档

评价信息资料的分类、汇编、建档，是评价信息整理的最后一步工作。

1. 评价信息资料的分类

（1）信息资料分类的含义。评价信息资料的分类，就是将各种渠道搜集来的、经审核后确认可作为判断评价对象状态和价值的评价信息，依据一定的标准分成各种类别，为判定评价对象达到各项评价内容要求的状况做好准备。

经过真实性、准确性和适用性审核后的各种评价信息资料，仍是杂乱无章的，必须经过进一步的加工整理，使之条理化和系统化。条理化是从事物分类归纳着手，系统化是从整体综合角度考虑问题。

分类具有两重意义，对于全部资料而言是"分"，即把不同的资料区别开来，对于各份资料而言是"合"，即把相同或相近的资料合为一类。资料分类有前分类与后分类，前分类是指在调查之前分类，即在设计调查提纲、调查表格或问卷时，按事物的类别设计标准，然后再按分类指标收集资料、整理资料；后分类是指在调查资料收集完成后，再根据资料的性质、内容或者特征，将它们分别集合成类。不管是前分类还是后分类，都是将资料分门别类，使繁杂的资料条理化、系统化，为找出规律性的联系提供依据。

（2）确定分类标准的原则。分类标准的确定往往是基于某种假设或理论，本身就是对所评价问题的一种分析与认识。分类标准确定得是否合适，会直接影响资料分析的科学性。分类标准的确定应遵循以下几条原则：一是目的性原则。即从评价、研究的目的出发确定标准。评价、研究的目的不同，选择的标准也不同。分类必须服从于评价、研究目的。分类如果不是根据需要设立，那么评价或研究的问题就不可能得到恰当的答案。二是本质性原则。即从反映现象本质的需要去确定标准，社会现象的众多特征中有本质特征和非本质特征，应选择反映本质特征的标志作为分类标准。三是穷尽性和互斥性原则。穷尽性是指分类标准的确定必须使所有个案的特征表现都找到归属组，无一例外，也就是分类结果使所有的资料全部包容进去；互斥性是指分类标准应当互斥，以使每个个案的特征表现只能分配到一类之内，不能同时在几个类别出现。

（3）分类标准的选择。评价信息资料分类的关键在于选择和确定分类标准。分类标准一经选定，必然突出此标准下的性质差异，而将其他标准下的差异掩盖起来。在实践操作过程中，作为分类标准的事物特征很多，在教育评价中，通常采用品质标准和数量标准的分类法。

所谓品质标准，就是反映事物属性差异的标准。如把教育分为学校教育、社会教育和家庭教育就是以教育形态作为标准来划分的。而数量标准就是反映事物数量差异的标准。例如，教师的教学工作量规定为每学期200课时，超过200课时为超工作量，低于200课时为没有完成工作量。

2. 评价信息资料的汇编

（1）信息资料汇编的要求。分类标准选定后，就要将资料归类，并按一定的逻辑结构进行编排，即汇总和编辑。对信息资料进行汇总和编辑时，应根据研究的目的、要求和客观情况，确定合理的逻辑结构，使汇总和编辑后的资料既能反映客观情况，又能说明关注的问题。

对汇总编辑资料的要求是：完整性，即对所需要汇总编辑的资料进行完全的汇总编辑，不能遗漏；系统性，即汇总编辑的资料要大小类井井有条、层次分明，能系统地反映对象的面貌；简洁性，即简明集中，尽量使用简洁清晰的语言，说明评价对象的客观情况，并注明资料的来源和出处。

（2）信息资料汇总的方法。作为资料汇编工作的一部分，资料汇总就是指根据评价的目的、内容，将资料中的各种分散信息汇聚起来，以集中的形式反映评价单位或者个人的总体状况。汇总是整理资料过程中工作量大、时效性强的一项任务，对评价研究的效果产生直接影响。因此，汇总的方法、技术十分重要。资料汇总的技术主要有两种，一种是手工汇总，另一种是计算机汇总。

3. 评价信息资料的建档

评价信息资料经过审核、归类和汇总后，有的是以文字形式表达的评价信息，有的是以数据形式表达的评价信息，也有录音、录像评价信息。对于以文字形式表达的评价信息，则要按不同类别，将信息资料装入档案袋并登记编号、立卷建档；对以数据形式表达的评价信息，可以归类列表，登记注册，并用表格或卡片的形式表示出来。除了文字和表格形式外，如果条件允许，还可以把不同形式的评价信息通过录音、录像或输入电脑归类保存，这样使用起来会更加方便。最后把建档的评价信息资料统一保管，供分析、评价时使用。

第三节　教育评价实施中的误差心理及调控

在教育评价整个过程中，都有评价者和被评者的心理活动积极参与，是评价者和被评者的整体综合心理活动过程。其间，既有主体与客体的互动过程，又有主体与主体、客体与客体的相互影响。评价过程中诸心理因素的和谐运动，是教育评价达到客观、可靠、准确及获得正效应的保证。但由于教育评价是人主观选择的活动，虽然评价的依据是客观事实，但事实的获得和价值判断必定会受到评价者心理状态的影响；同时在评价过程中被评者由于受到心理因素的影响，常常会出现"失真"的情况，从而导致评价结果不准确。因此，在教育评价实施过程中，无论是评价者的心理调控，还是被评者的心理调控，都成为保证教育评价科学性和可靠性不可忽视的问题。而了解评价过程中评价双方容易产生的心理现象及其产生的原因，又是进行心理调控的前提。

一、被评者的障碍心理及调控

（一）评价对被评者心理的影响

教育评价本身不是目的，而是要通过评价激发被评者做好工作的动机，提高教育实践活动的质量。在他人评价过程中，评价者有时用肯定评价，有时用否定评价，以此来调动被评者的积极性。那么，无论是肯定评价还是否定评价，都会对被评者的心理产生不同程度的影响。归纳起来，主要有以下几点：

第一，对自信心、自我概念和自我知觉的影响。在正常的情况下，如果被评者受到表扬或得到好评，即正评价，就容易从肯定的方面看待自己，自信心得到增强；相反，如果被评者受到批评或得不到好评，即负评价，就容易从否定的方面看待自己，产生自卑感。

第二，对动机和意志的影响。一般来说，被评者得到良好的评价，克服困难的意志就增强，就会强化把工作干得更好的动机；反之，如果得不到良好的评价，尤其是多次得不到良好的评价，克服困难的意志就会减弱，就会降低干好工作的动机。当然，对受到否定评价的，如果指导得当，同样会增强做好工作的动机和克服困难的意志；相反，总得到良好的评价、总是一帆风顺，如果缺乏正确的引导，也会出现工作动机下降、遇到困难退缩等问题。

第三，对到达目标和要求水准的影响。尽管被评者都为自己设定了奋斗目标，但评价活动对他们的目标设定会产生较大的影响。如果被评者经常得到肯定的评价，就会把远大的、高层次的目标作为自己前进的方向；与此相反，如果经常得到否定的评价，就会降低原定的目标水准，把着眼点转到更加容易完成的目标水平上，甚至放弃原有的目标。如果不改变被评者在评价中的这种状况，通常被评者不可能达到更高的目标，甚至还会出现再度降低水准的倾向。

第四，对情绪稳定性的影响。情绪是一个人从事某种活动时所产生的兴奋心理状态。不同的评价结果，对情绪的影响也不一样。评价过程中，被评者总会存在不同程度的焦虑心理，当得到肯定评价时，被评者就会心情愉悦，情绪相对稳定；而得到否定评价时，被评者就会心情沉郁，精神紧张，情绪变得不稳定。

第五，对评价主体和评价客体之间关系的影响。评价者与被评者构成了评价主体与评价客体之间的评价关系，评价活动对二者之间的关系会产生影响。当被评者得到肯定评价时，就会对评价者产生满意的情感；而当被评者得到否定评价时，常会对评价者产生不信任感，甚至关系疏远，即使被评者承认评价是有根据的，但有时也会对评价者产生不满意的情绪。

以上分析说明，他人评价过程中肯定的评价和否定的评价对被评者产生的心理效应不同。那么，评价实践中如何把握呢？心理学家赫尔劳克（K. B. Hurlock）有个研究：他把加法计算的单一作业交给三个组的学生，对三组学生的处理是，第一组教师给学生以表扬，第二组教师给学生以批评，第三组教师对学生放任自流。结果受表扬的一组学生成绩最好，受批评的一组学生成绩次之，被放任的一组学生成绩最差。这一结果表明教师的态度影响学生的学习热情，从而导致学生成绩的差异。但不能因此得出"在什么情况下都应表扬是最佳方式"的结论。因为由于活动目的、环境及被评者的性格不同，表扬或批评的时机、场合不同，效果也会不同。后来的研究还表明，对优秀的学生和性格内向的学生给予批评或指出不足之处的评价和对顽皮的学生及性格外向的学生进行表扬或肯定其优点的评价，其效果是最佳的。这说明在评价中肯定评价产生积极效应，但不能只强调肯定评价，还要根据不同的目的、情况掌握评价的取向。

（二）评价过程中被评者产生的主要障碍心理现象

评价障碍心理是指在评价活动中产生的对评价的反感和抵制心理。评价的功能必须通过被评者得以体现并产生效用，在教育评价中，被评者的障碍心理现象是不容忽视的，它直接影响着评价的可靠性和有效性，甚至会破坏评价活动的顺利进行。只有深入了解评价中被评者的心理状态，才能对干扰评价活动的心理现象进行有效的调控，以减少其消极影响，提高评价效益。评价中被评者容易产生的障碍心理主要有：

1. 被审心理

这是被评者在接受他人评价之前所产生的被动接受审查、评判的心理。这种心理对那些资历较浅的被评者，反应明显。被审心理是一种被动心理，它对评价的影响是消极的。在被审心理的支配下，被评者会表现出：自我评价草率，等待他评一锤定音；不认真领会评价要领，忙于准备表面工作，以求形式上给评价者留下"好印象"；材料准备不充分，评价过程中小心谨慎，畏首畏尾，等等。无疑，被评者处于被审心理状态下，工作很难积极主动，更难配合默契，评价活动的进行和评价者与被评者的关系必然受到影响。

2. 应付心理

这是被评者在评价过程中的一种消极的、敷衍了事的心理现象。它的表现多种多样，例如，在学校评价中，自我评价马虎草率，图形式走过场；提供材料支离破碎、残缺不全；计划、日程安排随意；评价组织机构不健全，人员滥竽充数；对评价者所提要求推三阻四，拖拉搪塞，等等。在这种心理状态下，评价过程受到阻碍，活动受到限制，容易引起评价者情绪不满，或使评价草率收场。

3. 迎合心理

这是一种与应付心理表现相反的不正常、不健康的"积极"心理状态。在迎合心理支配下，对评价者或者生活上优裕有加，工作环境安静舒适；或者接待上规格颇高，领导时常关怀；或者交往态度上曲意逢迎，言辞上奉承讨好，有求必应，等等。这些举动会对评价产生极大的消极影响："拿了手短、吃了口软"，使评价者腐蚀软化，放弃原则，丢开标准，评价偏离方向；表面上的"积极"状态和"认真"气氛，易使评价者的心境染上愉悦、理解、同情的色彩，诱导评价者正面肯定的心理，导致偏向性的肯定，从而影响评价的客观性。

4. 防卫心理

这是评价过程中被评者出于自我保护的需要而产生的一种心理现象。心理学研究认为，人在生活中处理自己与现实关系的心理现象有两种，一为适应，二为防卫。防卫在生理心理上，在社会意义上都具有一定的积极意义。但是，在教育评价中产生的防卫心理和进而采取的"防卫"方式，对评价具有消极影响。在评价过程中，防卫心理表现为：①疑虑、紧张、厌烦。由于对评价意义、要求认识不清，怀疑评价的科学性、结果的公正性，担忧评价影响个人（单位、群体）的名誉，进而产生紧张、厌烦情绪，不愿参与评价。②回避、旁观，如请假、出差，借此脱离评价现场，回避不了时，则采取或冷眼旁观，或大事化小、小事化了的态度。③显示、夸耀、以进为退。与回避、旁观相反的是积极参加、四处活动，或是极力宣扬自己的长处、优点、贡献、绩效，以冲淡人们对短处的注意，或是挑剔别人的短处和问题，转移评价者视线，等等。

（三）被评者评价障碍心理产生的原因

1. 需要心理失落

按照心理学的观点，人的行为都是由一定动机支配的，动机产生于人的需要，而需要又是由于缺乏所引起的一种摄取状态，它是人的行为的动力，也是人的自身属性的表现。但需要并不是单方面属于人的主观规定的，而是人的存在与其生活环境之间的一种必然联系。没有存在，离开联系，就无所谓需要。教育评价活动也是人所需要的，例如，通过评价，可以帮助自己发现学习或者工作中的不足，以便及时改进并取得更好的成绩，个人或者单位需要通过评价使他人了解自己的成绩并得到认可，等等。但是，当评价中被评者的某些需要心理不但得不到满足，反而会给他带来不利时，便会产生不愿意参加评价的障碍心理。

（1）安全的需要。教育评价中，尤其是总结性评价，具有鉴定的功能。在评价中，成绩好的被评者得到肯定，而成绩差的被评者会遭到否定，特别是那些要公开结果的评价，等于给自己"亮相"，担心会受到批评或指责，被评者自然会产生"防卫心理"，对评价公开抵制或隐蔽抵制。如果以往曾经有评价结果不公正、不准确或使用不当，对评价有不信任感时，更会强化被评者的这种防卫、抵触心理。

（2）自尊的需要。评价者由于其在评价过程中的地位，往往会持"居高临下"的态度，把自己定位为主评者、检查者。评价者的这种"凌驾心理"，势必使被评者产生一种消极的"被审心理"，这种被审心理挫伤了被评者的自尊心，甚至使他们有一种受侮辱的感觉，从而导致他们对评价者的不满甚至对立，自然也就不合作。另外，对于公开结果的评价，那些评价结果不理想的被评者，感到自尊心受到威胁，也会不配合评价。

2. 工作负担与心理压力

评价工作带来的额外负担与压力，是产生评价障碍心理的客观原因。评价所带来的额外负担可分为显负担与潜负担两种类型。显负担即为迎接评价所做的各种工作，包括填写的各种报表，准备的各种材料以及接待评价人员等；潜负担是指被评人员由心理压力而增加的负担。被评者在评价过程中会产生各种心理压力，虽然心理压力产生的原因很复杂，但无论其原因是什么，这种心理压力产生的结果都是焦虑水平的提高，心理负担的增加。在心理压力下，有些被评者就会出现应付心理，这时，评价就不可能得到被评者的主动配合。同时，由于被评者在评价中承受了工作与心理上的双重负担，因此，他们必然期望通过评价有所收获，一旦评价结果使得他们的期望落空，就会加强他们对评价的抵制心理。

（四）被评者障碍心理的调控

被评者障碍心理产生的原因，集中地反映在怎样对待评价的问题上，因此，被评者心理的调控，主要解决思想认识问题和对评价活动的控制。

1. 提高被评者对评价的认识

（1）评价前要搞好评价动员。主要是宣讲评价的目的、意义，使被评者充分理解评价对提高他们工作和学习成就的重要作用。

（2）让被评者参与评价方案的制定，评价者要认真听取被评者的意见，采纳被评者对评价方案的合理建议。

（3）评价者要与被评者共同商定评价的计划和日程安排，使被评者心中有数，积极主动地配合工作。

2. 使评价者和被评者保持良好的情绪

评价者和被评者的情绪对评价结果影响很大，评价中评价者和被评者都应保持良好的情绪。评价者情绪好，容易看到被评者的长处，能对被评者的情绪进行疏导，热情帮助对方；被评者情绪好，能积极投入评价活动，主动配合，有利于提高评价的实际效果。这其中，评价者的情绪和态度更是至关重要的，素质高的评价者，能始终保持良好的情绪，这样才能使双方心理交流处于良好状态，才有可能主动对被评者的心理实施调控，使评价工作得以顺利进行，实现评价目的。要实现对被评者心理的有效调控，必须选择素质高的评价者。

二、他人评价中评价者的误差心理及调控

（一）他人评价中评价者误差心理产生的原因

1. 知觉定势的影响

知觉是人在对外界事物个别属性感觉的基础上产生的对这些事物的各种属性、各部分及其联系的综合的、整体的反映。知觉是客观现实在人脑中的主观印象，知觉受人心理活动各种特点的制约，具有主观性。一个人的知识、兴趣和情绪等都会直接影响人的知觉过程，从而也影响人的认识过程。人们在以往的活动过程中所形成的心理准备影响或决定同类后继心理活动的趋势，心理学上称为心理定势。人们在知觉活动中，由于个人的知识、兴趣、情绪等因素影响形成知觉准备，这种知觉准备影响后续的知觉过程，即为知觉定势。

形成知觉定势会使人们在实践中以同一种固定的方式、态度对待变化的事物。知觉定势在评价中产生的误差主要有以下几种情况：

（1）晕轮效应，也称社会刻板印象。它是指对评价对象的整体印象影响到对该对象的具体特征的认识和评价的一种心理现象。我们在观察某个人时，往往由于他的某些品质或特征看来非常突出，从而掩盖了对其他特征、品质的知觉和评价。也就是说，这些突出的特征起着一种类似晕轮的作用，使观察者看不到他的其他品质，从而由一点作出对这个人整个面貌的判断。晕轮效应给评价带来的误差有两个方面。一是以差概好的"扫帚星效应"，即根据某些信息对被评者某一方面得出较差的印象后，再看他的其他方面也尽是弱点，即使是优点方面也会作出不信任的解释或不当的归因分析。二是以好概差的"光环效应"，即因对被评者的某一方面产生好感，而把这种好印象泛化到被评者的其他方面去，看什么都好，或者认为其缺点都是无关紧要的。

（2）逻辑误差。它是在对被评者的两个没有必然联系的属性进行评价时，由于对其中一个属性的肯定评价而导致对另一个属性也持肯定评价。这与晕轮效应不同。晕轮效应是评价者由于对被评者总体印象好或差的评价所产生的对该被评者的某一属性肯定或否定的评

价；而逻辑误差则是评价者对被评者某一属性的肯定或否定评价产生的对另一种没有必然联系的属性的肯定或否定评价。例如，有的评价者因为认为某教师"没有学术成就和独到见解"，所以即使该教师教学质量很高，评价者也可能看作是一般，或者某被评者学术水平高，评价者也当然地认为他教学水平也高。事实上这两者之间有一定的联系，但没有必然的联系。在理论上，评价者也知道这两种属性在逻辑上没有必然的联系，但在实际的评价活动中，只是因为对前一种属性进行评价时所形成的心理准备（定势）影响了对后一种属性的评价。因此，它也是知觉定势影响的结果。

（3）情绪效应。人对事物的知觉受到情绪的影响，这在心理学上被称为情绪效应。情绪在知觉中的作用在于提供了一种定势去感知被评者的肯定的或否定的方面。美国心理学家克雷奇（D. Krech）等人对此曾有过一段描述："如果我们是在美好的心境中开始一天的话——有着定势去知觉每一件事情的最好的方面——我们几乎必然地在我们遇到的任何情景下都能发现和看到一线光明。"

情绪效应在教育评价中很可能造成情绪误差。当评价者情绪好时，愉悦的心情往往能对被评者持宽容、积极肯定的态度；而当评价者情绪低落时，往往会烦躁、注意力不集中、反应迟钝等，容易对被评者不耐烦、消极否定，这时对被评者的评价误差就会增加。

（4）投射效应。评价者常以自己心理特征作为认知他人的准备，作为认识他人的标准，即所谓"推己及人""以己度人"，把自己的特征投射到被评者身上。心理学研究表明，人有一种倾向，总是假设他人与自己是相同的，特别是他人某方面的特点与自己相似时，这种倾向就更加强烈。因此，心理学把这种将自己的特性归属到他人身上的现象称为投射效应。在评价中，评价者把自己的某种品质、性格、爱好投射到被评者身上，以自己的性格、爱好为标准去衡量被评者。评价结果反映了评价者的性格、爱好，或者说受评价者的兴趣、爱好的影响，使评价失去一定的客观性，这种误差也称为相似误差。

2. 频数和次序效应

评价对象某种特征出现的次数和次序是影响评价者心理的重要因素。当评价对象的某些属性反复地出现在评价者面前时，无疑会强化评价者对这一属性的认识，这种评价对象进入评价者知觉领域的频数影响对其整体印象和评价的心理现象，称为频数效应。当评价对象的不同属性交替出现在评价者面前时，评价者印象最深刻的是哪一属性呢？心理学研究表明，这既和这一属性出现的频率有关，也和这一属性出现的次序有关。

现实生活中，人们常说"先入为主"，在心理学上称为首因效应。它是指第一印象比较鲜明、深刻，持续时间较长，经久不忘、不易改变的心理效应。不论是第一个好印象或第一个坏印象，都可能由于该效应而成为固定的刻板印象，甚至客观对象已经改变，其效应造成的印象却保持不变。生活中还存在着另一类现象：最后给人留下的信息常常给人以强烈的印象，并在相当程度上决定认知，这是心理学上所谓的"近因效应"。比如人们一般较重视开场戏和压轴戏，就是考虑到首因效应与近因效应的影响。首因效应与近因效应在认知中起作用的大小受一定条件的制约。在认知中，当信息资料少时，首因效应起主要作用；当信息资料较多时，则近因效应起主要作用。评价对象进入评价者知觉领域的先后顺序影响对其整体印象和评价的心理现象，即称次序效应。

正因为认知中存在首因效应和近因效应，所以评价一个人时，在有关被评者的一系列信息中，最先和最后出现的信息常常给人们留下最深刻的印象，影响评价者的知觉，从而影响到评价结果的真实性、准确性。

3. 肯定效应

肯定效应的心理学基础是人所固有的同情心。实验表明：当评价对象涉及人及人格因素时，评价者的同情心就会起作用，肯定性的评价就会多一些；而在对非人格方面进行评价时，评价的客观性就高一些。肯定效应会给评价带来误差。从心理学角度看，评价者对人格化的对象进行肯定的评价时，有一种愉快的体验。所以，在评价中往往听到的是称赞，人格化的评价对象的不足之处，或者被"淡化"，或者被积极性肯定挤掉，这样就使评价的客观性和准确性打了折扣。

4. 群体效应

人生活在群体中，就不可能不受到群体的感染和影响，不可能不受到人际交往的影响，这种影响会对评价活动产生一定作用。评价者受群体影响而产生的效应主要有：

（1）从众效应。在社会心理学上从众效应有时也叫做顺从行为。从众心理是指个体因团体或个人真实的或臆想的压力所引起的行为、观点变化的一种心理现象。在遵从心理的支配下，个人感到不能相信自己感官得来的证据，从而接受大多数人的判断。造成遵从心理的原因一般有两个：一是规范压力的作用。社会或团体舆论一般以大多数人的意见为规范。个人如果不愿被人认为"越轨""不合群""离经叛道""出风头"，就必须与群体意见保持一致。二是信息压力的作用。即个人缺乏作出决定所依据的知识和外界信息的参考时，只能服从群体意见。在评价过程中，或是由于领导者的专断，或是由于专家的权威性，或是由于某些人的雄辩等原因，都容易出现个别人或一些人的遵从心理现象。遵从心理的积极意义在于容易形成一致意见，减少无谓争端；而消极作用在于不利于形成民主气氛以充分发表各种不同意见，从而可能使其他各种心理和原因引起的偏见、成见或失误难以得到纠正，少数人的正确意见也不易得到肯定。

（2）权威效应。在现实社会生活中，权威者的态度对他人的观点形成有相当大的影响，人们很容易相信权威者。评价过程中这种权威效应所形成的后果是：评价结果受到专家组中权威人士的意见的左右，专家组评价往往变成了较有权威的个别专家的评价。在教育评价中，成立专家组的作用就在于克服个别专家可能造成的错误，而权威效应的存在却使得专家组失去了它应有的作用。因此，在评价中应注意防止权威效应的发生。

（3）关系效应。关系效应是性格和才能相同的人在相互爱惜的基础上产生的。在评价过程中，关系效应误差称为亲疏误差。当评价者认为被评者属于"自己人"范畴时，会有一种相容的心理，这时评价就会松一些；而当被评者被认为不是"自己人"时，评价者的心理相容性较差，评价就会严一些。总的来说亲疏误差是由于人与人之间心理相容或相悖而无意识产生的误差。由于利益关系的原因，同行相轻，或者关系好的评价高一点，关系差的评价低一点，这都是评价者有意识的行为，不属于心理学研究的问题，关系效应不是指此类问题。

（二）他人评价中评价者误差心理的调控

1. 选拔高素质的评价者，并进行培训

（1）选拔评价者时，要注意考核其基本素质。包括他们的思想品德、工作能力、知识结构和实践经验，看他们是否经过专门训练等；评价组要有一定数量成员，并要具有广泛的代表性；组织内部整体结构要合理。

（2）进行文件学习和评价技能培训。包括有关文件如评价指导思想、评价标准、教育科学理论和各种教育政策文件、评价经验总结、评价的技术和方法等方面的学习，还包括思想、道德、纪律、规章制度、保密等方面的教育。

2. 加强对评价工作的管理

加强评价过程管理，有针对性地采取有效措施预防、监督、检查某些心理现象的发生。如按一定程序编制评价标准，可制约角色心理、亲疏、长官意志的影响。在评价全过程或其中某个环节，采用督促检查、审核验收、多次评定、交换评定、角色换位思考、反向思维、流水作业、错误示例等及时控制心理误差的产生。在评价过程中，组织领导者应注意观察和把握心理动态，对严重干扰评价可靠性的心理行为，要能及时发现、及时采取措施，避免干扰。当然，由于评价心理的复杂性，必然导致评价心理调控的复杂性。我们既要注意有针对性的个别调控，如对个别人的逆反心理，又要注意一般性的管理控制；既要注意控制心理现象，也要注意控制引起心理现象的原因；既要注意管理性调控，又要注意思想品德教育；既要注意评价者教育，又要注意组织领导者的教育与示范等。

三、自我评价中评价者的误差心理及调控

自我评价作为评价过程中的重要环节——预评价，它对评价结果有重大影响，因此，了解被评者自我评价中形成误差的心理机制，对提高评价结果的可靠性有重大意义。

一般来说，个体很难恰如其分地评价自己，往往不是过高就是过低，易产生评价的偏差。这种评价偏差是在自我评价中人们通常出现的某些心理倾向的效应，我们应该认识它，找到规律，才能适当地控制它，使自我评价结果科学可靠。

（一）自我评价中评价者误差心理产生的原因

第一，根据别人对自己的评价来评价自己。自我评价往往是以别人对自己的评价作为参照点，那么经常受到他人表扬的人，就会获得自信心，在自我评价中多持肯定的态度；相反，工作中经常失败，总受到批评的人，就会缺乏自信心，看不到自己的长处，自我评价中多持否定态度。美国心理学家格里认为，别人对自己的评价是自我评价的一面镜子。处在一定关系中的个体，总是从他人对自己的评价中，看到自己的形象，这种形象便构成了自我评

价的基础。不过，在看到外界评价对自我评价的重要影响的同时，也应看到外界的评价未必全正确。如果自己不能正确识别，则自我评价的准确性就存在问题。

第二，参照别人的水平评价自己。个体通过与自己地位、条件相类似的人对比进行自我评价，这是日常评价中人们的一种心理倾向。那么，由于类比时，群体的一般水平不同，可能得出不同的结果。在一个高水平的群体中，某个人的某方面能力可能是一般的，但在低水平群体中，该人的能力可能又是出类拔萃的。这样，自我评价者在前一种群体中会给自己评为一般，而在后一种群体中会给自己评为优秀。由此可见，由于类比的对象不同，很可能造成评价结果的不同，从而影响了评价的真实性与准确性。

第三，通过自我分析评价自己。个人的自我评价常常是根据他人对自己的评价或以别人为参照系来估价自己的，但与此同时，个人也对自己的行为表现进行着主观的分析。因此，自我评价不仅仅是对他人评价的反映，而且是在了解别人对自己的评价以及在和他人类比的基础上，结合自我观察、自我分析来完成的。自我分析是自我评价不可缺少的环节，但却带有很强的主观色彩，其准确性受自我观察能力和认识水平的制约。如果个体的自我观察能力较差，自我分析水平低，那么自我评价的偏差就会较大。

（二）自我评价中评价者误差心理的调控

自我评价中评价者误差心理的调控主要是使自评者了解自我评价的意义，以科学的态度进行自我评价。

自我评价的重要意义在于：通过自我评价过程的反思，可以使被评者正确认识自己，检查自己的优缺点，有利于发扬成绩、克服不足；可以自我调动成就动机，从而坚定信心，锲而不舍，为实现其目标而拼搏；可以控制和调节自己的行为，使之与群体和社会的原则、规范相融合、相统一，等等。总之，自我评价是个体自我教育、自我完善、自我发展的最有效的途径之一。对于自我评价中由于认识水平的局限或某些心理因素的影响而产生某些偏差，只要坚持科学态度，进行适当调控，就会有效降低这些心理因素的影响。

第一，要正确对待别人对自己的评价，既不要盲目接受，也不要拒不理睬，要实事求是地吸收别人对自己评价中的合理成分。公正、客观的他人评价对评价客体正确认识自己、提高自己和发展自己是有重要意义的，但与自我评价相比，他人评价的信息是间接的，往往又只注重结果或者表面，而不了解过程，很难做到十分准确无误。因此，别人对自己的评价只能作为自我评价的参考，吸收其合理成分，而不能作为标准。

第二，要注意把握与别人类比时的可比性，注意类比时的类同点，不滥比，而把类比当作启发自我评价、科学进行自我评价的手段。

第三，对自己的评价应该采取全面、发展的态度，要学会把别人的评价、与别人类比和自我评价统一起来，进行综合比较分析，力求客观。要做到这一点，就必须多学习，提高自己对客观事物和自我的认识水平。自我评价是自我认识的基本手段，而自我认识又是个体自我调整的必要环节和前提。因此，在坚持多学习的同时，也要坚持对自己多反思，在不断反思的过程中逐步提高自我认识的水平，因为自我评价的水平依赖于自我认识的水平。

■ 本章小结

1. 教育评价实施的一般步骤

（1）宣传动员。宣传动员可以使参与评价的全体人员充分了解教育评价的意义和目的，激发他们内在的积极性；掌握评价的方法和步骤，理解各自的工作在实施评价中的作用，并能按科学的评价程序参加评价活动，相互配合和协助，使教育评价活动能健康、顺利地实施。

（2）预评价。预评价是组织正式评价之前的自我评价，有利于全面地搜集信息，准确地形成判断；有利于减轻组织者的工作负担；有利于其真正发挥评价的促进改革和推动工作的作用。

（3）复评价。复评价是组织进行的正式评价。复评价有助于提高评价的可靠性；有助于提高评价结论的权威性，使评价结论易于为大家所接受。

2. 搜集评价信息的要求

（1）真实性，指搜集到与评价对象的实际状态相一致的信息。

（2）准确性，指在众多的反映评价对象状况的信息中，要搜集到反映评价对象本质的信息。

（3）全面性，指搜集的评价信息要能反映评价目的、评价准则和评价标准所规定范围内的全部信息，不能有任何一方面的漏缺。

（4）次量性，指反映教育评价对象活动的信息，必须有足够的量，并多次搜集同一方面的信息。

3. 教育评价信息整理的一般步骤

（1）信息资料的归集。这是整理信息资料的首要程序。

（2）信息资料的审核。主要是审核资料的完整性、准确性，要去伪存真、去粗取精。

4. 评价资料的分类、建档

（1）信息资料的分类，是把通过各种渠道搜集来的各种各样的评价信息，按照一定的标准分成不同类别。

（2）确定资料分类标准的原则有目的性原则、本质性原则、穷尽性和互斥性原则；通常采用的分类标准有品质标准和数量标准。

5. 资料的汇编

指根据评价的目的、内容，将资料中的各种分散信息汇聚起来，并按一定的逻辑结构进行编辑。对汇编资料的要求是：①完整性，对所需要汇总编辑的资料进行完全的汇总编辑，不能遗漏；②系统性，汇总编辑的资料要大小类井井有条、层次分明，能系统地反映对象的面貌；③简洁性，简明集中，尽量使用简洁清晰的语言，说明评价对象的客观情况，并注明资料的来源和出处。

6. 资料汇总的技术

资料汇总的技术主要有两种，一种是手工汇总，另一种是计算机汇总。

7. 评价对被评者心理的影响

无论是肯定评价还是否定评价，都会对被评者的心理产生不同程度的影响，主要包括：对自信心、自我概念和自我知觉的影响；对动机和意志的影响；对到达目标和要求水准的影响；对情绪稳定性的影响；对评价主体和评价客体之间关系的影响。

8. 评价过程中被评者的障碍心理及调控

（1）评价障碍心理是指在评价活动中产生的对评价的反感和抵制心理。评价中被评者容易产生的障碍心理主要有：被审心理、应付心理、迎合心理、防卫心理。

（2）被评者障碍心理产生的原因主要有：需要心理失落，如安全的需要和自尊的需要未被满足；工作负担与心理压力。

（3）对被评者障碍心理的调控主要是提高被评者对评价的认识，使评价者和被评者保持良好的情绪。

9. 他人评价中评价者误差心理及调控

（1）他人评价中评价者误差心理产生的原因主要有：知觉定势的影响，如晕轮效应、逻辑误差、情绪效应、投射效应；频数和次序效应，即评价对象某种特征出现的次数和次序是影响心理产生误差的重要因素；肯定效应；群体效应，即从众效应、权威效应、关系效应等。

（2）他人评价中对评价者误差心理进行调控的主要措施是选拔高素质的评价者，进行文件学习和评价技能培训，并加强对评价工作管理。

10. 自我评价中评价者的误差心理及调控

（1）在根据别人对自己的评价来评价自己、参照别人的水平评价自己和通过自我分析评价自己时，容易产生心理误差。

（2）对自评中评价者误差心理的调控主要是让自评者了解自我评价的意义，以科学的态度进行自我评价，要正确对待别人对自己的评价，注意把握与别人类比时的可比性，对自己的评价应该采取全面、发展的态度，学会把别人的评价、与别人类比和自我评价三者统一起来综合比较分析。

思考题

1. 教育评价实施的一般步骤是怎样的？

2. 教育评价的预评价和复评价各有什么意义？

3. 搜集教育评价信息有哪些要求？

4. 请以中小学教师课堂教学质量为例编制一个归集提纲。

5. 对教育评价资料进行整理时主要有哪些任务？

6. 评价对被评者心理主要有哪些影响？

7. 说明评价中被评者容易产生的心理现象及其产生原因。

8. 他评中评价者误差心理产生的原因有哪些？如何调控？

9. 自评中评价者误差心理产生的原因有哪些？如何调控？

第四章

搜集教育评价信息的主要方法

● **学习提示** ●

　　观察法、文献法、调查法和测验法是搜集教育评价信息的主要方法，本章对这些方法分别从概念、特点、种类、作用及其如何运用等方面作了较详细的介绍。学习时应当从整体上正确理解和把握每种方法的优点和局限，在实践中灵活地运用。建议教学时密切联系实际，针对各种方法进行实际训练。

● **学习目标** ●

　　了解：观察法和调查法的含义、在搜集教育评价信息中的作用，教育评价文献的主要来源，访谈法的类型，测验项目的难度、区分度和测验的信度、效度的含义。

　　理解：观察法的特点和类型，问卷调查法的特点，教育评价文献信息的来源，访谈法的特点及访谈时应当注意的问题，测验的用途。

　　掌握：调查法的步骤，有结构观察法，问卷设计的要求，抽样的基本方法，测验的类型，编制测验的一般要求，信度和效度的估计方法。

　　搜集教育评价信息是教育评价过程中具有基础意义的一个重要阶段，只有搜集和把握必要的信息和资料才能对教育进行准确的价值判断。为了获取全面有效的信息，必须从实际出发，选择科学有效又便于操作的方法搜集评价信息。所谓搜集评价信息的方法是指根据评价目的、需要以及评价内容，选择各种获取评价信息的有效技术和方法。搜集教育评价信息的方法主要有观察法、文献法、调查法和测验法等，评价实践中常根据不同需要，综合运用各种方法，从不同角度搜集评价对象各方面的信息。

第一节　观察法

一、观察法的含义和特点

　　观察法是教育评价获取信息的重要方法，尤其在搜集课堂教学评价、学生素质评价、学校办学条件及校园环境评价等资料方面，具有十分重要的意义。观察法是评价者通过自身的感官或借助于一定的科学仪器，有目的、有计划地对教育评价对象的自然活动状态进行系统、深入的观察，以获得评价对象准确客观资料的方法。它包含三个要素：观察的手段、观察的对象和观察对象的状态。观察的手段，要求敏锐、仔细、准确。并且要求评价者要具备一定的教育评价理论知识和较宽的视野，能够从多角度看问题，以及借助各种现代的技术手段，提高观察的精确性、系统性、全面性。观察的对象包括教育活动中的人和教育活动。观察对象的状态是指要求观察对象处于一种自然活动状态，避免受到外界的干预、控制而影响所得信息的真实性。正确运用观察法可以获得许多很有价值的第一手评价资料，例如，评价一所学校的教学质量，深入课堂观察课堂上师生互动情况，观察教师的板书、教态，感受课堂气氛、教学机智以及学生学习兴趣和动机的调动等成为必不可少的环节，所获得的信息成为教学评价的重要依据。观察法具有以下几个特征：

第一，观察的目的性与计划性。观察法不同于日常学生行为观察，其核心任务是根据评价目的和内容的需要，观察并搜集有关评价对象的基本资料，回答特定范围的问题。因而它最大的特点就是需要事先进行计划与设计，突出目的性和计划性。

第二，观察的自然性和真实性。是指观察者在无须与评价对象沟通的条件下直接接触与联系，通过对评价对象的观察和记录，获得真实性观察资料。

第三，观察的重复性。由于观察者往往受到个人的感情色彩和"先入为主"的心理定势之影响，容易出现观察表面化和片面化。科学的观察需要经过多次详细观察，方能提高观察的信度和效度。

第四，观察的能动性。观察法是在一定的教育科学理论和评价理论指导下，依据预先制定的评价目的和评价指标，按照观察计划和方案有步骤地进行。即选定观察对象和范围，明确观察的中心内容，善于辨别主要因素和无关因素，注意观察对象的活动及其反应，及时分析和处理观察所得到的数据材料，找出事件的因果关系，科学判断和理解观察结果，对教育评价提供有意义的资料。观察既是一个感知的过程，又是一个能动的思维过程。

第五，观察的凭借性。观察总是借助于一定的观察工具。即人的感觉器官（如眼、耳等）和科学的观察仪器与装备（如显微摄像机、单向玻璃、录音机、闭路电视装置、探测器等）。

观察法的优点是简便易行，所获资料可靠程度较高，并且不影响观察对象的正常活动状态。观察法的不足是观察的样本数小（样本容量小），观察所获得的材料不够系统和普遍；由于不能与评价对象直接接触，所以观察到的现象大多是表面的和感性的；观察是在自然状态下进行，故不能及时排除各种附属的、偶然的影响。因此，在搜集教育评价信息时，观察法要与其他方法结合起来运用，才能取长补短。

二、观察法的类型

（一）直接观察法和间接观察法
根据观察时评价者是否借助于仪器，可分为直接观察法和间接观察法。

直接观察法是指不借助仪器，靠自身眼、耳等感觉器官去直接感知观察对象，从而获取感性材料的方法。比如，观察者不带任何仪器随堂直接听课，边看、边听、边做记录。直接观察法的优势是身临其境，感受真切，能获得生动具体的印象，形成对评价对象整体性的认识。直接观察法的局限是受观察者自身感官的限制，被观察的现象不易完整地保存，又无法进行重复观察。

间接观察法是指借助于各种仪器来进行观察，获得感性材料的方法。它适于客观记录和多角度的观察。比如，在教育评价中，通过观察屏，或者在专门的观察室用仪器进行观察，或者把某一观察对象及内容制成录像加以观察等。因此，间接观察法具有不受感官限制、不被观察对象得知、可以重复观察和避免误差等优点。

（二）参与性观察法和非参与性观察法

根据评价者是否直接参与观察对象所从事的活动可分为参与性观察法和非参与性观察法。

参与性观察法是参与到观察对象的活动之中进行观察的方法。参与有两种方式：一种是评价者向评价对象说明自己的研究身份，要求参加他们的活动，经他们同意接纳后，在共同的活动中进行观察。另一种是评价者不暴露自己的身份，以隐蔽的方式参与观察，其目的在于不影响观察对象的行为，获得较为真实可靠的资料。

非参与性观察法是不介入评价对象的活动，评价者作为一个旁观者置身于他所观察的情境之外，比如，评价者通过隐蔽录音、录像，采用单向屏或潜视系统等工具进行观察。非参与性观察法有利于观察到观察对象在自然状态下的真实可靠的现象，而参与性观察法则可以缩短评价者与观察对象之间的心理距离，不仅能发现外部现象，而且还能了解到人的内心感受，发现非参与性观察法所不能发现的问题。但要注意参与不能过多、过分，否则会失去研究的意义。

（三）全面观察法和抽样观察法

按照观察的范围可分为全面观察法与抽样观察法。

全面观察法是把观察对象当作一个整体，对其构成的要素、结构功能及发展过程中发生和出现的各种现象进行系统全面的观察和记录。追踪观察就是一个长期、系统、全面的观察研究对象发展过程的方法。比如，为正确评价某学校的教学水平，可以对其教师课堂教学质量及学生质量进行长期追踪观察。

抽样观察法是按照随机抽样的基本原则，从观察对象的场景、时间、人物、活动等中科学地抽取部分样本进行观察研究，取得能代表总体的资料。常见的抽样观察法有时间抽样观察法、场面抽样观察法和阶段抽样观察法。一般来说，抽样观察法提高了观察的针对性，省时省力，较适用于大样本观察，但资料不够完整和详细，不能较好地说明行为的原因。

（四）有结构观察法和无结构观察法

根据观察实施的方式可分为有结构观察法和无结构观察法。

1. 有结构观察法

有结构观察法是有明确的评价目标、对象和范围，有详细的观察计划、步骤和合理设计，并在观察时基本上按照设计的步骤进行的可控性观察。它具有较强的目的性、计划性和系统性。一般而言，有结构观察能获得大量确定和翔实的评价信息和资料，并可对所得资料进行定量分析和对比研究，作为教育评价的重要依据。

有结构观察要注意设计好观察表格和记录方法。设计表格项目时应当符合以下要求：每个项目都必须是研究所需的指标；项目数以十个以下为好，并尽量要按照某种逻辑顺序排列；项目的答案应当明确，注意排除对不同观察者导致不同解释的推理性语言。有结构观察法主要采用取样记录的设计方式，记录方式可分为时间取样法、事件取样法和行为核查法。

（1）时间取样法。时间取样法是以时间作为选择标准，专门观察和记录在特定的时间内所发生的教育现象、教育人员或学生的言论及行为的一种方法。时间取样法重在记录行为出现与否，出现频率和持续时间等。例如，在教学评价中选取某一节数学课堂教学，观察教师讲解和学生练习的次数。时间取样法示例表如表4-1（以10分钟为一个时段共计40分钟）所示。

表4-1　时间取样法示例表

	10分钟	10分钟	10分钟	10分钟
教师讲解（1）				
学生练习（2）				

注：表格的使用，观察者进行连续40分钟的观察。观察时，将每隔10分钟内在课堂上出现的教师讲解（1）和学生练习（2）记入表格内。

时间取样法是将被观察者在每一时间中的行为视为其通常行为的一个样本。从理论上可以认为，如果抽取充分多的时段，在这些时段中所观察到的行为便可视为被观察者的代表行为。时间取样法的优点：一是可以克服传统观察方法的不可控性，在一定程度上，摆脱观察者的主观性选择与判断，提高所观察到的行为的客观性和代表性。二是可以简化观察过程和资料分析过程，收集到关于行为频率的资料，提供定量结果，有利于验证假设。时间取样法的局限：一是它只适用于观察经常发生的行为。一般来说对在15分钟之内不易出现的行为不适用。比如坚韧的意志、乐于助人等。二是它仅适用于观察外显的行为，不易观察到隐蔽性行为，因为人的内隐行为不是通过短时间观察所能发现的，有时也具有偶发性。

采用时间取样法观察应当注意：一要确定观察时间，按照某种选定的时段进行观察；二要预先规定所要观察行为的详细操作定义以及系统的行为记录表格；三要观察人员在进行观察之前经过训练熟习观察程序，以便迅速有效地对观察到的行为进行判断和记录。

（2）事件取样法。事件取样法是以事件为选择标准，观察并记录某些特定行为或事件的完整过程。它与时间取样法所不同的是，事件取样法不存在受时间间隔与时段规定的限制，只要事件一出现，便可记录，而且可以随事件的发展持续记录。因此事件取样法的优点在于既可获取较为代表性的行为样本，又可在一定程度上保留行为的连续性和完整性，同时还可得到关于事件的环境与背景资料。局限性在于可能缺乏测量的稳定性，即观察到的现象有可能在不同背景下具有异质性。因此，在运用事件取样法时还应当注意记录并分析事件发生的背景。事件取样法示例表如表4-2所示。

表4-2 学生课堂行为记录表[①]

学校_____ 年级_____ 班级_____ 学生姓名_____

教学科目_____ 课题_____ 教师_____

学习行为	出现次序	持续时间	出现次序	持续时间	出现次序	持续时间	非学习行为	出现次序	持续时间	出现次序	持续时间	出现次序	持续时间
听讲							与邻座讲话						
举手回答问题							看别的书						
举手提出问题							做小动作						
到讲台前示范							看别人或别处						
做课堂练习							擅自离开座位						
做操作实验							和别人打架						

注：表格的使用，出现次序以1，2，3，…数字表示；表中所列项目难以全面反映课堂上可能发生的全部行为，所以留出了一些空格让观察人员在需要时使用；如果评价者请他人帮助观察，还要让观察者事先熟悉每个项目的具体所指；在正式观察之前应当做几次观察练习，及时发现表格的不足，及时调整表格内容。

（3）行为核查法。在观察研究中，主要用来核查某种行为出现与否的观察记录法。此法只判断行为出现与否，不提供行为性质的材料。即观察者将规定观察的项目预先列出表格，当出现该项目的行为时，就在该项目上作标识，记录行为出现与否，具有较高的诊断价值。例如，观察学生在课堂上注意力不集中的行为，只用"√"表示即可。行为核查法示例表如表4-3所示。

表4-3 小学生出现注意力不集中行为的观察记录

内容 ＼ 班级	一年级	二年级	三年级	四年级	五年级	六年级
与同学讲话	√	√	√			
看其他书				√	√	√
做小动作	√	√				

---

① 王守恒：《教育科学研究方法基础》，128页，合肥，安徽大学出版社，2002。

内 容 ＼ 班 级	一年级	二年级	三年级	四年级	五年级	六年级
睡觉					√	√
眼睛看别人或别处	√					
擅自离座	√					

2. 无结构观察法

无结构观察法是对研究问题的范围目标采取弹性态度，观察内容项目与观察步骤不预先确定，也无具备记录要求的非控性观察。无结构观察事先没有严格的设计，比较灵活、机动，能够抓住观察过程中发现的现象而可以不受设计框框的限制，但是难以进行定量化处理。一般情况下，搜集评价资料的初期，主要采用无结构观察，以便发现评价对象较全面的资料，帮助确定进一步观察的重点、观察方法与具体观察项目，然后为了深入对某些项目进行观察分析，设计一些有结构观察。

无结构观察的记录法分为实况记录法和轶事记录法两种。

实况记录法，也称日记描述法，是指对被观察对象长期跟踪观察，并以日记的形式描述性地记录其所有行为表现的方法。苏联著名教育家瓦·阿·苏霍姆林斯基为了研究道德教育问题，曾经先后对3 600多名学生进行追踪观察和研究，并对每人都作了详尽的观察日记。他一生写了很多著作，著作中大量生动活泼的事例均来自观察。正确运用日记描述法，可以获得有关教育评价，尤其学生评价和教师评价的第一手资料和信息。当然，需要观察记录者做到持之以恒、长期观察。

轶事记录法是指记录观察者对看起来有价值、有意义的任何可表现评价对象个性或某方面发展的行为情景进行观察记录的方法。可以是有主题的，也可以是没有主题但感兴趣的问题。例如，教师可以采用轶事记录法来搜集关于学生评价的信息；校长用轶事记录法可以搜集教师评价的信息。一个好的轶事记录应该保持对事实的客观描述，如表4－4所示。

表4－4　轶事记录表

班级：六年级　　　　学生：小明 日期：2013/10/31　　地点：教室 事件： 　　小明今天迟到了，然而他在今天的课堂上表现得异常积极，不仅没有像往常那样搞小动作、溜号，而且听课非常认真。更让我新奇的是向来不愿意举手的他，今天却频频举手回答问题。 　　解释： 　　小明是平时学习态度不很积极的孩子，各方面也不是很突出，因此长期以来并没有引起我的足够重视，可是从他今天的表现我看到了孩子心灵中那种可贵的"将功补过"的闪光之处。教师要用发展的眼光看待学生。

综上所述，观察法根据不同的角度可以分为不同的种类，然而，观察法的分类及其区别是相对的，各种方法之间又是相互交叉、相互渗透、相互补充的，单独运用某种方法时都有其局限性。在实际观察时，应当综合运用各种方法，才能获取最有价值的资料。

第二节　文献法

一、文献法的含义和种类

文献是指反映评价对象基本情况和价值程度的书面资料、数据、图表及音像材料等的总称。教育评价文献法是指根据评价目的和内容，搜集、鉴别、整理有关评价对象的文字记载或音像记录的材料，从中收集评价资料的方法。文献法是一种古老而又富有生命力的科学研究方法。通过文献法可以了解教育行政部门及各学校的规划与现有水平；了解教师、学生及后勤人员的基本素质；掌握有关教育问题的由来、现存的问题以及教育改革的进展情况等。这是科学、有效地获取教育评价资料与信息的捷径。

教育评价文献根据是否具有原始性，可以分为一次文献和二次文献。

教育评价的一次文献是指根据评价目的和内容所选取的有关教育评价对象的各种原始资料，包括各个时期学校发展与改革的各种计划，学校重要活动的录像或原始记录，师生档案，各种获奖证书，教师撰写的专著、调查报告、论文，学生成绩的原始记录单，学校物产登记簿及办学规模的数据资料等。例如，评价教师的科研水平与状况，可以查看教师撰写的专著、论文以及有关获奖证书等；评价学生，可以查看学生的成长记录袋及学籍等。

教育评价的二次文献是指教育行政部门、学校办公室工作人员或教师等对一次文献进行系统加工、整理和总结，并概括论述的汇报性文献，包括学校贯彻教育方针、实施素质教育与管理现状的总结和远景设想，诸如教学成绩汇报统计表、教师教育教学活动的计划与总结，教师培训和提高的计划与总结，学校仪器设备的数量及利用效率的总结与规划，学生管理方面的成就记录及入学率、巩固率和毕业率的汇报等。二次文献具有主观综合性、报告性和浓缩性的特点，可以使评价者直接快速地了解评价对象的基本情况。

二、教育评价文献信息的来源

在社会高度信息化的今天，教育评价获取信息的渠道和途径越来越多，其中从文献中获得信息是一个重要的渠道。教育评价文献信息是教育评价研究的主要情报和信息源，是进行教育评价研究的重要基础。教育评价文献信息的来源主要有以下几方面：

第一，档案与校历。它包括有关学校教师及学生等人员的档案以及学校建设与发展的历史文献记录。其所包含的评价信息容量大并具有稳定性、积累性和潜在性的特点。通过这些文献的调查可以了解国家、地方等对学校的投入情况及学校运行情况；学校不同时期的办学理念、管理水平和办学特色、实现培养目标的情况；师资队伍建设情况及学历职称结构；学生的基本素质、成长发展过程和水平等，是获得学校、教师和学生评价系统信息的较为客观可靠的来源。

第二，会议记录。地方教育行政部门及学校每年都要召开各种会议，并进行书面或录像记录。这些会议记录中有很多有关教育评价的必要资料。通过对这些会议资料的调查可以获得学校评价、课程评价、教师评价以及一些诸如素质教育评价等专题评价的必要信息。

第三，教学文案。它是反映教师教学绩效与学生学习成绩的最基本的文献。包括学生的作业、综合测评成绩手册，学生考试成绩登记，教师的教案、工作业绩记录、课堂教学评比记录及教学研究情况记录等，为教师评价、学生评价提供丰富的参考资料。

第四，课题成果。它包括教师申报和承担的课题，完成的著作、论文、调查报告、课件制作以及教师与学生的各种奖励证书。这些文献充分反映教师的业务水平、创新素质与学生的进步发展情况、教师所起的作用等，是获得学校、教师及学生评价信息的又一个直接的来源。

第五，课程计划，它包括各学科的开设及时间分配、选修课和必修课的设置、教科书、教学参考资料和音像资料、课外活动的内容及开展的情况等。通过这些文献的调查可以了解一所学校课程实施情况，从而获得课程评价所需的信息。

第六，学校管理制度。它包括招生制度、工作制度、学习制度、岗位责任制、考核制度（考勤、考核及校内评价量表）及信息沟通制度，如学校的例会、汇报制度、上下级间的传达和反映情况、工作检查总结、奖惩制度等。通过这些制度性文献可以了解一所学校的管理理念、管理模式及各项工作运行机制，获得有关学校评价的有效信息。

第七，学生管理文案。它包括学生教室管理规定，课堂管理规定，学籍管理规定，学生档案管理规定等。查阅这些文献主要获取学校有关学生管理的信息与资料。

教育评价信息的文献来源十分丰富，只靠某个单独的或少数几个文献来搜集评价信息，会影响评价的客观性和可靠性。在运用文献法搜集信息时要注意尽量结合查看多种文献信息，以获得较为全面客观的评价信息，保证评价的可靠性。

三、教育评价文献信息的查询

（一）教育评价文献信息的查询途径

第一，网络查询。随着我国信息产业的迅速发展及计算机网络的加快普及，利用计算机存储与查询信息资料越来越受到重视。由于它的信息容量大，检索速度快，覆盖面广，已成为检索评价资料信息的重要途径之一。目前许多城市学校都有自己的网页，网页上包含的内容十分丰富和完整，诸如学校的办学宗旨、发展规划、规模介绍、规章制度、师资队伍状况、学生学习生活和课外活动情况介绍、教师们论文交流、获奖情况及课件制作和教案等等。确定检索的主题和范围后就可以查询。通过查看各校网页可以快速获得较丰富的评价资料，还能节省人力和物力。

第二，调查访问各地方教育行政部门。它包括教育局、督导室等，这些部门存有各学校简历、历届校领导的简历、师资配备情况、学校人员的档案、学校教育教学改革与发展情况的材料等，是获取各地方教育评价文献信息的常用途径之一。

第三，调查各学校行政办公室和教导处（或教研室）。通常校长办公室、学生管理办公室、教导处均集中存有关于学校管理、教师与学生、课程、教育教学工作等各方面大量的文献资料，并且内容全面，便于迅速查找，但鉴定性评价资料的搜集不能只靠学校办公室的资料，还要通过实际调查来核实。

（二）教育评价文献信息的检索途径和方式

学校办学水平、教师教育教学研究情况及学生的学习成果等方面信息的检索与核实，都可以通过以下途径和方式进行：

1. 检索途径

第一，题名途径。它是根据著作、课件或论文的题名来查找有关文献，核实所获得的有关学校和教师教科研评价资料的途径。

第二，著者途径。它是根据学校名称或著者查找论文及优秀课件等数量的文献查找途径。

2. 检索方式

第一，传统的手工方式。手工查询是指利用各种目录、索引、文摘等检索工具书，通过采用手工方式来查找评价文献线索和文献资料，以获取所需要的评价文献资料的方式。

第二，计算机查询，也叫电子文献检索。是指利用计算机对存储的电子文献资料进行检索。随着计算机的普及率和上网率的迅速提高，在未来的评价文献搜集中，计算机将广泛地运用于文献检索工作。

计算机查询具有手工查询不可比拟的优势：检索速度快，能大大提高工作效率；检索途径多，可以通过文献篇名、期刊刊名、出版年代、文献类型、文献语种等途径，迅速检索所需的文献；服务方式简便、快捷，可提供联机回溯检索、定期检索等多种服务项目，检索结果可以在终端显示阅读，显示格式也有多种选择，利用起来简便快捷。

第三节　调查法

一、调查法的含义和特点

（一）调查法的含义

调查法是在科学方法论和教育评价理论的指导下，通过问卷、访谈、测验等科学方式，有目的、有计划、系统地收集有关教育评价的信息与资料的方法。调查法广泛运用于教育评价领域，在获取全面客观的评价资料，提高教育评价的可靠性，促进评价对象的发展中具有其他方法不可替代的作用。例如，教师为了全面地评价学生，可以通过进行测验、家长访谈、同学访谈等获取有关资料，并进行分析与研究，得出科学合理的结论。

（二）调查法的特点

第一，调查问题的现实性。调查法主要是以活动形态的教育现状作为调查问题，针对评价对象或指标体系中的具体问题或人们较为关心的问题进行调查研究，因而问题具有强烈的现实性。调查问题的现实性为人们提供了评价与研究教育实际问题的一个有力的依据。通过调查，研究者可以获得更准确、更全面的评价信息，从而对评价对象作出客观全面的诠释和判断。

第二，调查的真实性。调查法不是以操纵并改变评价对象的状态来获得关于教育问题的认识，而是在自然的教育环境中搜集并获得关于评价对象的事实信息与资料，因而具有很强的真实性。调查是根据评价目的和内容，对处在自然教育环境状态下的评价对象的有关问题获取信息，调查时不需要实施其他的特殊影响，而是利用问卷、访谈等方式，直接或间接地搜集某一方面的资料，经过整理和分析，得出评价对象的全面客观的认识。

第三，调查样本的代表性。调查可以根据调查对象水平分布的状况和需要选择足够大的样本，这样使获得的数据和信息具有较强的可靠性。为了获得普遍性、代表性的事实资料，许多调查研究都采用分层取样获取比较大的样本，这也是实验法、个案研究法所不具备的优势所在。例如，为搜集农村教师课堂教学质量评价信息而进行的调查，既要考虑样本的代表性，又要考虑地区分布。而不是仅调查一个地区、一个学校或几个教师。

第四，调查方法的灵活性。调查法不受时空限制，没有更多设备条件的要求，而且可以运用问卷、访谈、测验等多种方式，涉及范围较广，方式多样，具有很大的灵活性。

二、调查的一般步骤和要求

调查法是一种有目的、有计划的研究活动，为保证调查结果的质量和可靠性，必须有一套周密的调查研究计划。一般来讲，调查从明确调查目的和内容开始，以提交调查研究报告结束，其过程可分五个步骤：

第一步，明确调查目的，确定调查范围及对象。进行调查工作，首先要根据评价的目的和领域，确定调查的目的、范围和对象。例如，评价教师的教学情况，除了查阅教师有关备课的资料和听课外，还可以就其所教班级学生进行调查，了解其学习效果和对教师的评价。进行中学生素质的评价，可以在不同地区选取足够数量的中学生进行各方面素质的测查。

第二步，选择调查方式。调查不同的问题，要选择与之相应的调查方法。比如，是选择抽样调查、典型调查还是重点调查；具体的调查方法是选择问卷的方法、访谈的方法还是综合运用各种方法，都要根据具体需要来确定。

第三步，拟订调查计划及提纲。在正式进行调查之前，要制订一个具体的工作计划，计划要表明调查的主要内容、调查的方式、方法以及调查工作所需要的人员、时间、经费和工作的主要程序等。要根据调查的不同方式，做好具体调查的准备，做到心中有数。如果是采用问卷的方式，就要做好问卷的设计、编排和印刷工作；如果是访谈的方式，就要准备好访谈提纲和访谈所需要的工具。访谈有利于获得深入、有个性特色的调查材料，调查问卷可以获得大容量的、统一的调查材料，二者各有所长，应当灵活运用。

第四步，实施调查。实施调查是调查研究最关键的环节，最大限度地获得第一手的真实资料，是这一阶段的根本目的。调查应当严格按照修改好的调查提纲的规定进行操作，即按照要求发放、回收问卷，或遵守访谈法的基本要求进行正式的访谈，同时还要注意对影响调查结果可靠性的因素进行合理调控，力争使调查材料具有真实性、客观性、典型性。

第五步，调查资料及数据的处理。通过调查得到的评价材料可以分为文字性资料和数字性资料两种。对调查所获得的这些资料进行整理分析，对文字资料的整理做到准确分类、条理分明，对数据资料要进行分类、统计分析。

调查所得到的各方面资料，可以单独分析，也要和其他方式获得的评价信息资料进行综合分析，以便对评价对象得出更准确的结论。

三、问卷调查法

问卷调查法是以书面提出问题，由评价对象作答的方式进行搜集资料的方法。它是调查研究中最常用的方法。问卷不是由调查者直接向被试发问，而是调查者根据调查目的和调查内容，就调查项目编制相应的问题序列，按照一定的原则排列，变成书面试卷，采用分发、邮寄、追踪访问或网上答题的方式让被试填答，然后对问卷回收整理和分析，获得关于评价对象的资料。因此，它又可以看作一种间接的调查方法。

（一）问卷调查法的优点和局限

1. 问卷调查法的优点

第一，时间上的灵活性。在搜集评价信息的过程中，观察、访谈等方法对时间的要求都比较严格。比如，观察法只能在既定的时间内观察，访谈也要求时间不宜过长。而问卷法在时间要求上比较灵活，根据需要能保证被调查者有充足的时间思考和回答。同时，运用问卷调查法还能节省时间和经费。把编制好的问卷同时发放给调查对象个人，如果需要还可以通过电子邮件等方式实现对远距离的研究对象的调查，不必聘用更多的调查人员，这样既可以节省时间，又能够节省研究经费。

第二，问卷法的取样不受限制。样本大小不受限制，完全可以根据抽样的科学要求和实际情况，确定调查样本的容量，可以选取大样本，也可以选取典型样本，发放问卷进行调查，能保证信息的有效性和可靠性。而观察法和访谈法在一定时间内，取样均受到一定限制。

第三，调查者和被调查者无须面对面接触，具有一定的回避效果。被试回答比较方便，不署名，也不必着急，容易获得被试的支持，使结论比较客观。

问卷法的上述特点使得它在搜集评价信息过程中具有其他方法不可替代的重要作用。运用问卷法不仅可以搜集评价学生、教师等群体或个体的资料，同时还能搜集评价学校、班级等单位的资料，尤其对了解人们的内心思想与体验方面具有特殊的作用。

2. 问卷调查法的局限

第一，由于问卷调查往往样本比较大，且无法控制被试回答的情况，如果回收率较低，会影响其代表性。

第二，问卷调查通常是在调查人员不在场时被试独立答卷，遇到问题时难以解决，因而可能出现估计作答的现象，影响答卷的准确性。

第三，搜集到的资料往往是表面的，还需要进一步的分析，否则不能深入了解深层次的、本质性的东西。因此，应用时要充分发挥问卷调查法的优点，控制其局限性，把握好编制问卷、科学实施和结果分析。

（二）问卷的结构

一般包括标题、指导语、问卷的正文等几个部分。

标题是对整个问卷的概括性表述，具有先入为主的作用。标题应该用精练准确的语言反映问卷的目的和内容，便于调查对象一目了然。

指导语中要说明调查目的和调查潜在价值，引起调查对象的兴趣和高度重视；说明不记名、保密，对个人没有损失等，排除调查对象的顾虑；提出回答问题的基本要求。

问卷的正文是问卷的中心部分，包括问卷设计的所有问题，其中包括调查对象必要的基本情况，其余大部分题都是调查者要了解研究问题的内容。也有的问卷在最后还增加一项就问卷本身征询受调查者意见的内容。一个问卷能否调查出所需资料，关键是编好正文的这些问题。

（三）问题的形式

问题形式一般以问题答案是封闭的还是开放的，把问题分为封闭式问题和开放式问题两种。

1. 封闭式问题

封闭式问题是指提供问题与该问题相应的若干答案，由调查对象直接从中选择合适答案。

封闭式问题的优点是回答简便快捷，节省时间与精力，并便于整理与分析。对不同文化水平的调查对象都具有适用性。其局限性是调查对象在回答问题时受提供答案限制，有可能遗漏重要信息资料；问题设计难度大，需要投入较多精力和时间反复推敲，多次修改方可保证其代表性。

封闭式问题主要有以下几种形式。

第一，是否式问题。问题答案只有是或否，同意或不同意，回答时只能选择其一。例如：

你在课堂上喜欢发言吗？　　　　　是　　　否

你回答问题总是与众不同吗？　　　是　　　否

第二，单选式问题。从被选答案中选择最合适的一个答案。例如：

（家长问卷）您对孩子所在学校的教学质量的看法是 [ ]

A. 很满意　　　　　B. 满意　　　　　　C. 一般满意

D. 不满意　　　　　E. 很不满意

（教师问卷）您在教育学生的过程中与家长联系的状况是 [ ]

A. 联系很多　　　B. 联系不多　　　C. 联系极少　　　D. 没有联系

您对本学科前沿领域知识的注意程度是 [ ]

A. 特别注意　　　B. 比较注意　　　C. 不太注意　　　D. 从未注意

第三，多选式问题。从一组被选答案中选择最合适的几个答案。例如：

（辍学生问卷）你辍学的主要原因是 [ ]

A. 家庭困难　　　B. 读书无用论　　　C. 学校离家太远

D. 害怕考试　　　E. 学习成绩不好　　　F. 家长不同意上学

第四，排序式问题。让被试按照自己认为的重要性对几个答案排序。例如：

你认为目前小学的劳动教育存在的问题是：（对以下几个答案按照重要性依次填写1，2，3，4）

（ ）学校不重视　　（ ）教育方法不适合　　（ ）家长不配合

（ ）教师不赞成　　（ ）教育内容单一　　（ ）没有教育基地

第五，划记式问题。按照与自己的符合情况在答案□上分别作记号"√"。例如：（教师问卷）

	符合	较符合	不太符合	不符合
①因病或身体不舒服而影响日常工作	□	□	□	□
②跟周围的人没有共同话题可谈	□	□	□	□
③爱挑剔他人	□	□	□	□
④把今天该做的事情推迟到明天再做	□	□	□	□
⑤感到生活或工作的压力很大	□	□	□	□

第六，表格题。问题就是调查表，要求调查对象将符合自己的答案填在表格内相应的空白处。调查表示例，如表4-5所示。

表4-5 教师队伍结构调查表①

填表学校：　　　　　填表时间：　　　年　　月　　日

	中师及高中		大专		本科以上		合计	
	男	女	男	女	男	女	男	女
20~30岁								

① 王守恒：《教育科学研究方法基础》，128页，合肥，安徽大学出版社，2002。

续表

	中师及高中		大专		本科以上		合计	
	男	女	男	女	男	女	男	女
30～40 岁								
40～55 岁								
退休返聘								
合　计								

2. 开放式问题

开放式问题是指没有提供被选答案，而是让被试自由回答，表明自己对问题的看法和态度的问卷。在编制封闭式问题之前，有时采用开放式问卷搜集问题或各种答案。例如：①你如何评价学生的学业成绩？②你认为一堂好课的主要标准是什么？③你对学生课堂上提出离奇的问题持什么态度？④你对校长的管理方式有什么看法？等等。

开放式问题的设计比较容易，其调查对象能自由发挥，回答较真实且答案遗漏的可能性小，收集到的信息资料多。但开放式问题局限性也较大：调查对象必须有相应的文化程度和语言表达能力，在适用对象方面受到一定限制；答案之间有很大的不同，无可比性，整理起来相当困难和费时；调查对象由于答起来费时费力，有可能放弃不答，影响回收率。

（四）问卷的编制程序与设计要求

1. 编制问卷的程序

编制问卷的程序是研究者根据调查研究的目的和需要，编写问题和形成问卷的过程。基本程序如下：一是明确评价目的、内容，确定调查内容和调查对象；二是列出问卷调查的问题提纲；三是确定问卷类型；四是根据提纲草拟问卷；五是征求有关人员、专家的意见，修改问卷；六是从总体样本中抽取一定数目的人员试测，检查问卷的内容、表达方式等能否被调查对象所理解；七是根据试测结果，对问卷进一步修订后定稿打印。

2. 问卷设计的基本要求

设计问卷要努力做到：一是问题的表述力求简单清楚，避免使用模糊的、似是而非的语言或专业技术性术语；二是问卷题数量要适度，不能过多也不能过少；三是问题的措辞避免使用导向性或暗示性语言，尽量运用中性词，否则往往会起到暗示作用；四是提供答案的选项应当涵盖问题答案的所有内容，否则会漏掉被试真正想选的答案，让被试无所适从；五是尽量能避免使用否定性问题或双重否定性问题，否则会引起误解或让调查对象不知所云；六是问题排列要整齐美观，先易后难，便于统计；七是试测问卷的信度和效度。在正式实施调查之前，应当预先选择一小组对象试测，并对结果进行分析，了解问卷各项是否存在问题，考察问卷的可靠性和有效性，根据考察分析的结果，对问卷进行适当的修改。

（五）问卷调查的实施

问卷法的实施通常包括选取调查对象、发放问卷和回收问卷三项工作。

选取调查对象必须依据调查目的和内容来确定，若需要大面积和多人数的调查，就要用抽样方法，选取有代表性的对象来进行问卷调查。在搜集教育评价信息时，通常采用分层随机抽样方法来选取问卷调查对象。

发放问卷和回收问卷主要有直接和间接两种方式，一种是评价工作者或其协助者直接将问卷发送到调查对象的手中，待回答完毕就亲自收回。这种方式的优点是回收迅速及时且回收率高，但对调查者不方便，费时费力，更不适合在调查对象较分散的情况下运用。另一种是通过邮局或网络间接发送问卷的方式进行问卷调查，待回答完成后仍通过邮寄或网络发给调查者。这种方式多用于大范围的区域性评价、追踪评价等搜集资料的工作中。其优点是适用于大规模远距离的调查，而且代表性较强，资料较客观。但因为调查者难以控制整个过程，因而回收率相对较低。

问卷的回收率和有效性是运用问卷调查最重要的问题，一般要求问卷的回收率不应当低于75%。问卷的有效性与问卷问题的设计、选取问卷调查的对象、问卷组织者身份和组织的周密程度均有密切的关系，做好这些方面的工作是必需的。

四、访谈调查法

访谈调查法是指评价人员或确定的访谈者与评价对象或访谈对象面对面地交谈，从而了解情况、搜集有关评价资料与信息的方法。访谈调查法适用范围广泛，不仅适用于搜集个体思想认识、情感态度等多方面素质评价的信息，而且也可以运用于搜集群体评价资料。例如搜集某小学素质教育评价资料，可以访谈校长、教师或学生等。

（一）访谈调查法的优点与局限

1. 访谈调查法的优点

第一，具有较好的灵活性和适应性。由于调查者在现场能够随时给被试提供必要的帮助和解释，能够最大限度地保证研究者达到预期的访谈目的。同时，由于访谈是采用口语方式，无论调查对象的文化程度如何，调查者都能获得所需材料，从幼儿到老人，从文盲到博士均可采用访谈调查法。

第二，具有较强的可控性。和问卷调查法相比，访谈调查法通过访谈者的主观努力可以有效控制访谈进程和质量，可以降低被调查者草率从事的可能性，减少被调查者的回答误差。

第三，调查过程具有互动性。访谈中，访谈员和访谈对象始终直接接触，它们相互影响、相互沟通、相互启发，促进访谈问题的深入。

2. 访谈调查法的局限

第一，需要更多的时间和经费。由于访谈往往是单独进行，效率较低。有的问题需要几次访谈才能完成，因此费用多、时间长，是不适合在较大范围内进行的调查。

第二，标准化程度低，难以统计。由于访谈调查的灵活性，也带来访谈提纲随情境变化和被试回答的多样性。标准化程度低，系统性不足，不易进行统计分析。它比较适合于个案研究，或作为问卷调查的辅助手段使用。

第三，某些因素影响调查结果的一致性和真实性。访谈法需要较长的时间，因而有的问题也难免间隔较长时间，不能保证被试在相同的条件下回答。这样对于与时间有密切关联的一些调查问题，由于调查的先后次序不同而可能导致不同的调查结果。比如，通过访谈调查有关学生学习积极性的问题，两个月前调查结果和两个月之后的调查结果可能有很大的不同。还有诸如调查对象的个性、调查者的外表特征、访谈时的语气和态度等也会影响调查结果。

（二）访谈调查法的类型

1. 个别访谈和集体访谈

根据访谈的人数可以分为个别访谈和集体访谈。

个别访谈是评价者对访谈对象逐一进行面对面单独访谈的形式。个别访谈法能使评价者与访谈对象便于沟通，资料真实、细致全面，适合用于一些规模小及较敏感性问题的调查。在教师评价、课堂教学评价中多用此种方式。

集体访谈调查是由一名或多名评价人员邀集有关人员，以座谈的方式让与会的访谈对象针对访谈主题发言、讨论的一种调查方法。教育评价也经常采用这一方式召开一定范围的座谈会。集体访谈一般是按照事先拟定的提纲组织实施，这样可以使信息来源广泛，省时省力。但集体访谈中，难免存在访谈对象之间的相互干扰，甚至会产生趋众效应，影响资料的可靠性。同时集体访谈中，如果访谈者具备较好的交际艺术，并善于调节会场气氛，使气氛轻松而又不失严谨，这样会取得更好的访谈效果。

2. 标准化访谈、半标准化访谈和非标准化访谈

根据访谈问题的设计可以分为标准化访谈、半标准化访谈和非标准化访谈。

标准化访谈是指访谈人员按照评价者统一设计的访谈表，对评价对象及有关人员进行访谈的方法。要求访谈者以访谈表所提供的问题、提问方式和记录方式等进行访谈。访谈表包括列在表前的附记（填写评价对象的地址、访问时间、访问意见等）、访前语（关于访谈者的自我介绍与访谈总说明等）、表头（关于访谈对象的基本情况）和正题（访谈的问题项目）等。运用这种访谈形式获取的资料，便于统计和比较分析。但又比较呆板，访谈者受到一定的限制，访谈对象的回答也缺乏灵活性和弹性。因此这种访谈形式适用于访谈者对评价对象已有一定了解的情况。例如，教育督导部门要评估辖区内各学校而搜集资料主要采用此种访谈方式。

半标准化访谈是指访谈者依据评价者事先拟订的访谈提纲与主要问题，但可以根据当时的具体实施情境灵活决定的一种方式。访谈提纲也比较简单，只列出访谈的主要问题即可。这样既能克服标准化访谈过多的束缚，又有统一的交谈主题。例如，搜集学生素质评价的资料一般采用这种方式。

非标准化访谈是一种自由的漫谈形式，要求只给访谈者提供一个大题目，访谈者可以自

由提出开放性问题的方式。比如下面一个题目：你对某某学校的教学质量有什么看法。这样的问题给回答者留有较大发挥的余地。在这样自由开放性的交谈中，访谈对象可以畅所欲言，访谈者还可以边倾听边追寻访谈对象的思路提出问题，有利于深入探讨问题。但由于非标准化访谈往往采取事后记录的方法，因此不熟练的访谈者不宜采用此种方式。

3. 直接访谈和间接访谈

根据调查者与调查对象接触方式的不同可分为直接访谈和间接访谈。

直接访谈就是访谈者对访谈对象进行面对面地访谈，而间接访谈主要指通过电话或网络进行的访谈。随着电话和网络的普及，不受时空限制的电话或网络访谈，已成为最经济、使用范围最广、高效的调查访谈方式。

（三）实施访谈调查的步骤

第一步，设计和制订访谈计划。设计和制订访谈计划的工作主要由评价者来完成，包括确定访谈的目的与内容、访谈人员、访谈对象、编写访谈提纲及组织分工等。设计和制订访谈计划是顺利进行访谈的基础。一般来讲，教育评价活动中的访谈，直接依赖于明确的目的，是为某一具体的评价活动搜集资料。而评价指标是评价目的的具体化，因此，在确定评价目的后，根据评价指标体系所列项目的特点，选择适合运用访谈法获取资料的部分，确定访谈的内容并设计访谈问题，而不能直接用评价指标来进行访谈。访谈问题需要很好地设计，可以根据实际需要设计成不同的问题形式，如封闭式和开放式、直接问题和间接问题等。例如，开放式问题——"请你谈谈你的兴趣爱好？"封闭性问题——"你对课程改革是完全赞成，一般，还是不赞成？"直接问题——"你对学校的教学质量满意吗？"有些敏感的话题需要间接访谈——"本学期除了交书费和杂费外还向学校交了什么费用？"而不能直接问："你们学校是否有乱收费现象？"

第二步，试行访谈。在正式访谈之前，应当在正式访谈对象之外另找一些人进行试谈，并作必要的记录，以发现谈话计划的不足与疏漏，及时修改。如果是访谈新手，更应该注意这一环节。

第三步，正式访谈。是访谈成功的关键环节，需要一定的访谈技术和注意访谈中的一些问题。

第四步，整理谈话记录。是对谈话材料进行定性、定量分析，获得访谈结果。

第五步，撰写访谈调查报告。

（四）运用访谈法应当注意的主要问题

第一，充分做好访前准备。访谈之前，首先评价者要制订一个切实可行的访谈计划；对访谈者进行一定的培训，熟悉理解评价者访谈的意图，了解所要访谈的全部内容与有关知识，了解访谈对象的环境、经历、年龄、职业、地位、个性、专长及兴趣等各方面的特点，以保证访谈能够顺利进行并达到预期的目的。

第二，选择适当的时间、地点和场合进行访谈。搜集评价资料的访谈，一定要有计划地进行，要预先约好时间地点。注意不宜在访谈对象繁忙或需要休息的时间进行访谈。例如，访谈者为搜集乡镇学校评价的资料，有些问题需要向农民访谈时，一定要注意不要在农忙或要出工的情况下进行，而且语言要简练，态度要和蔼。另外不宜在访谈对象心境不佳的时间和人多嘈杂的场合进行访谈，否则会严重影响访谈效果。

第三，访谈者需要由访谈对象的熟人引见。由于访谈法的直面性特点，如果没有熟人的引见，访谈者很难被接纳。尽量在其单位、居委会、邻里亲属或其熟悉的人中找到较有威望的引见人，这样既能消除访谈对象的戒备心理，又有助于访谈对象和访谈者之间建立相互信任的友好关系，容易得到访谈对象的支持和配合，有利于访谈成功。

第四，建立一个自然融洽的访谈氛围。为使访谈对象能够消除顾虑，畅所欲言，访谈者无论在举止、表情还是在语言上都要自然大方、和蔼随和，并善于在出生籍贯、兴趣爱好、家庭生活及职业态度等方面寻找共同点，激发访谈对象的热情和兴趣。比如：为较全面地搜集学校评价的资料，有必要通过访谈了解家长对学校的看法和评价。访谈之前，如果事先了解到访谈对象很为自己的孩子自豪，那么访谈时可以说："听说您的孩子非常出色，您一定非常重视对孩子的教育，真羡慕您有这样出色的孩子……"或者事先了解到访谈对象和自己是同乡人，那么不妨说："听您口音很亲切，您是不是某某地方的人？我们那里的人性格热情直率……"等等，以此来取得访谈对象的好感，有助于调节气氛。

第五，访谈者要注意提问技巧。比如，为搜集某一评价内容的资料而组织的集体座谈会上或个人访谈中，访谈者在向访谈对象提出问题时，都要做到一个一个地提，使其有思考的余地，能充分谈出自己的想法，访谈者自己也易于记录；话题的转换要自然，注意问题的前后衔接与联系；巧妙控制话题，使访谈对象的回答不能远离所问；注意对不同的人谈话，语气和措辞要有所变化，以获得他们的积极配合。

第六，要严守保密的原则。如果要利用录音机，事先应当征求访谈对象的同意，否则会引起访谈对象的不愉快。同时，谈话内容及时记录后，一定要向访谈对象作出保密的保证并真正做到。比如，访谈某一教师搜集本校学生辍学率问题的信息等必须要严守保密，否则不可能获得真实数据。

第七，认真做好访谈记录。访谈调查的记录工作很重要。访谈记录要根据访谈的类型采取不同的记录方式。标准化访谈有其事先设计的封闭式问题和准确的记录方式，只需按照访谈表记录即可；对于半标准化和无标准化访谈，则要求访谈者做较多的记录，可以用笔记形式，也可以用录音机或者采访机记录。但无论何种方式都要按照访谈对象回答的实际情况准确客观、快速全面地记录，不宜加入评价者或访谈者本人对问题的看法和态度。

五、抽样的基本方法

抽样调查是从全部评价对象中，抽选一部分对总体具有代表性的对象进行调查，并据此取得反映总体情况的评价资料和信息。

（一）简单随机抽样

在评价总体中对每一个对象以随机的方式抽出，每个对象被抽出的机会相等，且每个对象的被选与其他对象之间无任何牵连。这种方式在总体异质性不大，且样本较小时经常被采用。比如，县教育督导部门评价本县乡镇学校教育质量时，就可以从各乡镇学校中随机抽取样本来搜集评价资料。

简单随机抽样的方法有抽签和随机数目表两种方法。第一种，抽签法。即将总体中所有的个体编好号码，并将号码写在签上，然后将签进行充分混合后，从中随机抽取一定数目的个体作为样本。第二种，利用随机数码表。随机数码表是由数字 0，1，…，9 随机生成的数码表。

利用随机数码表抽样，首先将总体中所有个体编好号码，然后在随机数码表中随机指定一个数字，按照横行或竖列顺序依次按需要的数位查号，凡总体编号内的号码要记下，编号之外的和重复的要去掉，直至样本数量满额为止，找出的编号代表的个体即为调查样本。

（二）分层抽样

依据评价目的和内容，先将评价对象总体按照某些特性或属性分成几个互不交叉、互不重复的层次，再从各层中分别随机抽取适当样本的一种抽样方法。在教育评价中，搜集一些大范围大规模的教育评价资料时，就要采取分层抽样的方法。例如，搜集全国中小学信息技术教育评价的资料时，可以先将总体分为 7 个子总体：直辖市、华北地区、东北地区、华东地区、华中地区、西南地区和西北地区；然后从各子总体中按照三个阶段分层抽样，将子总体划分为三层：省会城市、计划单列市，地级市，县级市及县来取样。再如，搜集全国农村中小学办学条件的总体评价资料也可采用这种方法。可以根据经济发展情况把总体分为东、中、西三个地区，然后从三个地区分别抽出足够的农村学校，这样才能保证样本的代表性。实际上，分层抽样是科学分组与抽样原理的有机结合，前者是划分出性质比较接近的层，以减少标志值之间的变异程度；后者是按照抽样原理抽选样本。因此，分层抽样一般比简单随机抽样和等距抽样更为精确，能够通过对较少的样本进行调查，得到比较准确的推断结果，特别是当总体数目较大、内部结构复杂时，分层抽样常能取得令人满意的效果。

（三）系统抽样

系统抽样也称为等距抽样、机械抽样，它是首先将评价总体中所有对象按照一定顺序排列，每隔一定的间隔（通常以总体总数除以样本数确定间距）进行等距离抽取样本的方法。搜集某校学生学习成绩评价信息时可以采用系统抽样方法。例如从 1 000 名学生中抽取 100 人作为样本，抽样间隔为 $k = 1\,000/100 = 10$，按照学生名册或学号，从 1~10 中选出第一个样本单位，比如这个号码是 5，然后作等距离抽样，即 5，15，25，…，直到选够 100 为止。

等距抽样的最主要优点是简便易行，并且当对总体结构有一定了解时，充分利用已有信息对总体单位进行排队后再抽样，则可提高抽样效率。

（四）整群抽样

从评价总体中抽出来的对象，是以整群为单位而不是以个体为单位的抽样方法。例如，评价某市今年数学中考成绩，可以以学校为单位进行抽样。但为了弥补整群抽样样本分布的非均衡性，可以与分层抽样结合使用，即可以把某市的中学先划分成市重点中学、区重点中学和一般中学，再从这三类学校中抽选某几所学校组成样本。

整群抽样和以上几种抽样方法相比较，可以节省人力、物力和财力。它比较适合于大规模的调查研究。但由于在抽样中没有充分考虑到每一个体的情况，所以抽样的精确度相对低一些。

搜集教育评价资料时，抽样的方法和样本的大小等影响资料的科学性和可靠性，从而影响教育评价结果的代表性和有效性。应该根据评价目的和内容选择不同的抽样方法，同时还要注意排除每种方法的抽样误差，保证样本能客观、全面地反映评价对象总体。

第四节　测验法

一、测验法的含义和类型

测验法是指借助各种测试题对人的知识、技能和能力以及某些心理特征进行测量，从而获得评价信息和资料的方法。在教育评价中，常通过测验来检测、改进、提高教学质量。测验法种类很多，可以根据不同的分类标准，把测验分为不同的类型。认识测验的类型，有利于我们有针对性地选择和有效地使用测验。

（一）成就测验和心理测验

按照测验的性质分，可以分为成就测验和心理测验。

成就测验即指学业成绩测验，它测量的是经过教育或训练后，学生所具有的知识能力的水平，通过测验了解学生已经学会了什么和能做什么。这里的知识是指记住的东西，能力是指学生现在具有的包括领会、应用、分析、综合与评价的能力。测验的目的在于测量学生达到不同层次教学目标的程度。成就测验根据其内容可以分为综合成就测验和单科成就测验。综合成就测验，是指在同一测验中包含多门学科的内容，这种测验涉及的内容广泛，包括各学科中的基础知识和技能；单科成就测验是指依据学科分类分别测试学生各科的成就，用于考查某一学科的学习成效，如数学测验、语文测验，学校平时进行的课堂测验、期中及期末考试等都属于单科成就测验。

心理测验是对人们的心理特征及个别差异进行估测、描述和诊断的一种方法。包括智力测验、人格测验、创造能力测验和能力倾向测验等。智力测验测量的是一个人理解、处理和适应其周围环境的最一般的能力，即观察能力、注意能力、记忆能力、想象能力、思维能力等各种认识能力的综合，是以抽象思维能力为核心的能力；人格测验测量的是人的性格、气质、兴趣、态度、价值观、适应、动机、理想、信念、品德等个性心理特征，人格测验的内容丰富多样；创造能力测验测量的是人独立地解决问题的能力，一般应当包括产生新的想法、发现新的问题、创造新的事物等方面的能力，心理学家认为，发散思维所表现出来的一个人的外在的行为能代表这个人的创造能力，发散思维在行为上表现出流畅性、变通性和独创性三个基本特征；能力倾向测验测量的是一个人获得新的知识、能力和技能的内在潜力，是指那些目前不一定表现得很明显，但只要经过教育或训练就能够发挥出来的能力。能力倾向具有相对广泛性、相对稳定性和潜在可能性。通过能力倾向测验可以预测出一个人将来能学会什么或适合做什么。能力倾向测验一般可分为两类：一类是测量一个人多方面的潜在的一般能力测验；另一类是测量一个人的特殊的潜在能力测验，如测量学生音乐能力、图画能力的测验，称为特殊能力测验。能力倾向测验与成就测验之间并非截然分开，泾渭分明。能力倾向测验不可能完全排除学生接受教育和训练已具有的知识经验的影响，这是因为教育效果是累加的，同时成就测验也可能包括课堂教学未涉及的知识和经验。因此，目前比较提倡把成就测验与能力倾向测验结合起来，例如选拔性考试就是在测量学生已有的知识能力的同时，注意对学生潜在能力的测量。好的心理测验应当是按照科学的方法和系统的程序所编制的，称之为标准化的心理测验。

（二）准备性测验、形成性测验和终结性测验

按照测验时机和功能分，可分为准备性测验、形成性测验和终结性测验。

准备性测验是指在进行某一新的学习任务或工作之前实施的测验。主要用来了解学生是否具备完成某一新的学习或工作任务所需要的知识和技能。这种测验内容范围较小，命题的难度较低。

形成性测验是指在教学过程中实施的测验。主要用来了解学生目前达到学习目标的程度和情况。形成性测验注重的是学生是否达到规定的教学目标，而不是评定学生学习成绩的等第，其测验结果可为教师和学生提供反馈信息，即为教师确定指导方法、制订后继教学计划和为学生改进学习提供依据。

终结性测验是在教学结束时进行的测验。其目的在于了解学生对全部教学内容的完成情况，检查是否达到课程教学标准的要求，并对学生的学习水平给予全面的数量评定。终结性测验的试题范围较广，并且要对教学内容具有代表性和综合性，其难度比准备性测验和形成性测验大些。

（三）客观性测验和主观性测验

按照试题类型分，可分为客观性测验和主观性测验。

客观性测验是指完全采用客观性试题的测验。对于客观性试题测验，在评分时，无论是人工评分还是机器评分，评分的结果是一致的。客观性测验能有效消除评分者的评分误差。

主观性测验是指完全采用主观性试题的测验。主观性试题测验的评分受评分者主观因素影响较大。对于同一道主观性试题，不同人、不同时间来评，其结果往往不一致。这是由于主观性测验主要采用论述、证明、综合应用、推理判断、作文等类试题来测量学生的知识和能力水平，要求学生自由应答，学生对问题的回答不尽相同。在评分过程中，教师只能根据评分标准，凭借个人的鉴别力判断学生的作答情况，因此评分误差较大。

但是由于主观性测验在考查学生文字表达、材料组织、逻辑推理等方面具有客观性测验所代替不了的作用，因此，测验时一般采取客观性试题和主观性试题相结合的方式。

（四）标准化测验和教师自编测验

按照测验的标准化程度分，可分为标准化测验和教师自编测验。

标准化测验是指测验全过程的标准化。测验全过程包括试卷编制过程、施测过程、评分记分过程、分数合成与分数解释过程，每一个过程都有严格规定和要求。标准化测验一般由专家编制，建有题库，根据一定的理论抽选试题，同时试题都是经过预测的。这些被抽选的试题所组成的测验在信度和效度上都有数量指标作为证据。测验的实施误差受到严格控制，测验的分数解释也有确定意义。标准化测验的目的就在于尽量减少测量误差，使测验结果能更准确地反映学生的知识和能力的水平。

教师自编测验是指由教师个人或集体编制试卷，由教师个人或学校组织施测，并由任课教师本人或教研组进行评分，分数合成采取各种原始分数简单相加的方法的测验。教师自编测验在客观性和标准化程度上不如标准化测验高，但这种测验在编制和组织方面与标准化测验相比，省时、省力、灵活和方便。教师自编测验与教材内容联系紧密，针对性强，通过这种测验教师可以随时了解学生的学习情况。

（五）常模参照测验和标准参照测验

按照解释分数的标准分，可分为常模参照测验和标准参照测验。

常模参照测验是以常模为标准来解释测验分数意义的测验。所谓常模是指一定群体在测验所测特质上的一般水平，它是解释分数的标准或参照点。常模是通过常模团体获得的，常模团体可以是被测群体本身，也可以是被测群体的代表性样本。在常模参照测验中，一般要求以常模团体的平均数为参照点，以其标准差为单位，来反映与常模团体性质相同的被测对象的测验分数在测验总成绩中的相对位置，并依此解释测验分数的意义。常模参照测验的目的在于把测验成绩作横向比较，指出每个被测对象在某一参照群体中的相对地位的高低，如各种选拔测验。

标准参照测验是以预先确定的目标为标准来解释分数意义的测验。将每个被试的成绩与预定的标准比较，看其是否达标及达到什么程度。比如高中毕业会考是通过把学生的成绩与已定的合格标准比较来决定学生是否能毕业。标准参照测验的目的在于测量学生达到预定目标的程度，而不是为了进行个人间的横向比较。这种测验与教学内容、教学过程结合紧密，在单元教学之前、中间、结束阶段，都可以运用这种测验来了解学生的基础知识与技能的掌握情况，并诊断教学中的问题，使教师及时获得教学效果的反馈，不断改进教学。

二、编制测验的一般程序和要求

测验是用来测量学习结果的工具，评价是在测量的基础上进行的，没有客观、全面、准确的测量结果，就不可能得出客观、准确的评价结论，因此，评价教学需要编制好的测验。要编制一套好的测验，必须遵照一定的程序和要求进行。

第一，确定测验的目的和用途。测验在教育上有多种用途，例如诊断学习问题，为教和学提供反馈信息；评价教学效果，促进教师对教学目标的理解，提高教学水平；激发学生的学习动机，提高学生的学习成绩；对学生进行鉴定、选拔，为上级学校输送新生等。测验的目的、用途不同，对试题的难度、取样范围等要求不同。日常教学过程中进行的诊断性测验、形成性测验，一般是为了解教和学的情况而进行的测验，针对学习问题和单元教学目标较紧密，往往试题取样范围较窄，难度较低；终结性测验试题取样范围较宽，综合性较强。这两种测验都不强调把学生区分开，主要强调与教学目标要求一致，而选拔性测验则要求把被试区分开，所以强调试题的区分度，按照考试目标要求取样，试题难度受录取率和被测群体的能力水平制约。

第二，明确要测量的学习结果。学习结果是指通过教学期望学生达到的结果。一个测验要测量的学习结果要和教学目标或课程标准一致，要明确不同学科对知识、技能等的具体要求，从内容和目标两个方面考虑。一般确定学习结果的步骤是，先开列教材大纲并确定课程教学目标，再确定每一单元的教材内容及教学目标，并按照重要程度确定各单元占总课程的比例，形成双向细目表，也就是编制测验的蓝图。

第三，选择恰当题型，编拟、征集试题。题型可以分为客观性试题和主观性试题两大类，各自有其不同的特点，其优点与不足有很强的互补性。编制测验时，要根据考试的类型和不同课程的特点，各学科对知识、技能等的具体要求，选择恰当的题型。试卷是欲测量的内容和目标的一个样本，试卷所包含的试题要对欲测量的内容和目标有充分的代表性，因此要依据所编制的学习结果双向细目表，试题取样时广度和深度相结合。试题是测验的基本单位，编拟试题是一件技术性很强的工作，为了获得大量的可供选择的优质试题，除了自己编拟之外，还可以向有关学科专家征集试题。

第四，对试题进行质量分析。编拟和征集的试题，要进行初步的质量分析和修订，把质量好的试题储存起来备用。对试题进行初步质量分析时，主要是把握好试题是否测量了一个重要的学习结果，题型是否合适，题目的叙述是否清楚、准确，试题的难度如何。一般情况下，学科测验要求试题的难度要和教学目标一致，选拔性测验要求试题的难度与被测群体的能力水平一致。试题经过质量分析、修订后，可写在卡片上备选。

第五，构成试卷。在编拟好的大量试题中，根据测验的需要选择优良试题，经过适当排列，组合成试卷。试卷中的题目排列，要从易到难，每种题型应当归到同一题中。测验时，应当同时编制两套试卷，正卷和副本，或者 A 卷和 B 卷。试卷构成后，还应当编制标准答案，规定评分标准等。

三、测验的质量分析

测验质量的高低，是测验编制者和使用者共同关心的问题。测验的质量分析包括项目分析和测验信度、效度分析，通过分析，可以帮助我们筛选和修订项目，提高测验的可靠性和有效性。

（一）测验项目的难度和区分度

1. 测验项目的难度

测验项目的难度是指测验项目的难易程度。它通常用答对该项目的人数比例来表示。一道试题，如果大部分被试都能答对，则该题的难度较小；如果大部分被试都不能答对，则该题的难度较大。

对于是非题、选择题等采用二分法记分的项目，难度通常用通过率来表示：

$$P = \frac{R}{N} \tag{4.1}$$

式中，P 为项目的难度，R 为答对该项目的人数，N 为全体被试人数。

用通过率代表难度时，P 值越大，其难度越小；P 值越小，其难度越大。

进行难度分析的主要目的是筛选项目，项目的难度多高合适，取决于测验的目的、性质以及项目的形式。

在评价中，测验是为了了解被试在某方面知识技能的掌握情况，这时难度高低不用过多考虑，只要认为是重要的内容就可以选用。但如果测验是为了选拔，测验的平均难度就应该和选拔率大致相同。测验的难度直接影响测验分数的分布形态，影响测验的区分度，所以一般情况下，对于特定被测群体，测验的平均难度应当保持在 0.5 左右，并且各项目间应当有一个合理的难度梯度，这样能有效地区分不同水平的被试。

2. 测验项目的区分度

项目区分度也叫鉴别力，是指测验项目对被试实际水平的区分能力。项目区分度是评价项目质量的重要指标，区分度高的项目，能将不同水平的被试区分开来。如果一个项目，实际水平高的被试能顺利通过，而实际水平低的被试不能通过，该项目就具有较高的区分度。

项目区分度是由被试在某项目的得分与实际能力水平（一般用测验总分表示）之间的关系来描述的，这种关系程度可用相关系数大小来衡量，即把某一项目得分与测验总分的相关系数作为该项目区分度的指标，相关程度越高，该项目区分度就越高。由于测验总分属于连续变量，根据项目的得分属于二分变量或连续变量，估计区分度时可选用点二列相关系数或积差相关系数等方法。

区分度与难度之间有密切的联系，项目难度影响项目得分的标准差，并直接影响项目区分度的大小。

（二）测验的信度

1. 测验信度的含义

信度是指可靠性或一致性程度。测验的信度，是指测验结果的可靠性或一致性程度。一个好的测验，对同一组被试先后施测两次，测验的结果应当保持一致。

2. 估计测验信度的主要方法

（1）重测信度。重测信度也叫稳定性系数，是估计测验跨时间的一致性的指标。用同一种测验对同一组被试先后施测两次，被试两次测验分数间的相关系数即为重测信度。

以重测方式获得的信度系数的估计值，表明了被试成绩的稳定性。如果第一次测验中得高分的被试，在第二次测验中的分数也倾向于较高，则信度系数就高，说明测验结果的一致性高。

重测信度易受两次测验间隔时间长短和间隔期间被试活动的影响，重测间隔时间短，则被试对上次测验内容会有所记忆，若间隔时间长，则这段时间被试知识能力的变化以及各种活动又将成为一个影响因素，故初测与重测的间隔时间应当适当。

（2）复本信度。复本信度也叫等值稳定性系数，是估计测验间跨形式的一致性指标。用等值的测验（即 A 卷、B 卷）在短时间内对同一组被试施测两次，两次测验得分间的相关系数即为复本信度。

所谓等值的测验或复本，是指两种形式相同的测验，其具体试题不同，但这些试题都是从同一领域中选出的，其题型、题数、难度、区分度、指导语、时限等方面应当相似或相同，两次等值测验的成绩如果相关程度较高，则说明在测量被试某种行为特性时不同试题组间的一致性较高，也说明了试题取样具有充分的代表性。因此，如果要检验测验内容对测量目标的代表性，可采用复本法评价其可靠性。

（3）同质性信度。同质性信度又叫内部一致性系数，是估计测验内部跨测题的一致性指标。估计同质性信度可采用分半法、库理法、克伦巴赫 a 系数法等。

第一，分半法。斯皮尔曼—布朗校正公式：其程序是，先按照正常的程序实施测验，并将全部试题分为相等的两半（一般采用奇偶题分半），计算被试在两半试题上得分的相关系数，然后用下面的斯布公式进行校正。

$$r_{XX} = \frac{2r_{hh}}{1 + r_{hh}} \tag{4.2}$$

式中，r_{XX} 为整个测验的信度系数；r_{hh} 是两半试题得分的相关系数。

采用斯布校正公式的条件是，分半后两组试题在平均得分、标准差、测题的组间相关、分数的分布形态及内容上大致相同，即两部分试题等值。但是在测验中往往不能完全满足这些条件，这时，可采用下面两个分半法公式。

弗朗那根公式：

$$r_{XX} = 2\left(1 - \frac{S_a^2 + S_b^2}{S_t^2}\right) \tag{4.3}$$

式中，r_{XX} 为信度系数；S_a^2 与 S_b^2 分别为两半测验分数的方差；S_t^2 为整个测验分数的方差。

卢伦公式：

$$r_{XX} = 1 - \frac{S_d^2}{S_t^2} \tag{4.4}$$

式中，S_d^2 为两半考试分数之差的方差，其他符号同上。

第二，库理方法。库德—理查逊根据测题和测验成绩分析中可供利用的数据，提出了一系列估计测验同质性信度的公式，用这些方法，无须把测验题目分成两半，而是根据所有测题的内部一致性来估计测验的信度。库理法中最常用的公式是$K-R_{20}$。公式为：

$$r_{K-R_{20}} = \frac{K}{K-1}\left(1 - \frac{\sum p_i q_i}{S_t^2}\right)$$ (4.5)

式中，K为测验题目数；p_i，q_i分别为每个题目的通过率和未通过率；S_t^2为测验得分的方差。

第三，克伦巴赫a系数法。用库理法估计信度只适用于客观性试题的测验，不适合主观性试题的测验，对于主观性测验，可用克伦巴赫a系数法估计其信度。克伦巴赫a系数的公式为：

$$a = \frac{K}{K-1}\left(1 - \frac{\sum S_i^2}{S_t^2}\right)$$ (4.6)

式中，a为测验的同质信度；S_t^2为测验成绩的方差；S_i^2为每一测题得分的方差。

3. 影响测验信度因素

信度是任何一种测量的必要条件，为了能真实地反应测验对象的某种特征，需要更加注意测验的信度，从而正确地判断测验结果的价值，在实际测验中，要提高测验的信度必须首先认清影响测验信度的各种因素。

第一，测验长度。一般来说，测验越长，信度值就越高。这是因为一方面测验加长，可能改进项目取样的代表性，从而能更好地反映受测者的真实水平，另一方面，测验的项目越多，在每个项目上的随机误差就可以互相抵消。

第二，测验的难度。试题的难度虽然和测验的信度没有直接关系，但是试题的难度直接影响测验分数的分布。试题太难或太容易都会缩小分数分布区间，使测验的信度降低。我们知道，如果其他条件相同，那么分数分布的范围越大，对学生的区分作用就越明显，则信度高。要使分数的分布范围增大，就必须考虑试题的难易程度。一般情况下，如果试题的平均难度控制在中等水平，则可获得理想的分数分布。

第三，测验内容的同质性。所谓测验内容的同质性，是指所测验测量的行为特征的一致性。测验内容同质性越高，其内部相依性越大，显然会提高测验的信度。性质相同的测验内容，对应试者也要求相同能力、知识或技能。这种测验的信度高于内容庞杂和要求不同的能力、知识或技能的测验。因此，在编制试卷时，应当注意试题样本所测量的行为特征应相对集中。行为特征越集中，同质性越好，测验结果的可靠性越高。

第四，被试者差异。被试的能力或特性的分布范围宽窄也影响测试的信度。分数的分布形态影响测验的信度，而分数的分布形态又受被试能力、特性的影响。被试的能力全距越宽，或者说被试的能力差距越大，则测验结果的可靠性越高。

第五，评分的客观性。信度系数是根据实得分数算出的，所以评分是否客观对信度影响很大。客观性测验评分标准明确，评分客观，故有助于提高测验的信度；对主观性测验，由于评者对评分标准的把握难以统一，导致评分误差较大，从而影响测验信度。

此外，被试的主观态度、测验内容取样是否恰当、施测情境是否良好、测验时间是否充裕等，也都会影响测验的信度。

（三）测验效度

1. 测验效度的含义

效度是指有效性程度。测验效度，是指测验实际测量出其所要测量的特质的程度。

测验效度始终是对一定的测验目的而言的，这是测验的组织者最关心的问题。判断某种测验效度的高低，就是看它达到测验目的的程度，这是衡量测验有效性的主要依据。测验的信度不高，其效度也不会高，而且要用提高信度的方法，去提高效度，往往也达不到目的，比如增加测题数量可以提高测验的信度，但不一定能提高测验的效度。这是因为增加的试题要求仍和原试题的测量目标相同，如果原测题不能很好地反映目标，则增加试题也不会有效度的提高。

但效度高的测验其信度一定高。这是因为某测量工具，如果它对某事物的测量结果是有效的，那么测量的结果一定会真实地反映事物的某种属性或特征，因此必然是可靠的。

2. 效度的估计方法

效度一般分为内容效度、效标关联效度和构想效度三种。效度不同，估计效度高低的方法也不同。

（1）内容效度及其估计方法。所谓内容效度，是指测验试题对欲测量内容或行为目标的代表程度。也就是测验内容目标与欲测内容目标的一致性程度。例如，学业测验所要测量的是教学大纲所规定的全部内容和目标。当然，这么多内容和目标不可能在一次测验中全部测到，只能选择其中的一部分编成试题加以测量，如果测验的试题能较好地代表要测量的内容和目标，那么测验的内容效度就高，反之，其内容效度就低。因此内容效度是影响测验结果有效性的一个重要指标。

估计内容效度最常用的方法是专家评价的方法。就教育测验而言，一般由有关学科专家和有经验的教师在系统分析教学大纲、教科书和测验试题的基础上，对试题与原定内容和目标范围的符合程度作出判断。专家或教师在评价测验内容效度时，要把自己当作一名被试来阅读和回答每个试题，这样可以发现试题或答案中的某些问题。确定内容效度时，主要是检验测验试题反映的内容、目标、试题比例等与原编题计划的内容范围、比例是否符合，并对其符合程度作出恰当的判断。

内容效度还可用复本相关的方法来估计。两个取自同样内容和目标范围的测验复本之间的相关程度，可以作为评估测验内容效度的一个依据。如果相关程度高，可以说明测验的内容效度高；若相关程度低，则说明两个测验中至少有一个缺乏内容效度。

（2）效标关联效度及其估计方法。效标关联效度是以效标为标准来衡量测验是否有效的数量指标，常以测验分数与效标测量值之间的相关系数来表示。所谓效标，是指测验所欲测量的目标，即被试的某种行为特质，这种行为特质是测验所要估计或所要预测的，是用以检验效度的参照标准。效标测量值常以某种测验分数或活动来表示，如果把大学学习能力作为效标，那么常用学生入大学后一年级学习成绩作为效标测量值。

　　由于效标测量值所获得的时间不同，效标关联效度可分为同时效度和预测效度。同时效度指效标资料可以与测验分数同时获得，例如，学生的学业成绩可作为智力测验的标准，因为学习成绩随时可测，所以这种效度称之为同时效度。高考的效度则是一种预测效度，因为效标资料在考试以后的一段时间后才能获得。

　　效标关联效度的估计方法主要用相关法。无论是同时效度还是预测效度，都可以用测验分数与效标分数之间的相关系数来表示，称为效度系数，这是求效标关联效度常用的方法。当测验分数与效标分数均为连续变量而且为正态分布时，计算效度系数可用积差相关法；当成绩以等级表示时，可用等级相关法；当考试成绩为连续变量，而效标分数为二分变量时，可采用二列相关法。

　　（3）构想效度及其估计方法。构想效度是指测验分数能够说明某一理论构想或心理学理论的某种结构的程度。构想效度也可以理解为测验实际测量了所欲测量的构想和特性的程度。任何科学必须提供一个理论上的构想以组织和解释它的资料，并为进一步研究提供方向。例如要检验智力测验的构想效度，先要建立关于智力的一套理论，如智力的概念、结构，与遗传、环境、教育的关系，与年龄、性别的关系等。根据这种理论，提出智力测验的若干假设，例如，智力随年龄增长，学业成绩与智力有关，智商是相对稳定的，智力受遗传影响，等等。根据这些假设编制智力测验，如果测验的结果与以上假设吻合，则说明该智力测验有良好的构想效度。

　　对构想效度，一般不能用一个简单的数字来描述其高低，常采用逻辑推理的方法。其一般步骤是，首先，要建立理论构想，然后，根据理论构想，提出有关测验成绩的假设，最后用逻辑和实证的研究来验证假设。在具体操作上，可以先分析某种结构和特性与测验目的的关系，看看这些题目是否能测量该种结构和特性，然后再比较两组被试进行同一测验的结果，或者把自己新编测验的施测结果与另一性质相同而被公认具有较高构想效度的测验结果比较，若两种测验结果的相关程度高，则可以认为新编测验有较高的构想效度。

　　3. 影响测验效度的因素及其改进

　　影响测验效度的因素很多，凡能产生随机误差和系统误差的因素都会降低测验效度。

　　第一，系统误差。系统误差常常是由于仪器不标准而引起的。测验中，题目和指导语有暗示性，答案有明显的组型等原因产生，控制这些因素可降低系统误差，从而提高测验效度。

　　第二，测验本身的因素。测验的内容与形式都影响测验的效度，所以要精心编制测验。测验内容要确实能反应测验的目的；测验材料必须对整个内容具有代表性；题目表述必须清楚简明，所用字、词、句能为被试理解，内容应当引起应试者的兴趣；排列由易到难，不能有暗示或题目间相互提供作答线索；题目难度要合适，并有足够的区分度。

　　第三，测验实施过程中的因素。测验的实施应当严格按照测验手册进行，不作超出规定的解释，主试的指导语应当统一正确；掌握好时间，测验场地无噪声和其他因素干扰；评分者应当遵循评分标准，仔细登记，避免错误。

第四，被试方面的因素。被试的兴趣、动机、情绪、态度和身体健康状况以及是否合作，都会影响测验结果的可靠性和准确性，当然也影响测验的效度。

（四）信度与效度的关系

由于测验的信度反映的是测验结果的稳定性、精确性，而测验的效度反映的是要测量的特质测量到的程度，因此信度和效度的关系表现为，测验的信度不高，其效度也不会高，但效度高的测验其信度一定高。这是因为某测量工具如果对某事物的测量受随机误差影响较大，结果不精确、不可靠，那么这一测量结果就不会真实地反映被测事物的属性，因此有效性必然差；而某测量工具测量的结果能真实地反映被测事物的某种属性，则必然是可靠的。一个好的测验，应该是可靠而有效的。

本章小结

1. 搜集评价信息的方法

搜集评价信息的方法有很多种，其中常用的方法主要有观察法、文献法、调查法和测验法。每种方法都有其优势和局限，只有了解和掌握这些方法的特点，才能在搜集评价信息的工作中正确运用各种方法，才能获得准确真实的评价信息，从而对评价对象作出准确的价值判断。

2. 观察法

观察法是指评价者通过自身的感官或借助于一定的科学仪器，有目的、有计划地对教育评价对象的自然活动状态进行系统、深入的观察，以获得评价对象准确客观资料的方法。

（1）观察法的特点：目的性与计划性；自然性和真实性；重复性、能动性和凭借性。

（2）观察法的类型：根据观察时评价者是否借助于仪器，可分为直接观察法和间接观察法；根据评价者是否直接参与观察对象所从事的活动可分为参与性观察法和非参与性观察法；按照观察的范围可分为全面观察法与抽样观察法；根据观察实施的方式分为有结构观察法和无结构观察法。

3. 文献法

文献法是指根据评价目的和内容，搜集、鉴别、整理有关评价对象的文字记载或音像记录的材料，从而收集评价资料的方法。教育评价文献信息的来源主要有档案与校历、会议纪录、教学文案、课题成果、课程计划、学校管理制度、学生管理文案等。

4. 调查法

调查法是指通过问卷、访谈、测验等科学方式，有目的、有计划、系统地收集有关教育评价的信息与资料的方法。

（1）问卷调查法是以书面提出问题，由评价对象作答的方式进行搜集资料的方法。其优点是时间上的灵活性；取样不受限制；调查者和被调查者无须面对面接触，具有一定的回避效果。问卷调查法的局限是如果回收率较低，会影响其代表性；可能出现估计作答的现象，影响答卷的准确性；搜集到的资料往往是表面的，还需要进一步的分析。

（2）访谈调查法是指评价人员或确定的访谈者与评价对象或访谈对象面对面地交谈，从而了解情况、搜集有关评价资料与信息的方法。访谈调查法的优点是具有较好的灵活性和适应性；具有较强的可控性；调查过程具有互动性。其局限是需要更多的时间和经费；标准化程度低，难以统计；间隔时间等一些因素影响调查结果的一致性和真实性。

（3）抽样法是指从全部评价对象中，抽选对总体具有代表性的一部分对象进行调查，以取得反映总体情况的评价资料和信息的方法。抽样的方法有简单随机抽样、分层抽样、系统抽样、整群抽样等基本方法。

5. 测验法

测验法是指借助各种测试题对人的知识、技能和能力以及某些心理特征进行测量，从而获得评价信息和资料的方法。

测验法分类：按照测验的性质分，可以分为成就测验和心理测验；按照测验时机和功能分，可分为准备性测验、形成性测验和终结性测验；按照试题类型分，可分为客观性测验和主观性测验；按照测验的标准化程度分，可分为标准化测验和教师自编测验；按照解释分数的标准分，可分为常模参照测验和标准参照测验。

6. 测验项目的难度和区分度

测验项目的难度是指测验项目的难易程度，通常用答对该项目的人数比例来表示；测验项目的区分度是指测验项目对被试实际水平的区分能力，可用被试在某项目的得分与测验总分的相关系数来表示，相关程度越高，该项目区分度就越高。

7. 测验的信度

测验的信度是指测验结果的可靠性或一致性程度。测验信度的估计方法有重测信度、复本信度和同质性信度。影响测验信度的因素主要有：测验的长度，测验的难度，测验内容的同质性，被试者差异，评分的客观性等。

8. 测验效度

测验效度是指测验实际测量出其所要测量的特质的程度。一般分为内容效度、效标关联效度和构想效度三种。估计内容效度最常用的方法是专家评价的方法；估计效标关联效度主要用相关法，即求测验分数与效标分数之间的相关系数；构想效度的估计常采用逻辑推理和统计的方法。

9. 信度与效度的关系

二者的关系表现为：信度高的测验其效度不一定高，而效度高的测验其信度一定高。

思考题

1. 结合观察法的特点思考观察法在搜集教育评价信息中的重要作用。

2. 观察法主要分哪些类型？如何根据评价需要灵活运用各类观察法？

3. 问卷调查法的优点和局限是什么？

4. 如何理解访谈法的特点？

5. 试题的区分度与难度之间有什么关系？

6. 测验的信度和效度有什么关系？

7. 什么是效度？什么是效标关联效度？

8. 影响信度的因素主要有哪些？如何提高测验的信度？

9. 影响效度的因素有哪些？如何提高测验的效度？

第五章

教育评价信息的汇总和质量检验

● 学习提示 ●

　　本章主要介绍了教育评价中量化数据的汇总以及推断的方法，对教育评价质量进行可靠性和有效性检验的方法，阐述了教育评价结果的科学解释和有效利用的问题。本章重点学习评价信息汇总和结果的质量分析、解释和利用的方法。建议教学时结合教育评价实例中的数据进行练习。

● 学习目标 ●

　　了解：可靠性、有效性的含义，教育评价结果的有效利用。
　　理解：分项评分的量化方法，教育评价结果反馈的要求，相对评价结果解释时应注意的问题。
　　掌握：加权求和法，教育评价结果的解释。

　　定量的资料在评价信息中占有较大的比重。在评价教学效果和学生的学习成绩时，经常要使用测验，测验分数是一种数据资料；在通过问卷、有结构访谈获取评价信息时，也会得到大量数据资料；在依据指标体系进行评价时，一般是收集评价对象在评价指标体系中每一个末级指标的有关数据信息，然后再对这些数据信息进行一定的综合处理，得出评价结论，等等。即评价时总要涉及对某一被评对象在每一评价项目上的水平进行测量，确定其数量，并用恰当的方法进行统计汇总和解释。对教育评价数据资料进行处理，是显示教育评价信息内涵、得出评价结论的重要一环。要发挥评价的功能，实现评价目的，必须保证评价的质量和有效利用评价结果。

第一节　教育评价指标量化和数据汇总方法

一、分项评价中指标的量化方法

　　教育评价中，对教育活动、教育现象的测量，总的来说，一般都是由专家测量。教育评价内容和标准的确定，有利于统一人们的价值认识，这是对每一指标实现客观测量的基础。

将目标分解为具体指标，然后对指标测量打分，最后综合各指标得分，形成评价对象的综合评价结论，这是教育评价中最常用的做法。在按照指标体系收集信息进行评价时，末级指标是评价目标分解后得到的行为化可操作的指标，是评价中面对的收集信息的具体指标。这些指标有些能用明确的数据表示，但很多或者说大多数末级指标仍具有模糊性，评价时进行的是模糊定性测量。所以对末级指标测量时，获得的有定量信息，也有定性信息。在分项评价的基础上，要给每个被评者一个综合评价值，就必然要求对末级指标测量结果进行量化和等质性转化，"等质"是数据间进行比较和综合的条件。根据指标的特征，评价中常用的指标量化方法有一次量化法和二次量化法。

（一）一次量化法

一次量化法，也可以叫客观量化法，是指可以直接对指标打分及进行某种转换的技术。

例如在教学工作评价中，对教学设施、实验课开出率、流失生率、课程的统考成绩、教师的上课时数等，都可以根据规定直接定量刻画。但由于这些直接定量的数据往往并不是在同一个量尺上获得的，如考试成绩满分可以是 100 分或 150 分等，学生成绩多高属于优秀？实验课的开出率多高是优秀？多高是合格？等等。这些直接定量的数据，由于指标性质不同，定量数据的分数体系也不一样。

为了能将不同的测量结果汇总成一个综合评价值，就要把各种不同的直接定量值再转换，通过转换，把各种不同性质的测量值统一到同一尺度上，这样才能进行比较和综合。分数转换的方法一般有分等转化法和标准分数法。

1. 分等转化法

分等转化法是将定量数据按照一定的标准进行分等，使其与评价等级量表中相应的等级对应并转换为等级内相应的分值。

例如，某教学工作评价指标体系中，评定量表分为 A，B，C，D 四等，每等级的赋值区间为 16～20，11～15，6～10，0～5，其中对实验开出率和学生对课程的满意度的分等规定为表 5－1：

表 5－1　数据转换表

等　级	A (16～20)	B (11～15)	C (6～10)	D (0～5)
实验开出率	$P \geqslant 0.3$	$0.2 \leqslant P < 0.3$	$0.1 \leqslant P < 0.2$	$P < 0.1$
课程满意度	$P \geqslant 0.9$	$0.8 \leqslant P < 0.9$	$0.6 \leqslant P < 0.8$	$P < 0.65$

某学校实验开出率为 0.26，学生对课程的满意度为 0.92，那么这所学校的实验开出率和课程满意度分别对应 B 等级和 A 等级，其分数值按照插值方法求出，分别为 13.4 分和 16.8 分。为了简便，也可以只规定等级中点值，如上例可规定 A，B，C，D 各等级的分数分别为 18 分、13 分、8 分、3 分，那么这所学校的实验开出率和课程满意度的分数值分别是 13 分和 18 分。

2. 标准分数法

标准分数法是将不同原始分数值转换成标准分数。由于标准分数具有可比性和可加性，因此，在需要将分数进行比较或求和时，常将原始分数转换成标准分数。

另外，在对各种指标进行测量时，也有的采取由专家根据对评价对象的印象或一般了解直接打分，这种做法实际上属于二次量化。因为专家在打分时，首先对评价对象的水平有个定性的判断，然后才给的分数，只不过这种做法没有事先定出统一的判断尺度，全凭专家的个人经验打分，往往容易产生较大的误差。

（二）二次量化法

二次量化法是指对不能直接定量的模糊性较大的指标的测量，采取先定性描述，然后再定量刻画的方法。常用的二次量化方法大体可分为三种类型：

1. 等级赋分法

此种方法是，首先为每一等级赋值，评价时，评价者将指标（或评价对象）的水平与事先确定好的各等级标准进行对照，在与其水平相符合的等级上画"0"或"√"，评价对象被评为哪一等级便获得该等级相应的分值。等级赋分方法大体有两种，一种是直接确定各等级的分值，例如有的规定等级的分数点值，优（90）、良（80）、中（70）、差（60）。为了简便，也可以按照等级数赋分，如果分为四等级，则为 A（4），B（3），C（2），D（1）；如果分为五等级，则为 A（5），B（4），C（3），D（2），E（1）。另一种是规定各等级的分数区间，例如 A（90~100），B（70~89），C（60~69），D（50~59），评价者可以根据评价对象的水平判给其等级内的某一分数。

2. 模糊量化法

教育评价指标体系中许多指标的分等界限是不分明的，是"亦此亦彼"的模糊现象，采用模糊量化技术比较适宜。模糊量化是指多个评价者采用模糊量表给每个评价对象（末级指标）在某个等级上赋值，然后统计出各指标在各等级上得分的频率，即得到模糊隶属度子集，指标在哪一个等级上的隶属度大，该指标的水平就评为哪一等级，并获得该等级分值。

例如，某班40名学生，对某教师课堂教学情况进行评价时的模糊量化结果如表5－2所示：

表5－2　某教师课堂教学评价统计表

等级\指标	A	B	C	D
教学目的	0.4	0.3	0.2	0.1
教学内容	0.32	0.44	0.12	0.12
教学方法	0.25	0.42	0.16	0.17
教学效果	0.30	0.38	0.20	0.12

表中小数为得分频率，或者说是每一指标评为各等级的相对次数，模糊数学中称为隶属度。按照最大隶属度原则，该教师的教学目的应评为 A 等，教学内容的处理、教学方法、教学效果均应评为 B 等。如果评价中获得了同级指标的模糊评判子集，并逐级与相应的权集综合，就可得到评价对象的综合评价结果，这一方法称为模糊综合评判法，将在本节最后介绍。

二、分项评价数据的汇总方法

分项评价数据的汇总，是指将末级指标逐项测量赋值得到的信息进行逐级综合，显示出评价对象的综合评价值，以便为下一步对评价结果的处理奠定基础。

对每个指标进行测量得到的数据，按照性质可以分为普通数据和模糊数据两大类。所谓普通数据是指那些一次量化的直接打分的数据，以及先按照等级量表的等级标准定性描述，然后按事先规定的等级所赋的分值赋予相应分数的数据（如优、良、中、差各等级分别规定为 90 分、80 分、70 分、60 分，评为哪一等级，就获得相应等级的分值）。而模糊数据是指评价时对那些不能直接定量描述，又不好确定明确标准进行分类测量的指标，只能凭借评价者经验或头脑中描述的标准进行模糊判断而得到的数据，即隶属函数值（如某指标评价结果 0.4/优、0.2/良、0.3/中、0.1/差）。这两类数据在汇总时，常采取不同的统计方法。无论哪种数据，汇总时都是从末级向前逐级汇总，而且进行每一级汇总时其数据必须是同质的，要么均为普通数据，要么均为模糊数据。普通数据汇总主要采取求和或连乘的方法，模糊数据汇总采取的是模糊数学的方法。

（一）直接求和法

直接求和法是将指标的测量分值直接相加得到综合评价值的方法。如果用 S 表示总分，则计算公式为：

$$S = \sum_{i=1}^{n} X_i = X_1 + X_2 + \cdots + X_i + \cdots + X_n \tag{5.1}$$

式中，X_i 为第 i 个指标的分值。

直接求和法比较简便，在招生考试成绩汇总中多采用此法。在目前教育评价实践中，为了使评价方案简便易行，也常采用这种方法。但此种方法不能反映各指标的相对重要程度，也不能反映评价对象各指标得分在群体中的相对地位，这是此法的不足之处。

（二）加权求和法

加权求和法是指根据各指标的相对重要程度赋予一定权数，将指标得分与权数相乘后再汇总的方法，其计算公式为：

$$S = \sum_{i=1}^{n} W_i X_i = W_1 X_1 + W_2 X_2 + \cdots + W_i X_i + \cdots + W_n X_n \tag{5.2}$$

加权求和法在汇总时，考虑了各指标的相对重要程度，是一种比较科学的汇总方法，也是目前评价实践中用得最多的汇总方法。

例 5 – 1　某学校规定学生学科期末总评成绩由三部分构成：平时作业和课堂提问、期中考试成绩、期末考试成绩，并规定三部分的权数分别为 0.2，0.3 和 0.5。甲、乙两个学生语文的三部分成绩列于表 5 – 3 中，请分别求出两个学生的期末语文总评成绩。

表 5 – 3　甲、乙二生语文成绩

项　目	平　时	期　中	期　末
权数	0.2	0.3	0.5
$X_甲$	80	75	93
$X_乙$	86	80	82

甲生的语文期末总成绩为：$S_甲 = 0.2 \times 80 + 0.3 \times 75 + 0.5 \times 93 = 85$

乙生的语文期末总成绩为：$S_乙 = 0.2 \times 86 + 0.3 \times 80 + 0.5 \times 82 = 82.2$

（三）标准分数法

原始分数加权求和法虽然反映了各指标对于目标的相对重要程度，但是不能反映出各指标分值在该指标分值群体中的相对地位；另外，各指标评分的参照标准以及分数的分散程度都有很大程度的不同，致使其可比性和可加性降低，而标准分数法可以克服这些不足。标准分数法也可分为直接求和与加权求和两种。

标准分数直接求和的公式为：

$$S = \sum_{i=1}^{n} Z_i \qquad (5.3)$$

标准分数加权求和的公式为：

$$S = \sum_{i=1}^{n} W_i Z_i \qquad (5.4)$$

例 5 – 2　某学校教学质量评价方案中的评价内容分为四项，即教学目的、教学内容、教学方法、教学效果，权数分别是 0.15，0.30，0.25，0.30。全校教师各项评价得分的平均数、标准差以及 A 和 B 两位教师的各项评价得分均列于表 5 – 4 中，请用标准分数法分别求这两位教师的评价总分。

表 5 – 4　全校教师各项评价得分的平均数、标准差及 A 和 B 两位教师各项平均得分

项　目	教学目的	教学内容	教学方法	教学效果
权数	0.15	0.30	0.25	0.30
$\overline{X}$	83	85	74	79
σ	5	6	8	6.5
X_A	86	90	70	82
X_B	90	82	86	70
Z_A	0.6	0.83	– 0.5	0.46
Z_B	1.4	– 0.5	1.5	– 1.38

首先求两教师在各项上得分的标准分数，列于表的后两行。

若用标准分数直接求和，则两位教师的分数分别为：

$$S_A = \sum Z_i = 0.6 + 0.83 + (-0.5) + 0.46 = 1.39$$

$$S_B = \sum Z_i = 1.4 + (-0.5) + 1.5 + (-1.38) = 1.02$$

若用标准分数加权求和，则两位教师的分数分别为：

$$S_A = \sum W_i Z_i$$
$$= 0.15 \times 0.6 + 0.3 \times 0.83 + 0.25 \times (-0.5) + 0.3 \times 0.46 = 0.352$$

$$S_B = \sum W_i Z_i$$
$$= 0.15 \times 1.4 + 0.3 \times (-0.5) + 0.25 \times 1.5 + 0.3 \times (-1.38) = 0.021$$

（四）模糊综合评判法

模糊综合评判法是根据评价者对评价指标体系末级指标的模糊评判信息，运用模糊数学的方法对评判信息从后向前逐级进行综合的方法。模糊综合评判法以隶属度表示评判结果，并根据最大隶属度原则确定评价对象的评定等级。模糊综合评判法能较全面地汇总各评价主体的意见，综合反映评价对象的优劣程度。

模糊综合评判的一般步骤是：

1. 设立三个集合

（1）评价因素集 $U = \{u_1 \ u_2 \cdots u_i \cdots u_m\}$

（2）评语集 $V = \{v_1 \ v_2 \cdots v_n\}$

（3）权数模糊子集 $\underset{\sim}{A} = \{a_1 \ a_2 \cdots a_i \cdots a_m\}$

2. 构建隶属度模糊子集 $\underset{\sim}{R_i}$，$\underset{\sim}{R_i} = \{r_{i1} r_{i2} \cdots r_{in}\}$

r_i 即评价因素集中第 i 个指标对应评语集中每个 $v_1 \ v_2 \cdots v_n$ 的隶属度。

3. 构建模糊评判矩阵 $\underset{\sim}{R}$。对于每一指标 u_i 都可以求得一个隶属度模糊子集 $\underset{\sim}{R_i}$，那么 m 个 $\underset{\sim}{R_i}$ 构成一个 $U \times V$ 域上的 $m \times n$ 模糊矩阵 $\underset{\sim}{R}$。即

$$\underset{\sim}{R} = \begin{bmatrix} r_{11} & r_{12} & \cdots & r_{1n} \\ r_{21} & r_{22} & \cdots & r_{2n} \\ \vdots & \vdots & \Lambda\Lambda & \vdots \\ r_{m1} & r_{m2} & \cdots & r_{mn} \end{bmatrix}$$

4. 计算模糊综合评判值 $\underset{\sim}{S}$

$$\underset{\sim}{S} = \underset{\sim}{A} \cdot \underset{\sim}{R} = (a_1 \quad a_2 \quad \cdots \quad a_n) \begin{bmatrix} r_{11} & r_{12} & \cdots & r_{1n} \\ r_{21} & r_{22} & \cdots & r_{2n} \\ \vdots & \vdots & \vdots & \vdots \\ r_{m1} & r_{m2} & \cdots & r_{mn} \end{bmatrix}$$

$$(S_1 \quad S_2 \quad \Lambda\Lambda \quad S_n)$$

模糊综合评价值的计算可以按照先取小后取大的方法进行，也可以按照普通集合中的实

数矩阵乘法计算。

5. 对 S 进行归一化处理，使 $\sum S = 1$

如果是多级的指标体系，则重复第 4 和第 5 步骤，直至最高一级，得到模糊综合评判结果。

下面通过实例说明模糊综合评判法的应用。

例 5 - 3 某校理科课堂教学评价指标体系如表 5 - 5。某班 50 名学生对某位数学教师课堂教学质量进行评价，请用模糊综合评判法综合评价结果。

表 5 - 5　理科教师课堂教学评价表

一级指标	权　数	二级指标	权　数	等　级			
				A	B	C	D
教学目的	0.15	1. 对照大纲，确定知识要求	0.30				
		2. 对能力要求是否符合实际	0.45				
		3. 渗透思想教育和个性品质培养	0.25				
教学内容	0.35	1. 知识正确，深度、广度是否适宜	0.20				
		2. 处理教学重点、难点、关键	0.25				
		3. 传授知识过程与学生认知过程是否统一	0.35				
		4. 例题、习题搭配是否合理，小结是否完整	0.20				
教学方法	0.15	1. 教学方法是否适合教学内容	0.15				
		2. 能否调动学生思维的积极性	0.25				
		3. 能否体现以学生为主体的思想	0.35				
		4. 能否创造宽松和谐的教学情境	0.25				
教学技能	0.10	1. 组织能力和应变能力	0.20				
		2. 语言表达能力和数学语言的运用	0.30				
		3. 解题能力和画图水平	0.30				
		4. 教具的使用和板书设计	0.20				
教学效果	0.25	1. 是否完成教学任务和达到教学目的	0.25				
		2. 学生对本堂课内容掌握情况	0.45				
		3. 学生听课情绪和思维状况	0.15				
		4. 课堂练习、课后作业完成情况	0.15				

这是一个具有二级指标的课堂教学质量评价指标体系，因此，对于每个一级指标即教学目的、教学内容、教学方法、教学技能、教学效果，都构成一个模糊综合评判过程。因此，

评价时首先分别对每个一级指标所分解的二级指标进行模糊综合评判，然后再与一级指标的权数进行模糊综合，得到模糊综合评判结果。

第一步，明确几个集合。

（1）指标的评价因素集。对应每个一级指标，都有一个评价因素集，即 U_1，U_2，U_3，U_4，U_5，以 U_5 为例，$U_5 = \{$教学任务完成（u_{51}）、课堂内容掌握（u_{52}）、听课情绪、思维（u_{53}）、练习、作业完成（u_{54}）$\}$，其他类推。

（2）评语集。$V = \{$好（V_1）、较好（V_2）、一般（V_3）、差（V_4）$\}$。

（3）权集。$A = \{0.15\ \ 0.35\ \ 0.15\ \ 0.1\ \ 0.25\}$，同时对应每个一级指标分解的二级指标也都有一个权集，即 A_1，A_2，A_3，A_4，A_5，以 A_5 为例，$A_5 = \{0.25\ \ 0.45\ \ 0.15\ \ 0.15\}$。

第二步，构造模糊隶属度子集。

对于每一个末级指标，通过模糊判断，经统计运算均可求得其模糊隶属度子集。所谓模糊隶属度子集就是多个评价者对每个末级指标利用模糊量表进行判断所得到的被评者在这一指标各等级上的相对分数。以教学效果一项为例，50 名学生对某位数学教师课堂教学效果各指标的模糊判断结果统计于表 5 - 6 中：

表 5 - 6　某数学教师课堂教学效果各指标的模糊判断结果

指标＼等级	A（好）	B（较好）	C（不太好）	D（不好）
完成教学任务情况	20	25	5	0
学生对当堂课内容掌握情况	30	15	5	0
学生听课情绪和思维状况	15	30	5	0
学生课堂练习和课后作业完成情况	25	15	10	0

求各指标在各等级的隶属度，即人次/总人数，得到各指标的模糊评判子集：

$$R_{51} = (0.4\ \ 0.5\ \ 0.1\ \ 0)$$

$$R_{52} = (0.6\ \ 0.3\ \ 0.1\ \ 0)$$

$$R_{53} = (0.3\ \ 0.6\ \ 0.1\ \ 0)$$

$$R_{54} = (0.5\ \ 0.3\ \ 0.2\ \ 0)$$

第三步，构建模糊评判矩 R_5（即第 5 个一级指标的模糊评判矩阵）。

$$R_5 = \begin{bmatrix} 0.4 & 0.5 & 0.1 & 0 \\ 0.6 & 0.3 & 0.1 & 0 \\ 0.3 & 0.6 & 0.1 & 0 \\ 0.5 & 0.3 & 0.2 & 0 \end{bmatrix}$$

第四步，计算模糊综合评判值 S_5（即第 5 个一级指标的模糊综合评判值）。

$$S_5 = A_5 \times R_5 = (0.25 \quad 0.45 \quad 0.15 \quad 0.15) \cdot \begin{bmatrix} 0.4 & 0.5 & 0.1 & 0 \\ 0.6 & 0.3 & 0.1 & 0 \\ 0.3 & 0.6 & 0.1 & 0 \\ 0.5 & 0.3 & 0.2 & 0 \end{bmatrix}$$

$$= (0.45 \quad 0.30 \quad 0.10 \quad 0)$$

此结果是按照模糊矩阵相乘的"先取小后取大"方法得出的，"∧"为取小的符号，"∨"为取大的符号。例如其中0.45的得出：

$(0.25 \wedge 0.4) \vee (0.45 \wedge 0.6) \vee (0.15 \wedge 0.3) \vee (0.15 \wedge 0.5) = 0.25 \vee 0.45 \vee 0.15 \vee$

$0.15 = 0.45$

0.30的得出：

$(0.25 \wedge 0.5) \vee (0.45 \wedge 0.3) \vee (0.15 \wedge 0.6) \vee (0.15 \wedge 0.3) = 0.25 \vee 0.3 \vee 0.15 \vee$

$0.15 = 0.30$

0.10的得出：

$(0.25 \wedge 0.1) \vee (0.45 \wedge 0.1) \vee (0.15 \wedge 0.1) (0.15 \wedge 0) = 0.1 \vee 0.1 \vee 0.1 \vee 0 = 0.10$

第五步，对 S 归一处理。

因为 $0.45 + 0.3 + 0.1 + 0 = 0.85$，归一后上式为：

$$S_1 = (0.45/0.85 \quad 0.3/0.85 \quad 0.1/0.85 \quad 0/0.85)$$

$$= (0.53 \quad 0.35 \quad 0.12 \quad 0)$$

这是50名学生对该教师"教学效果"一项的模糊综合评判结果。

用同样的过程和方法，得到另外几个一级指标的模糊综合评判结果，分别是：

$$S_1 = (0.46 \quad 0.35 \quad 0.19 \quad 0)$$

$$S_2 = (0.34 \quad 0.42 \quad 0.15 \quad 0.09)$$

$$S_3 = (0.32 \quad 0.45 \quad 0.15 \quad 0.08)$$

$$S_4 = (0.29 \quad 0.39 \quad 0.21 \quad 0.11)$$

第六步，对一级指标的结果进行综合，求该教师课堂教学质量的模糊综合评判结果。

将二级指标的综合评判值与一级指标的权集进行综合。已知一级指标的权集为 $A = (0.15 \quad 0.35 \quad 0.15 \quad 0.1 \quad 0.25)$，模糊评判矩阵为：

$$R = \begin{bmatrix} 0.46 & 0.35 & 0.19 & 0 \\ 0.34 & 0.42 & 0.15 & 0.09 \\ 0.32 & 0.45 & 0.15 & 0.08 \\ 0.29 & 0.39 & 0.21 & 0.11 \\ 0.53 & 0.53 & 0.12 & 0 \end{bmatrix}$$

则 $S = A \times R$

$$= (0.15 \quad 0.35 \quad 0.15 \quad 0.10 \quad 0.25) \cdot \begin{bmatrix} 0.46 & 0.35 & 0.19 & 0 \\ 0.34 & 0.42 & 0.15 & 0.09 \\ 0.32 & 0.45 & 0.15 & 0.08 \\ 0.29 & 0.39 & 0.21 & 0.11 \\ 0.53 & 0.53 & 0.12 & 0 \end{bmatrix}$$

$$= (0.34 \quad 0.35 \quad 0.15 \quad 0.1)$$

由于 $0.34 + 0.35 + 0.15 + 0.1 = 0.94$，所以要对其进行归一处理。

$$\underset{\sim}{S} = (0.34/0.94 \quad 0.35/0.94 \quad 0.15/0.94 \quad 0.1/0.94)$$

$$= (0.36 \quad 0.37 \quad 0.16 \quad 0.11)$$

于是得到 50 名学生对这位教师课堂教学质量的模糊综合评判结果。如果按照最大隶属原则分类，则该教师应被评为"较好"。

模糊综合评判法在综合评价结果时，$\underset{\sim}{A} \times \underset{\sim}{R}$ 是按照取小取大原则进行运算的，这样得到的隶属度一般不会超过权数的最大值，因此要想得到高层次等级的评价值，只需在高权数的因素上努力即可，这是运用取小取大法及隶属原则带来的一个弊端。另外，评价结果的有序性较差、区分不细，在为了比较、区别优劣而进行的评价中，不便于排名次或等第。

为了便于比较，人们在模糊综合评判的基础上进一步将模糊评判结果量化。方法是，先给各等级赋值，并将隶属度值视为权数，然后综合成评价分数。例如本例分为四等级，如果规定 A 级（90 分）、B 级（80 分）、C 级（70 分）、D 级（60 分），则该教师的评价分数为：

$$B = (0.36 \quad 0.37 \quad 0.16 \quad 0.11) \times \begin{pmatrix} 90 \\ 80 \\ 70 \\ 60 \end{pmatrix}$$

$$= 79.8$$

在模糊综合评判中，如果评价主体不仅是学生，而且还有教师、领导等，要将各评价主体的评价结果进行综合，应先确定各评价主体评价值的权数，然后分别进行模糊评判，得到各自的模糊综合评判值，最后再与各评价主体评价值的权集综合而得到最后评价结果。

第二节　教育评价结果的质量检验

一、教育评价结果的可靠性检验

可靠性，是指测量和评价结果的准确性、精确性。

教育评价结果的可靠性，涉及测量工具和方法本身的质量以及操作者操作时对标准把握的准确性等问题。假如用某测量工具反复（指一个人多次或多个人同时）测量同一事物，若没有误差因素干扰，则反复测量的结果会高度一致，这时我们说测量结果的可靠性是高的，或准确性是高的。但是，如果用同一工具，反复测量的结果表现出很大的不一致，则说明测量结果受误差因素影响较大，其结果的可靠性就低。一般情况下，评价者对评价标准掌握的一致性程度越高，评价结果的可靠性就越高。任何教育评价离不开评价者的主观因素的影响，评价者价值认识不同，对评价对象的熟悉程度不同，评价结果都不会相同，这种误差的存在是不可避免的，在一定范围内是允许的，但是如果误差太大，就会严重影响评价结果精确性，评价的信度就低。

检验教育评价结果可靠性，常用的方法主要有以下几种：

（一）**重复评价法**

重复评价法，即利用相同的评价指标体系，间隔一定的时间，对同一组评价对象进行两次评价，然后考察两次评价结果的相依性，计算两次评价结果之间的相关系数，求得的相关系数称为重测信度。它描述了评价结果的可信程度，相关系数的数值越大，评价结果的可靠性越高。由于评价对象的行为或特质多是较稳定的，评价者一般也不会对再次评价产生迁移影响，因此该法很有适用性。一般情况，重评结果间的相关系数达 0.9 以上时，才可认为是一致性较好的、可靠的。

（二）**分半法**

分半法是指将评价指标按照序号奇数和偶数分为两半，评价之后，首先分别统计每个被评在奇数项和偶数项上的得分之和，然后可根据情况选用相关法或方差法求信度系数 r_{xx}。所用公式见（4.2）（4.3）（4.4）。分半法求得的信度，属于内部一致性信度。

通过评价分值求得的信度系数越高，说明其评价结果的可靠性越高。一般情况下，认为对学校、集体的评价信度系数应在 0.75 以上才可靠，而对人员的评价其信度系数要求达到0.9 以上。

（三）**W 系数法**

$$W = \frac{\sum R^2 - \dfrac{(\sum R)^2}{N}}{\dfrac{K^2}{12}(N^3 - N)} \tag{5.5}$$

式中，R 为每个被评对象被评等级之和

K 为评价者数目

N 为被评者数目

W 系数法是肯德尔提出的检验评价意见一致性的方法，又称为肯德尔和谐系数。如果多个评价者同时评价多个对象（或指标），评价结果是以等级记录（或以分数记录，但转换为等级），那么衡量多个评价者评价意见的一致性程度，要用肯德尔和谐系数。W 系数越大，说明评价者掌握评价标准的一致性程度越高，评价结果越可靠；W 系数越小，则说明评价者的意见分歧，或把握评价指标不一致，评价结果的可靠性、客观性就差。

例 5 – 4 表 5 – 7 是 6 位领导分别对 5 位教师的评价等级，检验评价意见是否一致？

表 5 - 7　6 位领导对 5 位教师的评价等级

领导 \ 教师	1	2	3	4	5
A	4	1	3	5	2
B	5	2	3	4	1
C	5	2	1	4	3
D	5	1	2	3	4
E	4	1	2	4	3
F	4	1	2	4	3
R_i	27	8	13	24	16
R_i^2	729	64	169	576	256

$$\sum R_i = 88, \quad \sum R_i^2 = 1\,794, \quad K = 6, \quad N = 5$$

$$W = \frac{\sum R^2 - \dfrac{(\sum R)^2}{N}}{\dfrac{K^2}{12}(N^3 - N)} = \frac{1\,794 - \dfrac{88^2}{5}}{\dfrac{6^2}{12}(5^3 - 5)} = 0.68$$

W 系数需要进行显著性检验才能确定其是否有意义。

对 W 系数进行显著性检验，可以用 χ^2 检验法。

此时，$\chi^2 = k(N-1)W$，若 $\chi^2 \geqslant \chi^2_{a(N-1)}$，则说明意见一致。

本例 $\chi^2 = 6 \times (5-1) \times 0.68 = 16.32$

查 χ^2 分布表，取 $a = 0.01$，$\chi^2_{0.01(4)} = 13.3$

由于计算的 $\chi^2 > 13.3$，所以认为领导评价意见一致性非常高，即有 99% 的把握认为意见是一致的。

这里要注意的是，评价时，如果专家个人对评价对象的判断结果出现相同等级较多，在求 W 系数时会出现一定误差，所以在评价时，要求专家尽量将评价对象区分开。

二、教育评价结果的有效性检验

有效性，是指测量和评价结果反映的是否是欲测量或评价对象的本质属性以及这种属性被测量到的程度，测量学中用效度系数来描述。例如，通过具体指标体系评价教师的教学工作，如果所列的指标体系没有反映或没有全面反映构成教师教学工作的主要内容；或者权重确定得不合理，没有正确地反映内在联系；或者采取的评价方法不当，不能有效地把要评价的属性评定出来，而反映的是不明确的或是其他东西，那么评价结果的有效性就会差。

评价结果的可靠性用信度描述，它反映了评价结果的精确度。如某个学校的办学水平是 A 等，评价时恰好评了个 A 等，则说明评价结果精确、可靠；反之，不可靠。而评价的有效性，是用效度来刻画的，它反映的是该评价能评到被评者欲评属性的程度。

信度是评价结果有效的必要条件，利用某种评价方法所得的评价结果，只有可靠的，才会有效。但是信度不是效度的充分条件，也就是说，可靠性（精确性）高的结果不一定有效。例如，用论文的数量、发表刊物的层次的高低评价教师的科研能力有效，但是用其对教师的教学水平进行评价却是低效的。评价时如果指标不能很好地反映目标，则不管评价时多么细心、精确（只能对该指标本身来说），由于它没有反映被评价对象的欲评属性，所以效度不高。反之，效度高的评价结果，信度一定高。因为要评什么，就把什么准确地评到了，所以是可靠的。

对评价结果有效性的检验，一般主要从评价内容和方法的有效性及评价预期有效性等方面进行检验。

（一） 内容和方法的有效性

评价内容和方法的有效性，是评价结果有效性的最主要的构成因素。评价内容的有效性是指评价内容（通常以指标系统反映出来）是否与本次评价的目标密切相关、相互一致，指标系统是否能真正全面反映评价目标，这是评价结果是否有效的决定因素。能反映目标的项目可能很多，但不可能一一列入指标系统，要选择最有代表性的、与本次评价目标密切相关的指标，并要合理确定权重。指标体系对目标反映得越全面、权重分配得越合理，其内容效度越高。

方法有效性是指评价中所采用的方法是否适合评价目标和评价内容的性质，是否有利于对评价对象的有效测量。不同的评价对象、不同的评价目的、不同性质的指标，应采用不同的评价方法才会有效。

（二） 预期有效性

评价的预期有效性主要指评价结果对其有关目标预测的有效程度。教育评价是对评价对象某种属性的水平进行价值判断，目的是促进工作提高。那么得到肯定评价或者得到高评价值的，应该是在评价目标上表现优秀的，因此在未来的工作实践中，也应表现出高的水平。如果是这样，则本次评价的预期有效性就高。例如，高考成绩高的学生，如果大学学习成功，那么说明高考对于"大学学习成功"这一目标的预期有效性是高的。

预期有效性，可用相关系数描述，也可用语言描述。例如，某次评价之后，隔一段时间进行复评，如果两次评价结果间的相关程度高，则说明评价的预期有效性较高；或者第一次评价水平较高的被评者，复评时，成绩仍很高；第一次评价时，有些评价对象某方面不足，纠正了，工作做得比以前好了，评价达到了预期的目的，也可说明评价的有效性是高的。

另外，还可以用概括性问题评价结果为标准，检验指标体系评价结果的有效性。即先使用指标体系进行评价，然后再用概括性问题的评价方法评价同一组被评者，最后求两次评价结果的相关程度。因为概括性问题评价法的有效性是高的，如果用指标体系评价所得的结果与用概括性问题评价结果的一致性较高，那么也可以认定用指标体系评价的结果有效性也是高的。

对评价结果的可靠性和有效性检验，在评价的不同阶段上都可以进行，其目的不完全一样。例如，一种是在评价指标体系设计完成后对试评结果的检验，目的是为修订评价指标体系，搜集信息时，一般选择少量的评价对象，完全按照正式评价进行操作。获得评价实施过程和结果的有效信息后，要对评价指标体系实施的可靠性、有效性、指标的科学性等进行检验，并修订评价方案，以便使正式评价科学顺利地进行，保证评价结果的质量。第二种是正式评价结束后、反馈前对评价结果的检验，目的在于检验评价方案实施的可靠性和有效性，以便能够及时修正评价过程中不科学、不真实和不客观的方面，确保评价结果的可靠性、客观性。对评价结果的质量检验是评价活动不可缺少的重要一环。

第三节　教育评价结果的解释与利用

现代教育评价特别重视对教育评价结果的解释与利用。不同的评价标准、不同的评价观，会对相同的活动结果得出不同的结论，也会对被评者带来不同的影响；而教育评价结果利用的情况，不仅影响评价的实际效用，而且影响后续教育活动的方向。教育评价结果能否得到科学的解释和积极有效的、充分的利用，对教育评价功能的发挥和评价目的的实现至关重要。

一、教育评价结果的解释

不同性质的评价，其标准不同，解释的方法也不同。教育评价中针对指标体系的内容，每个被评价对象在每条指标上都获得一个描述性的原始数据。如果没有标准，只是孤立的原始数据，其意义无法确定，也无法进行比较。因此必须把原始数据放在一定的参照体系中，和一定的标准比较才能解释其意义，明确其高低。

（一）相对评价结果的解释

相对评价是指以评价对象全体的一般水平或标准样组的一般水平为参照点解释评价对象水平的高低，如升学、招工、选优等。相对评价中解释评价结果的标准是相对的，一般称为常模，它是评价对象群体的所有个体（或单位）在指标体系上分数的分布状况。对相对评价结果进行解释时，一般将原始分数转换到由相对标准建立起来的量表中，以确定评价结论。教育评价中常用的转换方法有百分等级和标准分数。

1. 百分等级

把原始分数转换到百分等级量表中，即可得到百分等级。某一原始分数的百分等级是指该原始分数以下人数占该群体总数的百分比，即次数分布表中，从低分向高分累加的百分比。它表明了某个分数在群体中的相对地位。对学生成绩的评价常用百分等级来解释，例如某学生数学的百分等级分数是80，则证明他所在群体中有80%学生的数学成绩低于他。

百分等级用符号 PR 表示，PR 取值在 $0 \sim 100$ 之间。

百分等级的求法可按照下面步骤进行：

第一步，把 N 个数据从大到小依次排列；

第二步，统计每个数据值出现的次数 f，并列成次数分布表；

第三步，从低分向高分累加每个数据以下的次数 cf；

第四步，计算累加次数的比例，并将其乘以 100，便得到每个数据值的百分等级，即

$$PR = \frac{cf}{N} \times 100 \qquad (5.6)$$

例 5 – 5　表 5 – 8 是 50 名学生外语听力测验分数百分等级 PR 的计算示例。

表 5 – 8　50 名学生外语听力测验分数百分等级 PR 计算示例

分数 X	次数 f	以下累加次数 cf	百分等级 PR
75	1	49	98
74	2	47	94
70	2	45	90
68	4	41	82
67	3	38	76
65	2	36	72
62	4	32	64
61	6	26	52
60	5	21	42
59	6	15	30
58	5	10	20
54	3	7	14
52	3	4	8
50	2	2	4
48	1	1	2
47	1	0	0
Σ	50		

从表 5 – 8 的百分等级一栏中，可以看到 50 名学生每个人的成绩在群体中的相对位置。例如有 64% 的学生成绩在 62 分以下，90% 的学生成绩在 70 分以下。

在用百分等级解释分数时，常列出像表 5 – 8 这样的百分等级量表，实际上就是原始分数与百分等级的对照表，每个人知道自己的原始分数，就可以在量表中找到自己的百分等级位置。

与百分等级对应的分数值又称为百分位数，例如表 5 – 8 中，某学生成绩为 60 分，他所处的百分等级是 $PR = 42$，则 60 分就是 42 百分等级的百分位数。

百分等级量表的优点是计算简单，意义明确，易于理解。它的缺点主要有两个：一是不等距，因为百分等级量表属于顺序量表，是由原始分数的次序转化而来，因此百分等级不能

进行四则运算；二是百分等级在分布的中间灵敏，在分布两端变化迟缓。因为原始分数的分布多是两端人数少，中间人数分布密集，所以使得百分等级在分布两端变化迟缓，而在分布的中间，很小的分数区间使百分等级会有较大的改变。

2. 标准分数

由于标准分数的平均数为 0，标准差为 1，当原始分数为正态分布时，标准分数 Z 服从标准正态分布。因此对不同群体的同类评价值提供了可比性，对于同一群体的不同项目评价值提供了可加性。

在标准正态情况下，对应于每个 Z 值，都可以在正态分布表中找到该分数对应的百分等级。也就是说在正态分布前提下，Z 分数和其对应的百分等级是可以互相转换的。因此，当知道某个原始分数的 Z 分数后，就可以在正态分布表上查到它对应的百分等级。

为了解释评价值，相对评价中人们常以群体的一般水平为标准把原始分数转换成 Z 值，获得标准分数量表，以便解释其他分数。

例如表 5 - 9，就是某校 710 名学生数学考试成绩的标准分数量表。为了方便解释，把百分等级量表也列上。求得 710 名学生成绩的平均分为 $\overline{X} = 71$，标准差为 $\sigma = 5.6$。

表 5 - 9 710 名学生数学成绩量表

原始分数 X	人数 f	以下累加人数 cf	PR	Z	$T = 10Z + 50$
82	5	705	99.3	1.96	69.6
81	12	693	97.6	1.79	67.9
80	31	662	93.2	1.61	66.1
79	40	622	87.6	1.43	64.3
76	62	560	78.9	0.89	58.9
75	69	491	69.2	0.71	57.1
74	70	421	59.3	0.54	55.4
72	78	343	48.3	0.18	51.8
70	75	268	37.7	- 0.18	48.2
68	65	203	28.6	- 0.54	44.6
67	40	163	23.0	- 0.71	42.9
66	38	125	17.6	- 0.89	41.1
65	40	85	12.0	- 1.07	39.3
63	37	48	6.8	- 1.43	35.7
62	19	29	4.1	- 1.61	33.9
60	15	14	2.0	- 1.96	30.4
58	5	9	1.3	- 2.32	26.8
56	6	3	0.4	- 2.68	23.2
55	3	0	0	- 2.86	21.4
Σ		710			

从表 5-9 中很容易找到每一原始数据对应的标准分数 Z 和百分等级 PR，如 70 分，其标准分数 $Z = -0.18$，百分等级 $PR = 37.7$。80 分的标准分数为 1.61，百分等级为 93.2。

由于标准分数常有小数，而且有一部分带有负数，这不符合人们日常的记分习惯，因此，人们常把标准分数进行线性变换，如 T 分数：

$$T = 10Z + 50 \tag{5.7}$$

Z 分数线性变换的一般形式为：

$$Z' = BZ + A \tag{5.8}$$

其中，A 和 B 是根据需要所确定的常数。

使用此公式时应注意，B 值一般不能小于原始数据的标准差，A 值不应小于 $3B$，否则会出现高分受损、低分受益的问题。

我国高考标准化在解释分数时采取的是标准分数的线性变换形式：

$$Z' = 100Z + 500 \tag{5.9}$$

（二）对相对评价结果进行解释和应用时应注意的问题

第一，相对评价的结果只表明评价对象在其所在群体中的相对位置，而不表明其绝对水平，或者说不表明他达到理想目标的程度，因为任何水平的群体中总是存在相对位置高的、中等的和低的，同时也不能用来与其他群体进行比较。

第二，由于相对评价的标准是被评群体的一般水平，是相对的，评价结果也是相对的。如果总体水平低，其中的优秀者也未必真好，往往容易降低客观标准，忽视实际目标的完成情况。因此这种方法适合于以区分和选拔为目的的评价，而不适于以改进工作为目的的评价。

第三，在对相对评价分数进行组合时，要注意原始分数的分布形态。只有在原始分数正态分布或接近正态分布情况下，Z 分数才与标准正态分布表示的概率值相对应，才可以依据标准分数求百分等级。当用标准分数 Z 比较两种分数值时，分布形态差异越大，Z 的可比性越差。

第四，当进行群体间比较时，是以群体的平均数为群体的代表值的，此时求某群体在总体中相对位置的 Z 值时，应该用公式 $Z = \dfrac{\bar{X} - u}{\sigma / \sqrt{n}}$。

由于相对评价只在群体内横向比较谁高谁低，表现出强烈的竞争导向，所以在使用和解释相对评价结果时，要注意防止不科学的竞争手段及由竞争引起的负面效应的发生。在基础教育中不提倡给学生排名次，尤其是小学低年级更不提倡排名次，就是要给学生创造一个愉快、宽松、充满生气和自信的空间，让学生生动、活泼、主动地发展。对教师，也应慎用相对评价。

（三）绝对评价结果的解释

绝对评价是以评价对象外部的某种目标为标准解释评价对象水平的高低。绝对评价的标准独立于被评群体之外，是客观标准，它与被评群体的一般水平无关。例如"国家体育锻炼标准"是一种客观标准，自学考试、学生毕业考试、各种水平考试、各种"达标"评价、"合格"评价等均属于绝对评价。被评水平的高低，是依事先确定的目标确认的，其评价结果表明了被评水平的高低、达到目标的程度。绝对评价在解释评价结果时对评价分数没有分布形态、等第的要求，只分合格、不合格，达标、不达标。

绝对评价标准是客观标准，是评价之前根据某种要求确定的独立于群体之外的，因此，在本质上，绝对评价标准更能反映评价的实质。但绝对评价标准真要达到客观也是很困难的事，它要根据总体目标、评价目的、具体的要求与可能等因素综合考虑。绝对评价标准的确定主要解决两个问题：一是目标的确定及分解；二是合理的"合格"或"达标"界线的确定。

例如，对学生学习水平的评价，重要的是认识教学目标并将其具体化，这样命题才能很好地代表目标；而合格分数的确定也十分重要，它应该是实现目标的最低可接受的标准。我国在各种考试中确定的60分为及格，属于这种标准。

绝对评价结果的解释，其方法有多种，比较常用的有正确百分数、合格分数和等级。

1. 正确百分数

正确百分数，是指正确回答问题数占总题数的百分比，也称完成任务的百分比，即完成任务量占任务总量的百分比，即：

$$正确百分数 = \frac{答对题数}{题目总数} \times 100\% \tag{5.10}$$

$$完成任务百分比 = \frac{完成的任务量}{任务总量} \times 100\% \tag{5.11}$$

这里，总题数相当于全部要测量和评价的目标，因此，用正确百分数解释评价结果时，其正确百分比也就是达到目标要求的百分比。例如某学生对考试中的100道题回答上80道，那么他回答的正确百分数就是80，或者说他达到目标要求的80%。

2. 合格分数

合格分数或称为及格分数，主要用于成就考核中，也用于那些能够确定出可接受的最低标准的评价中，资格考试、水平考试中，岗位资格证书考试、职称评定考试等，一般只采用合格与不合格、或通过与不通过两级表示。例如某市学校合格评价中，要求学生人均图书30册，而某校人均16册，那么该校在图书资料一项指标上就没有达到合格标准，评为不合格。

在我国，学科测验以及各种水平考试中多以60分为及格标准，但这里的问题是，往往命题者在命题时要考虑让大多数学生通过测验，所以实际的命题依据是群体的现实水平，而不是实际的教育目标。也就是说，60分评价为及格，这种评价结果并不是真正依据客观标准得到的。

确定合格分数的方法，比较有影响的主要有两种：一种是安哥夫（Angoff，1971）提出的"直接评审法"，另一种是柴基与李文斯顿（Zieky and Livingston，1977）提出的"对照组法"。

"直接评审法"，是由评审者直接判断一组具有起码水平能力的学生能够有百分之多少通过某一试题，然后将每一评审分数（多个评审者的评审分数）相加求平均，便得到这个题目的最低通过标准；将各题目的通过标准（百分比）相加除以题目总数，即得到以百分比表示的通过标准的分数。此法在不同评审者间差异较大，主要是对"最起码水平能力"学生的确定依主观而不同。

"对照组法"是从学生表现的结果着手研究制定通过分数，而不是利用判断试题的方式。该法确定通过分数的方式是：将相同测验同时施测于学习成绩比较好和学习成绩比较差的两组被试，每组最低应 100 人，在同一坐标系内分别绘制两组学生成绩的分布曲线，找出两组成绩分布曲线的交点分数，认为这一分数最能区分合格与不合格，所以将此分数作为合格的最低标准。使用本方法的前提条件是，事先清楚了解被试对象的能力，可以用观察或借助某种测验来了解被试对象的能力并进行分组。

3. 等级

用等级来解释评价结果也是评价中常用的方法。一般采用三等级（完全达到要求、基本达到要求、没达到要求）或五等级（优秀、良好、中等、及格、不及格）的方法。这种方法是在确定教育目标时，就从总体上确定出各等级的标准，或分别给出各分项指标的标准，评分时也严格按照标准操作。例如三级评定，从总体上确定的标准是：完成任务的正确率在 85% 以上视为完全达到要求，正确率在 65%～84% 间视为基本达到要求，正确率在 64% 以下视为没达到要求；五级评定时，正确率在 90% 以上为优秀，正确率在 80%～89% 间为良好，正确率在 70%～79% 间为中等，正确率在 60%～69% 间为及格，正确率在 59% 以下为不及格等。

绝对评价是依据教育目标、活动目标来设计评价指标或命题，并依据这些目标对评价结果进行解释，以表明被评者会做什么，不会做什么，做到什么程度等实际水平，它能为被评者指出努力的方向和具体要求。但由于绝对评价不关心被评者间的关系，所以评价结果不便于用来选拔。长期单纯使用绝对评价，易使被评者产生安逸感，没有竞争、缺乏激励作用。另外评价标准的制定难以做到客观，所以在评价实践中，常是绝对评价和相对评价两种方法结合使用，既能了解被评者的实际水平，又能清楚被评者在群体中的相对位置，有利于促进其不断发展进步。

（四）个体内差异评价结果的解释

个体内差异评价，是一种强调个别指导的个性化评价。个体内差异评价的标准，主要是该个体以往的水平，看其进步与否及其变化的幅度，同时参照根据目标要求确定的客观标准和所在群体一般水平。

个体内差异评价的参照点主要是评价对象本身，这一标准与相对评价和绝对评价的标准相比，其突出特点是个性化。我们知道，相对评价的标准是被评群体之内的某种水平，绝对评价的标准是独立于被评群体之外的某种水平，虽然设立标准的观察点不同，但就全体被评对象而言，其标准是统一的，而且相对稳定；而个体内差异评价则是每一个评价对象一个标准，同时，随着评价对象的发展变化，标准会随时变化。个体内差异评价充分照顾到个性差异，有利于培养和发展个体的自我意识，有利于促进评价对象个体活动的改进与提高，因此越来越受到人们的重视。

但是，由于个体内差异评价仅仅与个体自身比较，因而容易使被评者只看到自己的成绩，满足于自己的进步，忽视客观标准以及周围的变化、群体的进步。为了克服个体内差异评价仅与个体自身比较带来的不足，人们提出，在解释个体内差异评价结果的时候，不仅要与个体自身比较，还要与客观标准比较，以便明确被评个体存在的问题和与客观标准的差距；要与所在群体的一般水平相比较，了解个体在群体中相对位置的变化。例如，某学生外语第一单元的考试成绩是 75 分，其标准分数为 $Z=0.67$，第二单元的考试成绩是 80 分，标准分数是 0.63，虽然该生第二单元的考试分数提高了 5 分，但是在班级的相对位置并没有前移，这是因为班级有一部分同学进步的幅度比他还要大，所以他还必须更加努力才行。

二、教育评价结果的反馈与利用

（一）教育评价结果反馈的意义

教育评价的结果获得之后，不是评价工作的结束，而是要及时地将评价结果进行反馈和有效利用，这样才能充分发挥教育评价的作用，达到教育评价的目的。

教育评价的目的从本质上说有两个方面，一是为评价者或领导部门了解情况，作出进一步的决策提供依据；二是为评价对象改进工作提供依据。教育评价作为教育管理的重要环节，过去比较注重鉴定和分类，而当今和今后的教育评价则将更加注重评价对象的改进和发展。因此，教育评价结果的及时反馈十分重要，它直接关系到评价目的的全面实现。

信息论观点认为，反馈就是把系统输出的信息，作用于被控制对象以后产生的结果再输送回来，对信息的再输出产生影响。其特点是用系统过去运动的结果来调节系统未来的运动，达到有效控制的目的。

教育是个多元的复杂的大系统，教育评价作为教育管理的重要环节，它有着一种特殊的反馈机制，其反馈作用对整个教育系统的正常运行、质量提高意义重大。它是克服教育活动对教育目标的偏离，使教育系统保持稳定、健康发展的重要保证。因此，教育评价结果信息反馈对教育改革、管理决策、改进工作都有举足轻重的作用。教育过程的各环节都要通过评价信息反馈，调节各系统，使之正常运行，进而达到工作状态的最优化。

（二）教育评价信息反馈的要求

1. 反馈要及时

评价的最主要目的在于改进工作，评价必须有反馈，而且反馈必须及时，才能收到应有的效果。评价如果没有信息反馈，那么评价结果的作用就很难全面发挥。例如目前大学的考试，很少有反馈。学生学习一门课程，期末考试，教师评完分上交了事，学生放假回家休息，回来接着学下一门课。上学期的课程学得如何，教师没有总结，学生也无从得知；有的学校期中教学检查，学生按照评价表上的项目画"√"，教务秘书统计结果、收存，教师很少看结果，有时可能在评职时查一下。这样的评价几乎没有什么效果可言。有的学校这学期的教学评价，下学期公布给教师，时过境迁，评价时的情况已模糊，还何谈改进！只评价不反馈，或反馈不及时，那么评价也只能是为了评价而评价，失去了意义。

2. 反馈信息要全面

对教育评价结果的反馈并不是对评价结论的反馈，而是对评价中肯定评价信息和否定评价信息的全面反馈。这样可以帮助被评者了解自己的成绩、优点、长处，清楚自己的不足和弱点，从而发扬成绩，克服不足。在评价实践中，存在只反馈肯定信息，不反馈否定信息的情况，也有只反馈否定信息，不反馈肯定信息的情况。例如有的教师在家长会上对所谓差生的评价信息反馈，总是这个方面的问题、那个方面的问题，把家长弄得抬不起头，结果要么回家找孩子算账，要么下次不来开家长会了。比较好的做法是，在全面反馈信息的前提下，对于基础比较好的被评者，多帮助分析存在的不足之处，促其再上台阶；对于原来基础较差的被评者，要多帮助其找到存在的潜力、优势和闪光点，使其增强自信心，不断巩固其优点，提高其水平，逐渐变后进为先进。

3. 反馈信息要准确

准确反馈信息是教育评价结果有效利用的根本保证。教育评价活动是一项复杂的活动，从准备、实施到结果处理，这一系列的工作要付出大量的人力、物力和财力，都是为了得到评价对象的可靠信息，使与评价有关的当事人了解评价对象的状况，以便指导和改进被评者的工作。如果花费大量的时间和人力获得的评价信息不能准确传递，那岂不是劳民伤财！所以要求评价者在反馈、传递评价信息时，一定要认真分析评价结论的依据及相关的问题，准确地向有关当事人反馈评价结果及有关情况的分析。不能只给笼统结论，更不能含糊不清地反馈信息，使被评者无所适从。

4. 反馈方式要多样

评价结果的反馈方式影响评价结果作用的发挥，因此要根据不同的对象采取灵活多样的方式，以平等的态度反馈评价结果，尤其对否定评价所作的反馈。

反馈方式很多，例如期望式反馈：反馈时不直接点问题，而是希望被评者在哪些方面努力，取得好的成绩。启发式反馈：反馈时不直接宣布结果，而是启发引导被评者全面分析自己，客观认识自己，达到自知之明，自觉改进工作。个别反馈：对于有的评价结果，尤其是对个人的否定性评价结果，应采取个别的方式反馈，以防止不当的扩散给被评者带来更大的心理压力，甚至引起心理冲突。会议反馈：对集体、学校评价结果的反馈，一般可以采取会议的方式进行，成绩、问题、结论及问题的改进要求、期限等都可以在会上公布。讨论式反馈：评价者和被评者在讨论的气氛下交流看法，评价者在讨论中把评价结果反馈给被评者，使被评者注意评价结果的实际情况，而不是注重分数。这不仅有利于被评者接受评价结果，也有利于自觉改进工作。

5. 反馈和指导统一

评价的目的在于指导改进工作。虽然评价结果反馈对工作的指导和改进不像评价过程中的信息反馈那么及时，但是评价结果反馈对被评者的指导和改进比过程更具有综合性，对被评者的问题认识得更深入、全面。因此对于指导和改进工作是十分重要的。目前在评价实践中，有许多评价活动，结束时仅反馈评价结果的谁优、谁良等，而不帮助被评者分析具体问题，指导如何改进、提高，更无跟踪评价，这就大大降低了评价的作用。评价和指导是统一的，反馈评价信息的同时兼有指导的任务，这是对评价活动的必然要求。

（三）教育评价结果的有效利用

教育评价作为一种手段，有它特有的功能。作为管理的重要环节，在促进事业发展中有其重要位置，因此，教育评价受到各方面的重视。尤其是 20 世纪 80 年代以来，我国在各级各类学校中广泛开展教育评价。教育评价活动是一项十分复杂的活动，是一项耗时、耗资、耗力的活动，尤其是大范围的评价活动，从评价的准备、评价的实施到评价的总结、反馈，都需要投入大量的时间、财力、物力、人力。人们之所以肯在教育评价上花这么大的精力，是希望通过评价，改进工作，促进事业发展。

评价功能的实现，积极作用的发挥，并不是只要你搞了评价活动就自然达到的。除了评价方案的设计和评价组织实施要科学、有效外，对评价结果的有效利用更是题中应有之意，这一环节对改进和指导工作，对后序评价活动的影响都十分重要。

教育评价的结果经检验确定为可靠和有效之后，就应及时报告或反馈给有关的当事人，以便充分利用评价信息改进工作。评价信息反馈利用的对象主要有三个：一是评价对象；二是教育行政部门或关心评价结果的人员及部门；三是评价方案设计者。

1. 评价对象对评价结果的利用

评价对象对评价结果的利用主要是通过评价（包括评价过程和评价结果）提供的信息，认识自己。即认识自己工作或学习的优点、缺点、长处、不足，自己或单位哪些方面做得好，应发扬，哪些不足，应改进。通过评价活动获取信息，发现工作、学习中存在哪些长处，在今后的工作、学习中进一步肯定和发扬，有人称之为正反馈作用；通过评价活动获取信息，能发现工作、学习中存在的不足，以便在今后工作中进一步改进，有人称之为负反馈作用。

评价对象对评价结果的正、负反馈作用都应充分重视。评价好似医生诊断，但医生诊断主要找病因，并确定如何治疗，此过程突出的是负反馈作用。而教育评价结果的利用，必须对正负反馈的作用给予同等重视，不可偏重某一方。在教育评价实践中，由于受某些客观或主观因素的影响，人们往往偏向于正反馈作用的发挥，这不无道理，因为积极的肯定的评价会给被评者带来积极的心理影响。但是评价结果的负反馈作用若不充分利用，那么改进工作可能成为一句空话。因此，评价对象一定要全面、正确地对待正、负反馈信息的作用，科学地、整体地看待自己或单位工作，尤其要从改进工作和学习，争取更大进步的角度积极认真地对待负反馈作用。当然，它要求评价者提供的信息准确、可靠，评价信息传递及时、实事求是。

工作的改进主要靠被评者去实现，因此被评者是评价结果利用的最主要对象。

2. 教育行政部门或关心评价结果的有关人员及部门对评价结果的利用

对教育行政部门，教育评价结果可为其加强学校工作的管理和调控提供依据，同时也为进行新一轮的评价决策乃至教育的其他决策提供依据。教育评价结果可分为过程性评价结果和终结性评价结果。过去人们较多地注重利用终结性评价结果进行分类、选优。现在逐渐把重心移向重视过程性评价，利用评价结果改进工作。教育行政部门在检查指导工作时，如能适时地利用评价结果，则会更有效地推动学校教育教学和管理工作的健康发展。

教育行政部门对评价结果的利用，除了发挥微观评价的指导、决策作用外，还更应该重视宏观教育评价结果的导向作用。宏观教育评价内容一般包括对教育思想和教育制度等的评价，如对各种社会教育思潮及主张的评价，对政府教育方针、政策的评价，对现有教育机构及其设置的评价，对教育体系及管理体制的评价，对培养目标、招生制度、分配制度的评价，对教育的组织、类别及教育的社会经济效益的评价等。宏观教育评价的内容决定了宏观教育评价的导向作用比微观教育评价更大更重要。宏观教育评价对当前及今后教育事业的发展方向、规模、战略规划及重大决策的改进等都具有十分重大的意义。因此，在对宏观教育评价结果处理时，一定要充分研究发掘其导向作用，肯定什么，发展什么，限制什么等，都可以从评价结果的反馈信息中找到根据。

宏观教育评价的导向作用面宽，多为远期导向；微观教育评价的导向作用常有时限性、针对性，多为近期导向。教育行政部门在利用评价结果时，要充分注意到教育评价结果直接影响到某些重大决策性、方向性问题的调整。调整正确，自然会给教育的发展、质量的提高和社会效益的充分发挥带来巨大动力；但是如果对评价结果的导向作用判断不准确，导致某些重大问题的调整失误，要比一项具体工作失误造成的后果大得多。因此，教育行政部门在根据评价结果进行决策时，一定要严格检验评价结果的可靠性和有效性，确认评价结果正确后再作决策。

家长和有关部门也是评价结果的利用者，他们会根据评价的结果，决定是否认可该学校的学生，决定送孩子去哪所学校读书等。教育投资者也会利用评价结果决定自己的资金投入哪一所学校。

3. 教育评价方案设计者对评价结果的利用

教育评价方案的设计和组织实施是评价的两个重要环节，评价结果的有效利用，对新一轮的评价十分重要，能优化评价方案和评价管理过程，有效地提高评价工作质量。

教育评价方案制定者应注意收集评价实施和评价结果的质量分析中发现的评价指标和标准的设计、权重的分配等方面存在的问题。如果发现评价结果的质量不理想，就应该组织有关方面的专家，重新对指标体系设计的依据、内容的构成、权集合分配的方法技术等进行再检验，并利用评价实践中获得的数据资料对指标体系的内容、标准及权集的科学性、可接受性、可操作性等进行重新判断。在此基础上，找出问题所在及产生的原因，提出改善办法，并对方案进行必要的修订完善，以便为新一轮的评价提供更科学的方案。

本章小结

1. 评价指标量化

（1）一次量化法。直接对指标打分及进行某种转换的方法，分数转换的方法一般有分等转化法和标准分数法。

（2）二次量化法。是指对不能直接定量的模糊性较大的指标的测量，采取先定性描述，然后再定量刻画的方法。常用的二次量化方法有等级赋分法、模糊量化法。

2. 分项评价数据汇总的方法主要有直接求和法、加权求和法、标准分数法、模糊综合评判法。

3. 教育评价结果的质量检验

（1）教育评价结果的可靠性检验。检验教育评价结果可靠性的常用方法主要有：重复评价法，即对同一组评价对象先后进行两次评价，两次评价结果之间的一致性程度越高，评价结果的可靠性就越高；分半法，即分别统计每个被评对象在奇数指标项和偶数指标项上的得分之和，然后根据情况选用相关法或方差法求信度系数 r_{xx}；W 系数法，是检验评价者意见一致性的方法。

（2）教育评价结果的有效性检验。主要从评价内容和方法的有效性及评价预期有效性等方面进行检验。评价内容的有效性是指评价内容是否与本次评价的目标密切相关、相互一致，指标系统是否能真正全面反映评价目标；方法有效性是指评价中所采用的方法是否适合评价目标和评价内容的性质，是否有利于对评价对象的有效测量；预期有效性主要指评价结果对其有关目标预测的有效程度。

4. 教育评价结果的解释

（1）相对评价结果的解释。相对评价以评价对象全体的一般水平或标准样组的一般水平为参照点解释评价对象水平的高低。一般将原始分数转换到由相对标准建立起来的量表中，用量表分数表示某个分数在群体中的相对位置，教育评价中常用的有百分等级分数和标准分数。

（2）绝对评价结果的解释。绝对评价以评价对象外部的某种目标为标准解释评价对象水平的高低。对绝对评价结果进行解释常用的方法有正确百分数、合格分数等。

（3）个体内差异评价结果的解释。个体内差异评价的标准主要是评价对象本身以往的水平，评价时主要看其进步与否及其变化的幅度，同时也参照客观标准和所在群体的一般水平进行解释。

5. 教育评价结果的反馈与利用

（1）教育评价结果的反馈。教育评价结果反馈要及时，反馈信息要全面、准确，反馈方式要多样，反馈和指导要统一。

（2）教育评价结果的利用。教育评价结果反馈利用的对象主要是评价对象、教育行政部门或关心评价结果的人员及部门、评价方案设计者。

思考题

1. 如何分析教育评价结果的可靠性和有效性？
2. 对教育评价结果解释时应注意哪些问题？
3. 教育评价信息反馈时要注意哪些问题？
4. 某校学生质量综合评价由六项指标构成，六项指标的内容、权数以及甲、乙学生在各项指标评价中的得分均列在下表中。请用加权求和的方法综合并比较两位学生总成绩的高低。

评价指标	权 数 (W)	学生得分（X）	
		甲生	乙生
政治思想	0.24	90	70
知识能力	0.38	86	75
体质健康	0.16	91	86
审美意识	0.07	80	80
劳动技能	0.09	76	92
个性发展	0.06	70	90

5. 某班有50名学生，期末考试语文和数学的平均成绩分别为78分和82分，标准差分别为8分和12分。在语文成绩中，70分以下的有20人；数学成绩中，70分以下的有15人。请分别用百分等级和标准分数解释语文、数学成绩为70分时在班级的水平，并分别求出两科70分的 T 分数。

6. 某年级学生对一位任课教师的讲课效果进行评价，评价态度如下表。问学生对教师讲课的评价态度是否与学习成绩有关？

	80分以下	80分以上	合 计
很好	22	46	68
一般	43	29	72
合计	65	75	140

第六章

学生评价

● **学习提示** ●

　　本章阐述了学生评价的含义及意义；概括了学生评价的几种观点，学生评价改革，教育目标的性质，布鲁姆、加涅和梶田叡一等人的教育目标分类理论，学生评价目标的结构；论述了学生评价的基本原则，学生评价的内容，学生评价的形式以及不同主体评价学生的一般操作方法。建议教学时联系学生评价实际进行讨论。

● **学习目标** ●

　　了解： 学生评价的含义及意义，教育目标的含义和性质，学生评价改革的思想，加涅和梶田叡一的教育目标分类理论。

　　理解： 几种不同的学生评价观点，布鲁姆的教育目标分类理论，学生评价目标的结构。

　　掌握： 学生评价的基本原则，学生评价的内容，学生评价的一般操作方法。

　　学校的根本任务是培养人才。学校的一切工作都要为培养学生服务。学生是学习的主体，是学校的核心部分，也是教育评价的核心对象。无论是教育的宏观评价还是微观评价，都离不开学生评价。面对教育发展的新形势、新要求，如何评价学生，是学校教育工作面临的实际挑战，也是教育评价理论和实践研究的重要问题之一。

第一节　学生评价概述

一、学生评价的意义

（一）学生评价的含义

　　学生评价是教育评价中最重要的内容和部分。学生评价是指在一定教育价值观指导下，根据一定的标准，运用现代教育评价的一系列方法和技术，对学生的思想品德、学业成绩、身心素质、情感态度等的发展过程和状况进行价值判断的活动，是教育评价的重要领域，也是每一位教师都必须实际操作的一项重要内容。学会评价学生是教师的一项基本功，通过对学生全面的评价，促使其在德、智、体、美、劳等多方面得到全面发展，激励学生奋发向上。同时，促进教师教学方式的转变和教学水平的提高。

（二）学生评价的意义

学生评价对促进学生成长与发展、教师改进教学和提高教育质量以及学校管理等具有重要意义。

第一，有助于了解学生学习起点和发展状况，为确定教育教学目标和选择教育教学方法提供依据。学校教育教学目标的确立要以学生的发展水平为基础，从学生现有知识、技能和能力出发，既不能低于学生现有发展阶段，也不能对学生提出过高要求。在教育、教学和学习计划制订与实施前期阶段开展的诊断性评价，能对学生已形成的知识、能力、情感、态度等学习情况和发展状况作出合理的评价，了解学生发展的基础、条件和起点，为计划的制订和有效实施以及教育的开展提供信息资源。同时，教师所确定的教育教学目标和计划要适合不同层次的学生的需要，面向全体学生。学生的知识、能力、技能、个性等方面的发展存在着差异，通过学生评价信息的掌握，教师可以把握学生发展现状和存在的问题，有针对性地采取适合学生特点和不同层次需要的教育教学方法，使教育教学方法真正发挥教育作用。

第二，有助于评定学生学业成绩。学生评价作为一种价值判断活动，客观上能够对学生知识的掌握情况和发展水平给予鉴定，并作出一定的区分。学生评价以促进学生发展为宗旨，但并不否定评价的鉴定功能。在一个单元或一门课结束时，一个学期或学年结束时，或者学生毕业时，总要对学生的学业成绩进行终结性评价。如在一个单元结束时，学生知识、能力、态度、情感等方面的发展是否达到教学要求，如果没有达到，离要求还有多远，这都需要教师对学生学业成绩进行评定，然后作出恰当的决策。一门课程结束时，要通过学生学业成绩评定，判断是否完成教学任务，学生发展除了达到教学要求外还有哪些方面的发展。学期末要评定学生对各门课程的学习情况如何，态度、能力、情感等方面的发展如何，这既是对本学期学习状况的总结，也是确定下学期教育教学目标和要求的依据。

第三，学生评价为学生指明前进方向，促进学生不断改进和完善学习行为。评价本身具有引导评价对象朝着理想目标前进的功效和作用，通过评价，可以引导学生朝向预定目标前进。诊断性评价在学生学习出现困难或问题时，帮助学生找出困难或问题存在的原因，以采取针对性的措施去解决问题；形成性评价与学生学习的过程并进，教师在教育教学过程中不断给学生创造成功的机会，帮助学生树立自信，同时发现发展过程中出现的问题，并指导学生解决问题，让学生知道怎样可以做得更好一些，学得更好一些，不断取得进步。通过对评价信息的不断反馈与调节，学生的学习不断得到强化、改进与提高，同时使背离学习和教育目标的行为得到弱化，引导学生朝着理想的目标前进。另外，教师的反馈信息可以帮助学生认识自我，客观地评价自我。在评价过程中，学生可以依据评价标准进行自我评价，在多种比较中客观地了解自己的学习与发展情况，看到成绩，受到激励和鼓舞；找到差距，及时调节、提高和改进自己的学习。因此，学生评价有助于学生对自己的学习进行反思，使学生正确地认识自我、悦纳自我和完善自我，使评价过程成为"学习—对照—调节—改进—完善"的过程。

第四，促进评价者与被评者之间的交流与沟通。学生评价的过程是学生与教师、学生与学生、教师与教师，即评价者与被评者，评价者之间以及被评者之间沟通、对话、交流的过程，是评价双方在心理上共同建构评价意义的过程。在评价过程中，评价双方是"我"与"你"的关系，作为完整的人互换评价信息，在平等、民主的氛围中对评价目的、方法、内容等进行沟通和交流。这有利于良好师生关系的建立，同时可以促进参与评价活动的成员之间相互学习，取长补短，共同进步和提高。

第五，有助于了解教师教育教学质量和学校办学水平，改进教学，提高质量。学生评价的内容和指标体系为学生指明学的方向，也为教师指明教的方向。学生是教育的对象，学生质量的高低反映了教育教学质量的高低。通过学生评价，可以了解教师教学工作情况。在学生评价中，教师可以及时获得教育教学过程中的各种反馈信息。当学生对教学目标掌握较好时，教学是成功的，教师就会设法巩固已有的成绩，并取得更好的成绩；当学生发展没有达到教育教学要求时，教师则会反思自己的教育教学，找出存在的问题，及时改进教学、调控教学。学生质量是学校办学水平高低的主要标准，学生评价本身也反映了学校对学生管理的态度和水平。所以，学生评价有利于教师了解教育教学情况以及学校办学水平，帮助教师改进教学，提高教育质量。

二、几种不同的学生评价观点

学生评价是在一定教育价值观的指导下进行的价值判断。一定的教育价值观对学生评价具有统整作用，规定着学生评价目的的确定、内容的选择、方法的运用等方面。不同的教育价值观则会产生不同的学生评价观点，学生评价观点是对学生评价意义的认识和看法。在教育领域存在着以下几种不同的学生评价观点。

（一）区分性评价观点

这种评价观点认为，评价是以一定的标准对学生进行分类、划等，成绩优异的学生是极少数的，其余的只能是低或较低成绩。其基本假设是，在一个群体中只有极少数的个体是优秀者，大多数人都只处于中常水平，评价的目的就是要把评价对象区分开，把少数的优异者选拔出来。区分性评价使学校教育变成为少数人服务的选拔性教育，评价的过程就是一种甄别的过程，通过一系列的监测、考试、考核，了解学生的知识、技能水平，为相应的确认、评选等鉴定性工作提供依据。评价方法一般是考试，以考试成绩决定高低和优劣；评价关注的是作为客体的知识而不是学生主体的发展；评价主体是教师和管理者。这种评价观点与竞争原理相关，对参加竞争的学生根据竞争的最终结果，选出合格者，淘汰不合格者，学生为此也被迫不遗余力，头脑中填充着各种各样的知识、技能而没有了情感陶冶、意志磨炼的空间。

在现代社会，教育日益由社会的边沿趋于社会的核心，在社会分层中日益起着主导作用。可以说，接受某种程度的教育已成了人们进入某一社会阶层的"入场券"。区分性评价在一定社会时代和历史时期有其存在的合理性，在我国特定历史时期区分性评价确实为我国社会主义建设选拔了许多优秀人才，为加快社会发展的步伐发挥了积极作用。但随着时代的发展和社会的进步以及人们素质的提高，这种评价观点越来越不适应教育的发展和时代的需要，我国基础教育中的"应试"弊病、"精英教育"和"唯智育论"就是区分性评价的产物。由于评价注重的是学生认知领域的发展，在很大程度上抑制了学生的实践能力和创新精神，人为地造成了学生知识结构的畸形化，造成人的片面发展和教育的异化，不利于学生养成相互合作的精神和技巧，不符合当代社会生活对人的要求，也与教育的终极关怀相违背。

（二）水平性评价观点

这种评价观点认为，学生评价就是根据一定的评价标准判断学生是否达到、多大程度上达到以及在什么意义上达到所规定的标准，分别赋予成绩，作出合格和不合格，或达标和不达标的结论。这种评价观点以预先设定的目标为统一的评价标准，侧重鉴定学生的发展水平是否达到目标，是一种绝对评价。水平性评价的主体主要是教师和学校管理者，通过考试、平时观察、学生作业等方式收集评价信息，既有定量评价，也有定性的描述，对学生是否达到某一目标进行判断。评价内容有单项评价，如评价学生是否掌握实验操作的方法和技能；也有综合评价，如评价学生是否有资格获得初中毕业证是一种综合水平考核，多数情况下是依据学生素质发展手册对学生的发展进行判断。水平性评价面向的是学生过去所取得的成就和发展，是对过去的一种资格鉴定，其方式主要是终结性评价。水平性评价在当前学生评价中广泛存在，如学生结业考试，学生学力水平测试，学生思想品德评价，学生体育达标测试等。水平性评价在学生学习、成长过程中是必要的，但由于水平性评价的主要目的在于鉴定学生是否合格，是否达标，关注的是学生学习和发展的结果，而不是学习的过程，因此，评价往往引导人去注重评价的结果而忽视过程，对学习工作不利于改进和提高。

（三）发展性评价观点

发展性学生评价观点是当今世界各国学生评价改革的共同趋势。这种评价观点认为，学生处于不断发展和变化的过程之中，教育的意义在于引导和促进学生的发展和完善，评价的根本目的是促进学生的发展，评价的方法、技术、内容、过程等都要为学生的发展服务，不但要通过评价促进学生在原有水平上提高，达到基础教育培养目标的要求，更要发现学生的潜能，发挥学生的特长，了解学生发展中的需求，帮助学生不断认识自我、发展自我、完善自我，建立自信，不断实现预定的发展目标，为学生的未来发展服务。

这种评价观点的特点主要表现为：一是评价的根本目的是促进学生发展和提高。评价所追求的不是给学生下一个精确的结论，更不是给学生一个等级分数并与他人比较，而是对学生的关注和关怀。二是评价注重过程。评价考虑评价对象的过去，重视评价对象的现在，更着眼于评价对象的未来，立足于学生发展的需要，不断收集学生发展过程中的信息，判断学生的优势和不足，在此基础上提出具体的、针对性的改进建议。三是评价的目标是有层次的，标准多元，尊重个体差异。评价目标是动态的，以人为本，关注被评者的起点和发展过程中的各种问题，注重对个体发展独特性的认可，正确地判断每个学生的不同特点和发展潜力，同时为评价对象确定个体化的发展目标。四是评价主体多元，鼓励学生主体参与。这种评价观点尊重和重视学生在评价中的主体作用，鼓励学生在评价中发挥积极作用。既重视自我评价的作用，又关注他人评价的导向功能，努力使社会评价标准与个体评价标准趋于协调一致，使得评价的过程成为促进学生反思、加强评价与教学相结合的过程。五是评价内容丰富、全面。评价内容不仅关注学生学业成绩，且关注学生道德品质、心理素质、人际交往、学习兴趣、情感体验等方面的发展，注重综合素质的考察。六是评价方法多样。主张定性评价与定量评价相结合，诊断性评价、形成性评价和终结性评价相结合，综合运用笔试、口试、情景测验、作业、课堂提问、成长记录袋、面谈等多种方法收集评价信息。

发展性学生评价观点秉持多元智能理论，主张运用评价发现学生的优势，使多种多样的评价活动成为学生展示自我优长智能的平台，使每个学生从评价中获得激励，在充满自信中使潜能最大限度地发挥出来。引导每一个学生都能认识到自己的智能强项，并在其强项智能与弱项智能之间架起桥梁，更好地促进弱项智能的发展；从而实现学生能力的全面、和谐、持续发展。

三、学生评价的基本原则

学生评价原则是学生评价实践的科学概括与总结，是在对学生进行评价时应当遵循的基本要求与准则，也是学生评价规律的行为外化，对学生评价活动的开展具有普遍的指导意义。

从当前学生评价改革的趋势来看，学生评价除了遵循教育评价一般原理中所提到的方向性、客观性、可行性、过程性等基本原则外，更应该以促进学生发展和提高为基本指向，遵循发展性、多元化、全息性、差异性等原则。

（一）发展性原则

发展性原则是学生评价最重要、最基本的原则，指评价以促进学生发展为目的，为学生的发展服务，不仅要关注学生的现实表现，更要重视学生的未来发展，重视每个学生在已有水平上的发展与提高。发展性原则表达了一种从评价"过去"和"现在"，转向评价"将来"和"发展"的新理念。

贯彻发展性原则，一要在思想观念上树立发展性评价观，破除为评价而评价的思想以及只有难倒学生才能体现评价人的水平的落后观念，反对站在学生对立面的评价和仅仅为升学而进行的评价，使评价成为促进学生发展和提高的有效途径。二要坚持用发展的眼光看待学生，多角度地收集评价信息，对学生的过去和现在作全面分析，根据他们过去的基础和现实的表现，预测性地揭示每个学生未来发展的目标，激励他们通过发展，缩小与未来目标的差距。三要多用肯定性评价，设法让学生发现自己的优点，认识自己的优势，发挥自己的长处，表现出自己最佳的水平，并释放自己的发展潜能。四是确定评价目标、标准、程序、方法、主体，得出评价结论等，要充分考虑学生未来的需求，注意帮助学生树立成功的信心，发现发展中的问题，通过反馈信息，促进学生更好地发展。五要激发主体自我发展的意识，不以评价结果作为奖惩依据，在宽松和谐的环境下，给学生以弹性化、人性化的发展空间，通过评价促进学生自觉主动地发展。

（二）多元化原则

多元化原则是指学生评价要从学生发展的多样性、动态性出发，多视角、多向度、多层面、多侧面地认识问题，多渠道收集信息，以达到促进评价对象发展的目的。多元化原则包括评价内容、标准、方法、主体等多元化，评价既要体现共性，更要关心学生的个性；既要关心结果，更要关心过程。

贯彻这一原则，一要注重学生综合素质的发展，突出人的多种能力、态度、兴趣、世界观、价值观等方面的发展。二是评价主体主要包括教师、学生，实现教师评价、学生自评和互评、学生与教师互动评价相结合，同时把学校评价、社会评价和家长评价结合起来。三要注重多种方法和手段相结合，如定性与定量相结合、考试与平时表现和学生成长档案袋相结合、自评与他评相结合等，杜绝用单一的方法评价学生。四是评价标准要实现统一性与灵活性相结合，从被评价对象的实际情况制定评价标准，使评价标准分层化。北京市近年来推广、普及的小学生质量综合评价方法，很好地体现了评价多元化的原则，主要体现在：评价内容包括思想品德、科学文化、身体心理素质、劳动技能四个方面；评价人员由原来教师单方面评价，扩大到学生自评、群体互评、家长督评和教师综评；评价方式由单一的百分制评价扩展到五分评价、等级评价、评语和特长等定量与定性相结合的评价；评价手段由卷面笔试扩大到观察、判断、口头回答、作业、随堂检测等多种评价手段；评价的成绩由只有学科总成绩到既有学科成绩又有学科知识能力的单项成绩。

（三）全息性原则

全息性原则指学生评价必须反映学生学习和发展的全部信息，贯穿于学生学习活动的全过程，全面、全员和全程采集和利用与学生发展有关的评价信息。全息性原则强调评价的整体性情景，旨在把诊断性评价、形成性评价和终结性评价有机结合为一个整体运动过程，在一定的时域内，不断地循环反复，动态地监控学生发展和培养的全程，把握全体学生素质发展的整体状况。同时，把教学过程与评价过程融为一体，最大限度地发挥评价的导向、反馈、诊断、激励等功能。信息来源也不仅仅局限在课堂，不仅由教师通过课堂内外的各种渠道采集学生素质发展的信息，而且需要构建新的评价机制，设计各种评价工具，鼓励学生主动收集和提供自我发展的评价信息。评价在空间维度上，由课内扩大到课外、校内、校外、家庭等；从时间维度看，评价的体系要随时间的变化而变化，成为全程促进学生发展、永远促进学生发展的导向机制和激励机制。

（四）差异性原则

学生评价要做到客观、公正，关键是尊重学生差异。不同年龄阶段的学生在知识结构、身心特点、生活阅历、认知水平和理解能力等方面存在着极大的差异，有着不同的发展需要、意愿、倾向、优势和可能性。同时，不同的学习个体完成同一活动会表现出不同的素质，同一个体在完成一项活动的过程中也会表现出不同的素质。因此，对学生的评价要从学生实际出发，在评价内容、方法、标准等方面要考虑学生的特点，因人施评，不能一刀切，使每一个学生通过评价都能得到发展和提高。"评估方案如果不考虑个体之间的巨大差异、发展的不同阶段和专业知识的多样化，就会逐渐落后于时代的需要。差异性原则体现了学生的主体性和对学生个体的尊重。"[①] 遵循差异性原则，在评价目标设置上应有多种层次，在评价方法和主体的选择上要考虑学生的感受和体验，作出评价结论时要因人而异，善于发现学生的闪光点，辩证地看待学生的不足。

第二节　学生评价目标

一、教育目标的含义与性质

（一）教育目标的含义

教育目标是确定学生评价目标的依据，理解学生评价目标，首先要清楚教育目标。目标即根据人的需要规定的行为目的，是人们争取达到的某种意想结果的标准、规格和状态。教育是一种理性指导下的有目的的追求，通过教育活动要达到一个预期的目标，即培养什么样的人，这个预期的目标就是教育目标。教育目标就是根据人和社会发展的需要，人们在教育活动之前，预先设想和确定的关于教育活动的目的、方向和要求，是教育活动最终期望达成结果的标准、规格和状态。它包含两层意思：一是表示按确定的方向努力，达到所要达到的境地；二是表示标准、尺度和指标。

我国现阶段教育的总目标是：提高全民族的思想道德素质和科学文化素质，培养德智体全面发展的社会主义事业的建设者和接班人，为社会主义经济发展和社会进步提供强大的精神动力和智力支持，造就适应现代化要求的一代有理想、有道德、有文化、有纪律的公民。新一轮课程改革提出教育的培养目标应体现时代要求，要使学生具有爱国主义、集体主义精神，热爱社会主义，继承和发扬中华民族的优秀传统和革命传统；具有社会主义民主法制意识，遵守国家法律和社会公德；逐步形成正确的世界观、人生观、价值观；具有社会责任感，努力为人民服务；具有初步的创新精神、实践能力、科学和人文素养以及环境意识；具有适应终身学习的基础知识、基本技能和方法；具有健壮的体魄和良好的心理素质，养成健康的审美情趣和生活方式，成为有理想、有道德、有文化、有纪律的一代新人。

教育目标是教育教学行为发生的动力机制。美国学者麦克唐纳（J. B. Macdonald）曾指出[②]，教育目标的功能因目标水平的不同（宏观、中观、微观）而异，但它们有着共同的功能，这就是通过明确教育活动的目标，提示旨在达到目标的最优的内容与方法，并且成为评价教育、教学活动的一种标准。他具体描述了教育目标的五种功能：一是明确教育进展的方

---

① ［美］霍华德·加德纳：《多元智能》，沈致隆，译，183 页，北京，新华出版社，1999。
② 钟启泉：《现代课程论》，299 页，上海，上海教育出版社，1989。

向；二是选择理想的学习经验；三是界定教育计划的范围；四是提示教育计划的要点；五是作为评价的重要基础。因此，教育目标是评价教育活动成效的重要依据，它制约着评价目标，评价目标体现了教育目标。

由于教育目标是学生评价的基本依据，因此，所编制的教育目标应当全面、完整，要科学、合理，合乎实际，同时易于理解和把握，具有可测性。

（二）教育目标的性质

第一，层次性和连续性。从层次上来看，教育目标可分为教育目的、培养目标、课程目标和教学目标。教育目的是教育目标的最高层次，是受教育者应达到的总目标，关系到把受教育者培养成为什么样的社会角色和具有什么样素质的根本性问题，指明了教育活动的总体方向和教育的终极价值。培养目标是各级各类学校以及各个学段应达到的具体培养要求，是根据教育目的编制的，但又高于课程目标。课程目标是以教育目的和培养目标为依据，根据学生身心发展状况，在一定时期内，通过完成规定的教育任务所设计的教育内容而使学生所要达到的培养目标，它的实现要通过教育教学活动来完成。因此，教学目标是培养目标和课程目标的具体化，是教师教和学生学的目标，是每个单元、每节课甚至每个教学环节、教学活动应达到的具体目标，如认知目标、情意目标、技能目标等。教育目标就其水平而言，可以分为基本目标、较高目标和理想目标。基本目标是指学生接受教育后在德智体等方面都应达到的最低限度的目标要求。较高目标就是在基本目标的基础之上有进一步的提高和发展。理想目标是学生达到最大期望值的目标，它代表了时代和社会对人才培养的理想追求。基本目标是较高目标和理想目标的基础，而理想目标是前进和努力的方向。各具体目标由低到高、由简单到复杂连续递增。较低层次的目标是较高层次的分解和具体化，较高层次的目标是以较低层次目标的实现为基础的，并包含了较低层次的目标，从低到高一级级发展。当达到某一目标时，便为高一级目标打下了基础，向终极目标逼近了一步。只有这样教育才能是一个连续的循环上升的过程。

第二，主观性与客观性。教育目标是人们对教育、教学活动结果的一种主观上的愿望，是对完成教育、教学活动后学习者应达到的行为状态的具体描述。教育目标作为人们期望的结果，集中反映了人们的教育价值观，不同的教育者会有不同的教育目标，反映了人们对什么样的学生是好学生，什么样的人才是社会需要的人才的认识。人们对这些观念认识的不同，就会有不同的教育目标，这就是教育目标主体性的体现。然而这种主体性也不是盲目的，没有根据的，它是人们对客观世界的主观反映。正如列宁所强调的："事实上，人的目的是客观世界所产生的，是以它为前提的，——认定它是现成的、实有的。但是人却以为他的目的是从世界以外得来的，是不以世界为转移的（'自由'）。"[①] 教育目标的制定要从社会发展对人才提出的要求和人自身发展的需要出发，总是反映了一定社会和时代对培养人才素质和规格所提出的要求，也是以受教育者自动学习需求为基础的，目标并不脱离现实社会，这是

---

① 《黑格尔〈逻辑学〉一书摘要》，见《列宁全集》，第 55 卷，159 页，北京，人民出版社，1990。

客观存在的。因此，教育目标反映了人与社会并重的价值取向，是主观性与客观性的统一。

第三，预期性和发展性。教育目标是师生在教育教学活动中预期达到的结果，是一种教育期望，在实施教育教学活动之前，就预见通过活动学生将会发生哪些变化。教育目标的制定以学生发展现状为基础，但又高于其发展现状，是通过师生共同的努力可以达到的要求。美国教育心理学家布鲁姆认为，有效的教学始于教师知道希望达到的目标是什么。但是，教育目标制定以后并非一成不变，它可因地制宜，具有一定的灵活性。同时，教育目标立足于当代，但面向未来，展望社会与时代的发展，将现时教育与未来社会的发展联系起来。随着社会的发展，其内容是变化的。

第四，基础性与全面性。基础教育的最突出特征是基础性，是为每一个学生今后的发展和终身学习打基础和提高国民素质的教育，对全体学生进行基本的思想道德、科学文化、身体心理、劳动技能以及社会生活等教育。其目标是针对全体学生未来的发展，是为学生综合素质的发展打基础的，也是针对全体学生接受的、可能的，应当是都能达到的、基础的，是在最本质、最基本方面提出的具体实在的要求，如掌握基础知识和基本技能，养成基本态度，形成一定的能力等。素质教育要培养的人是全面发展的人，既有认知领域，如基本的学习内容目标、能力发展目标、创新意识目标等，也有生活、情感、心理、身体、审美等非认知领域，如学习兴趣、合作精神、竞争意识、心理承受能力等目标，把人所具有的本质内容整体地而不是分割地纳入其体系之中，体现了科学精神与人文精神的统一。

二、教育目标分类理论

（一）布鲁姆等人的教育目标分类学

美国教育心理学家布鲁姆等人将教育目标分为三个领域，即认知领域、情感领域、动作技能领域。

1. 认知领域的教育目标

以布鲁姆为代表的专家于1956年发表了关于认知领域的目标分类。他们把该领域的目标分为知识、领会、运用、分析、综合和评价六个层次，包括了对学生知识、理智能力和理智技能发展的要求，按照从低级到高级的难易程度形成一种递进的等级关系。

（1）知识（knowledge）。是对具体事物和普遍原理的回忆，对方法和过程的回忆，或者对一种模式、结构或框架的回忆，包括具体的知识、处理具体事物的方式方法的知识、学科领域中的普遍原理和抽象概念的知识。其行为特点是强调记忆的心理过程，是回忆与再认先前遇到过的信息等。

（2）领会（comprehension）。是最低层次的理解，是指个人不必把某种材料与其他材料联系起来，也不必充分弄清它的含义，便知道正在交流的是什么，并能够运用正在交流的这种材料和观点。其行为特点是解释和阐述概念与原理，而不是根据记忆进行背诵。这类目标包括转化、解释、推断三个维度。

（3）运用（application）。是指在某些特定和具体的情境里使用抽象概念。这些概念可能是以一般的观念、程序的规则或概括化的方法等形式表现出来，也可能是那些必须记住和能够运用的专门性的原理、观念和理论。它要求在没有说明问题解决模式的情况下，学会正确地把抽象概念运用于适当的情况。其行为特点是将抽象的概念用于特殊的情景。

（4）分析（analysis）。是指将材料分解成各种组成要素或组成部分，从而使各概念之间的相互关系更加明确，材料的组织结构更为清晰，详细地阐明基本理论和基本原理。这类目标包括要素分析、关系分析和组织原理分析三个维度。其行为特点是将对象分解成组成部分，并指出它们之间的联系。

（5）综合（synthesis）。是指以分析为基础，把各要素和组成部分组合成一个整体。它涉及具有特色的表达，制订合理的计划和可实施的步骤，根据基本材料推出某种规律等活动，以便综合地创造性地解决问题。它强调独特性与首创性，是高层次的要求，其行为特点是将各个部分或元素整合成一个新的整体。这类目标包括进行独特的交流、制订计划或操作步骤、推导出一套抽象关系三个维度。

（6）评价（evaluation）。是指为了特定的目的对材料和方法的价值作出判断。这个层次的要求是理性地深刻地对事物本质的价值作出有说服力的判断。它综合内在与外在的资料、信息，作出符合客观事实的推断。其行为特点是对他人的工作、结论以及得出结论的方法进行比较，并在价值判断的基础上进行评论、批判等，是认知领域里教育目标的最高层次。这类目标包括依据内在证据来判断和依据外部准则来判断两个维度。

2. 情感领域的教育目标

1964 年，美国教育心理学家克拉斯沃尔、布鲁姆等人提出情感领域的教育目标分类，就是"注重情调、情绪或接受与拒绝程度的目标。……我们发现，在文献中，这类目标有许多是用兴趣、态度、欣赏、价值观和情绪意向或倾向这类术语来表示的。"[①]

（1）接受（注意）［receiving（attending）］。探讨学习者对存在着某些现象或刺激的感知，即与他们愿意接受或注意相联系。如果学习者能对教师所要讲授的东西做好心理准备，那么这显然是其心理过程的首要一步。但这并不完全意味着教师的教学活动要从这一水平开始，因为学生可以依靠以往的经验而对教学情景产生某种观点或心向，它对教师的教学或起促进作用或起阻碍作用。教师的责任在于把学生的注意力引向他们所喜欢的刺激。其行为特征是学生对某一现象敏感，表现出愿意接受或注意的倾向。这类目标包括觉察、愿意接受、有控制的或有选择的注意。

（2）反应（responding）。这里的反应不仅仅停留在只注意现象，而是主动地积极地注意他们感兴趣的某一部分，这是一种愿望，即期望学生积极参与这些活动，并使他们对感兴趣的问题获得满足。它是低程度的信念，并不具有高层次的价值，也不是表明这样或那样的

---

① ［美］D. R. 克拉斯沃尔、B. S. 布鲁姆，等：《教育目标分类学（第二分册）：情感领域》，施良方、张云高译，198～208 页，上海，华东师范大学出版社，1989。

态度。其行为特征是学生具有足够的动机与兴趣，主动地作出反应。这类目标包括默认的反应、愿意的反应和满意的反应。

（3）价值评估（valuing）。价值这一抽象概念，通常可以用来表示某事物、现象、行动所具有的价值。那么，它一部分表现为个人作出的价值判断或评价的结果，另一部分表现为社会产物被接受和内化，学生用来作为自己的价值标准。这一层次的行为在信念、态度等特性方面表现出一致性和稳定性。以价值评估为特征的行为的重要要素是，这种行为不为遵守或服从的愿望所驱使，而是为个人对指导行为的基本价值的信奉所驱动。这类目标包括价值的接受、对某一价值的偏好和信奉（坚信）。

（4）组织（organization）。当学习者连续不断地自己内化价值时，会遇到与各种价值有关的情境。为此，一要把各种价值组织成一个体系；二要确定各种价值之间的相互关系；三要确立主导性价值和一般性价值。这个体系是逐渐形成的，在形成体系的过程中，随着引进新价值而不断变化。其行为特征是学生把某一或某些价值认识综合到价值等级系统中去，并区分出它们的重要性程度。这类目标包括价值的概念化和价值体系的组织化。

（5）由价值或价值复合体组成的性格化（characterization by avalue or value complex）。在这个层次上，各种价值在个体价值结构中的位置已经确定，并控制着个体的行为，使他在相当长的时间内能以内化价值行事。其行为特征，是某一价值或价值复合体为学生所内化，成为持久影响其行为的个性特征。这类目标包括泛化心向和个性化。

3. 动作技能领域的教育目标

动作技能领域的目标分类是由美国学者 A. J. 辛普森和 E. J. 哈罗等人完成的。哈罗以学龄前儿童为视角，而辛普森以职业教育为出发点，从不同角度对动作技能进行分类。

（1）哈罗提出的六个层次的动作技能目标。一是反射动作，指学生在无意识和意愿的前提下，对某些刺激作出的反应，表现为随意动作，这是动作行为的必要基础。二是基础动作，建立在儿童身体内部固有的反射是这个层次的基础，以高度形式化和可预测的方式呈现出来，包括各种动作，是一些固有的动作形式，以反射为基础，无须训练。三是知觉能力，涉及动作技能行为和认知行为，是学生在认知、情感和动作技能领域中得到发展的必要条件。四是体能，这是学生在动作技能领域中有效发挥作用所必不可缺的，也是技巧动作发展的基础的一个不可或缺的部分。一个人身体的各系统正常发挥功能，使之逐渐适应所处环境对他的要求。五是技巧动作，是指从事复杂动作任务的有效程度，包括要求学习的、被认为复杂适度的各种动作任务，有别于基本动作。技巧动作是由纵、横两个连续体组成。六是有意沟通，即动作沟通。动作沟通是学生动作行为的一个重要方面。每个学习者都形成某种动作风格，同有理解能力的人交流自己的感情体验。

（2）辛普森提出的七个层次的动作技能目标。辛普森从职业教育出发，于1972年提出了七个层次的动作技能目标。一是知觉。这是从事一种动作最实质性的步骤，它是通过感觉器官觉察客体、质量或关系的过程，是导致动作活动的"情境—解释—行动"连锁中基本的一环，包括感觉刺激（听觉、视觉、触觉、味觉、嗅觉、动觉）、线索的选择和转化。二是定势。这是为了某种特定的行为或经验而作出的预备性调整或准备状态，包括心理定势、生理定势、情绪定势。三是指导下的反应。这是形成技能的最初的一步，重点放在较复杂的技能成分上。指导下的反应是个体在教师指导下，或根据自我评价表现出来的外显的行为行动。从事这一行动的先决条件是作出反应的准备状态，即产生外显的行为行动和选择适当反应的定势。所谓反应的选择，是指决定哪些反应是满足任务操作的要求而必须作出的。四是机制，指已成为习惯的习得的反应。在这一层次上，学生对从事某种行动已有一定的信心和熟练的程度。这一行动是他对刺激和情境要求能够作出种种反应的行为库的一部分，并且是一种适当的反应。五是复杂的外显反应。这里所说的是个体因为有了所需要的动作形式，能够从事相当复杂的动作行动。在这一层次上，个体已经掌握了技能，并且能够进行得既稳定而又有效，即花费最少的时间和精力完成这一动作。六是适应，是一种生理上的反应。为了使自己的动作活动适合新的问题情境，就必须改变动作活动。七是创作。根据在动作技能领域中形成的理解力、能力和技能，创造新的动作行动或操作材料的方式。

从以上三个领域的目标分类可以看出，其特点之一是用学生具体的外显的行为来陈述目标。布鲁姆认为，首先，制定目标是为了便于客观地交流和评价，因此，目标必须以具体的、外显的行为来陈述，事实上，只有具体的、外显的行为目标，才是可测量的。"要想界说目标，使之不产生多种解释，就必须把可随意推论的动词转换成对学生的行动须作直接观察的行为动词；同时，在适当场合详细说明解释修饰词与形容词所用的准则。"[①] 只有像"形成区别事实与假设的能力"或"培养学生领会课文中各个观念之间关系的能力"这类教育目标，才是可测量的。其次，目标是有层级结构的。认知领域包括六个层次类别，情感领域包括五个类别，而每个类别又都包括若干亚类别。可见，布鲁姆等人的分类理论是将学生行为从简单到复杂递进排列，复杂行为是由简单行为组合而成的。行为目标是由简单到复杂递增的，各目标不是孤立的，后一类目标是建立在已达到的前一类目标的基础上的。布鲁姆曾说："可以把我们的分类表述为这样一种形式：属于 A 式的行为形成一类，属于 AB 式的行为形成另一类，而属于 ABC 的行为又可以形成一类。"[②] 再次，教育目标分类理论是超学科内容的。布鲁姆认为，教育目标分类的方法是不受学生年龄和教学内容所局限的。不论是数学、语文，还是历史、地理；不论是低年级学生，还是高年级学生，都可以把教育目标分类学的层次结构作为框架，加入相应的内容，形成每门学科的教育目标体系。最后，教育目标分类学是一种工具，是为教师进行教学和科研服务的。所以，目标分类本身并不是目的，而是为评价教学结果提供测量手段，同时有助于对教学过程和学生的变化作出各种假设，激发对教育问题的思考。此外，它还有助于教师恰当安排各类教学内容，为课程编制提供指导。

---

① ［美］B. S. 布鲁姆，等：《教育评价》，邱渊，等，译，46 页，上海，华东师范大学出版社，1987。

② ［美］B. S. 布鲁姆，等：《教育目标分类学（第一分册）：认知领域》，罗黎辉，等，译，46 页，上海，华东师范大学出版社，1986。

（二）加涅的教育目标理论

美国教育心理学家加涅在其《学习的条件》一书中认为，学习的结果或者教育活动所追求的目标，就是形成学生的五种能力：

第一，言语信息。它包括命名（给物体的类别以称呼）、用简单命题（句子）表述事实、知识群（各种命题和事实的聚合体）。实际上，加涅所讲的言语信息就是我们通常所说的知识或书本知识。

第二，理智技能。它是指学生运用概念符号与环境相互作用的能力，是学校教育中最基本、最普遍的内容，包括最基本的语言技能到高级的专业技能。在学校教育中，尤其以辨别、概念、规则、问题解决（高级规则）的学习为主。这些理智技能的排列由简单到复杂，学习每一种理智技能，都是以前面较简单的技能为先决条件的。

第三，认知策略。它指学习者对认知过程进行调节与控制的能力，包括学习者控制自己的注意力、选择性知觉、调节编码方式、提高记忆质量等能力。加涅指出，学生能否解决问题，既取决于是否掌握有关的规则，也取决于学生控制自己内部思维过程的策略。学生在选择和使用认知策略方面存在着个别差异。即使所有学生都掌握了同样程度的理智技能，但由于有些学生采取的认知策略较合适些，因而表现出来的问题解决能力就更强些。特别是理智技能与认知策略往往是同一学习过程的两个方面，学生在学习理智技能的同时，也形成了调节学习、记忆和思维方式。因此，脱离了具体内容的学习，就既不可能习得也不可能运用认知策略。

第四，动作技能。其显著特点是只有经过长期不断的练习，才能日益精确和连贯。只有当学生不仅能完成某种规定的动作，而且这些动作已被组织成一个连贯的、精确的和在一定时间内完成的完整的动作时，才能说他已获得了这种能力。

第五，态度。它是一种影响和调节一个人行动的内部状态，也是一种学习的结果。人们采取什么行动，显然受态度影响，但态度与人们行为的关系不是直接的，态度一般要经过相当长的时期才能逐渐形成或改变，而不是作为单一经验的结果突然发生的。

（三）梶田叡一对教育目标的分类

日本教育评价专家梶田叡一把教育目标分类理论与日本的教育实践相结合，将教育目标分为开、示、悟、入四个层次，每个层次都有认知目标、情感目标、意志目标、技能目标四个领域，如表6-1所示。

表6-1　梶田叡一对教育目标的分类

目标要求	开：开阔视野，启迪思维	示：掌握要点，基本会做	悟：能够自己理解	入：能把知识变成生活或人格的构成部分
认知目标	尽可能地予以注意；利用已有经验；要有体验和实感	能够理解含义；会运用术语及概念	能把知识变成自己的东西而应用于实践	能把认知活动看作是形成自己人生观和世界观的一部分

续表

目标要求	开：开阔视野，启迪思维	示：掌握要点，基本会做	悟：能够自己理解	入：能把知识变成生活或人格的构成部分
情感目标	尽可能地去感知；要有实感和体验	能了解优点和特长	尽可能加深对优点的理解；将自己的领悟体现到行动中去	用深刻体验到的优点构成日常生活
意志目标	将注意转向目标；产生效力感；要有体验和实感	体验含义；按含义所示方向行动	能够自行确定意义和价值；能够按照意义和价值的方向约束自己	用自己所领悟的意义从事各种日常工作
技能目标	将注意转向目标；形成模式的印象；利用已有经验	基本上可以对照模式完成任务	能在没有模式的情况下完成任务	能把形成技能看作是行动或生活的一部分

（四）国内教育目标分类理论

受国外教育目标分类研究的启示，国内一些学者结合中国国情，对教育目标分类理论进行了深入的探讨，在实践领域结合各科教学建立了各类教育目标。例如，唐文中主编的《教学论》从学校完成的教学任务包括德、智、体、美、劳儿方面和教学所具有的价值功能方面两条线索对教学目标进行了分类。[①] 如表6-2所示。

表6-2　唐文中对教学目标的分类

	智育	德育	体育	美育	劳动技术教育
基本知识	各门科学基本知识	马列主义理论、世界观、法律及道德知识	体育、卫生保健知识	审美、欣赏美的知识	劳动技术知识
技能技巧	读、写、算和实验操作技能技巧	人际交往技能技巧	体育运动和卫生保健技能技巧	表达美的技能技巧	劳动技能技巧
情感态度	认知动机、兴趣、智力活动的意志	理想、信念、价值观的形成	体育运动的兴趣和意志的形成	审美价值、兴趣、情操	劳动的态度、兴趣

①　唐文中：《教学论》，34~35页，哈尔滨，黑龙江教育出版社，1990。

续表

	智育	德育	体育	美育	劳动技术教育
智力、创造力	思维的批判性、独创性，独立发现问题、解决问题的能力	独立判断、评价是非的能力	发展创新体育运动技术、保健技术的意识与能力	创造美的能力	创造性劳动的能力
心理与行为习惯	智力和创造性活动的习惯	道德行为习惯、个人交往风格	体育运动和卫生保健习惯	审美和创造美的习惯	劳动习惯

吴也显主编的《教学论新编》从认知、情意、动作技能三大领域对学习水平进行了分类，例如认知领域的学习水平分类，如表6-3所示。

表6-3　认知领域的学习水平分类示例

学习水平	具 体 行 为
记忆	记住学过的材料
理解	1. 将学习材料从一种形式转换成另一种形式 2. 理解学习材料 3. 对学习材料作简单判断
简单应用	学习过的材料用于新的具体情境中去解决一些简单问题
综合应用	对具体综合问题各组成部分的辨认；部分之间各种关系的分析；识别组合这些部分的原理、法则，综合运用解决问题
创见	突破常规的思维格式，提出独到的见解或解题方法；按自己的观点对学习过程的材料进行整理分类；自己设计方案，解答一些实际问题

三、学生评价目标的结构

学生评价目标在本质上属于教育目标范畴，规定了学生在接受教育过程中和阶段性教育结束后，应获得的知识、能力、情感、态度等方面发展和变化的规定与要求。学生评价目标要充分体现国家的教育目标和学校的培养目标，以确保学校培养人才的质量和规格，否则，评价会偏离正确的价值取向，偏离教育目标方向。因此，学生评价目标必须以教育目标为依据，并通过评价促进教育目标的实现。新课程改革强调改变课程过于注重知识传授的倾向，强调学生形成积极主动的学习态度，使获得基础知识和基本技能的过程同时成为学会学习和形成正确价值观的过程。因此，学生评价目标不仅关注学生认知领域的发展，而且要注重发现和发展学生多方面的能力和潜力。建立以促进学生发展为目标的学生评价目标体系，应包括基础性发展目标和学科学习目标。

（一）基础性发展目标

《教育部关于积极推进中小学评价与考试制度改革的通知》指出学生基础性发展目标包括：

第一，道德品质。爱祖国、爱人民、爱劳动、爱科学、爱社会主义；遵纪守法、诚实守信、维护公德、关心集体、保护环境。

第二，公民素养。自信、自尊、自强、自律、勤奋；对个人的行为负责；积极参加公益活动；具有社会责任感。

第三，学习能力。有学习的愿望与兴趣，能运用各种学习方式来提高学习水平，有对自己的学习过程和学习结果进行反思的习惯；能够结合所学不同学科的知识，运用已有的经验和技能，独立分析并解决问题；具有初步的研究与创新能力。

第四，交流与合作能力。能与他人一起确立目标并努力去实现目标，尊重并理解他人的观点与处境，能评价和约束自己的行为；能综合地运用各种交流和沟通的方法进行合作。

第五，运动与健康。热爱体育运动，养成体育锻炼的习惯，具备锻炼健身的能力、一定的运动技能和强健的体魄，形成健康的生活方式。

第六，审美与表现。能感受并欣赏生活、自然、艺术和科学中的美，具有健康的审美情趣；积极参加艺术活动，用多种方式进行艺术表现。

（二）学科学习目标

学生学科学习目标主要体现在学科课程标准对本学科学习所提出的要求。各学科课程标准已经列出本学科学习的目标和各个学段学生应该达到的目标，并对评价方式提出了建议。下面以《义务教育阶段国家数学课程标准》的总体目标为例，展示国家学科课程标准对学生学习提出的要求。

第一，知识和技能。经历将一些实际问题抽象为数与代数问题的过程，掌握数与代数的基础知识和基本技能，并能解决简单的问题；经历探究物体与图形的形状、大小、位置关系和变换的过程，掌握空间与图形的基础知识和基本技能，并能解决简单的问题；经历提出问题，收集、整理、描述和分析数据，作出决策和预测的过程，掌握统计与概率的基础知识和基本技能，并能解决简单的实际问题。

第二，数学思考。经历运用数字字母图形描述现实世界的过程，建立初步的数感和符号感，发展抽象思维；丰富对现实空间及图形的认识，建立初步的空间观念，发展形象思维；经历观察、实验、猜想、证明等数学活动过程，发展归纳推理能力和初步的演绎推理能力，能合理、清晰地简述自己的观点。

第三，解决问题。逐步学会从数学的角度提出问题、理解问题，并能综合运用所学的知识和技能来解决问题；形成解决问题的一些基本策略，体验解决问题策略的多样性，发展实践能力与创新精神；学会与人合作，并能与他人交流思维的过程和结果，逐步形成评价与反思的意识。

第四，情感和态度。能积极参与数学活动，对数学有好奇心与求知欲；在数学学习活动中获得成功的体验，锻炼克服困难的意志，建立自信心；认识数学与人类生活的密切联系及对人类历史发展的作用，体验数学活动充满着探索与创造，感受证明的必要性、证明过程的严谨性以及结论的确定性；形成尊重客观事实的态度以及独立思考的习惯，能够进行合理的质疑。

第三节　学生评价的基本内容

在现代社会中，不管培养哪一类型的人才，都必须具有完整的素质结构。学生作为一个有机整体，其基本因素是德、智、体、美、劳。衡量学生质量高低的标准，概括起来讲，就是看学生在德智体等方面是否得到全面发展。

一、学科学习效果

学科学习效果既包括学生接受知识的量和质的结果，也包括学生情意领域的发展，是知识和能力的和谐统一。

（一）学科基础知识与基本技能

通过各科学习，学生要掌握基础知识和基本技能，这是中小学教育教学工作的重要任务之一，主要体现在中小学各门学科的课程目标中。

基础知识是指各学科的基本事实及其基本概念、原理和公式等，它是组成各门学科的基本结构，揭示了学科研究对象的规律，反映了科学文化发展的现代化水平。中小学生应掌握的基础知识的要求是：学生准确、迅速、牢固地记住学科大纲要求的知识；理解所学概念、原理、公式等，能对知识进行转化、解释以及推断和延伸；能用所学知识、原理、法则等解决实际问题；对所学知识有一定的分析和综合能力，有独立的见解。在深刻领会、掌握书本知识的同时，注意博学，勤于动脑，广泛阅读课外健康读物，了解学科课程之外的自然、社会、科学、文化和日常生活等方面的基本常识，知识面广。

技能是指运用一定的知识和经验顺利完成某种活动的方式。基本技能是指获得各门学科知识和运用知识去完成某种活动最主要、最常见的能力，如语文中的阅读技能、数学中的计算技能等。通过各科学习，中小学生要掌握和形成的技能有：听的技能，要具有听觉注意力、听觉理解力和记忆力、听觉分析能力和一定的听写能力；说话的技能，说话具有条理性、清晰性和完整性；写作技能，能按年级要求写出符合一定规格和命题要求的文体，能较明确地表达自己的思想和情感，中心思想突出，结构层次清楚，语言表达准确、流畅；阅读技能，朗读课文正确、流利、有感情，能较迅速地默读课文，有创造性地复述课文；实验操作技能，学生能独立操作实验，实验步骤准确，态度认真、细致，实验效果好，具有自己制订实验计划的能力与实验结果的处理、解释、概括和应用的技能以及实验报告的写作技能；计算技能，能正确地进行四则运算，计算方法合理、灵活，能进行口算和心算。

（二）基本能力发展

中小学生通过学科学习，应具有认知能力、实践能力和创新能力三大基本能力。认知能力包括观察力、注意力、记忆力、思维力、想象力等。认知能力的评价要看学生是否具有较敏锐的观察力、较强的思维能力、良好的记忆力，是否善于发现问题、提出问题，想象力是否新颖、独特。实践能力指学生初步掌握运用现代技术手段和动手操作解决问题的能力，具有以实验的方法学习、验证、发现、认识科学知识的能力，能将知识运用于实践。创新能力是指学生运用自己已有的知识和智能产生新的认识、新的观点、新的方法或创造新的事物的能力。评价学生的创新能力是看学生是否具有质疑的能力，善于发现问题和提出问题；是否勤于动脑，善于想象，提出新观点，具有一定的创造性思维的能力；是否具有能在各种各样新情境中运用知识解决各种问题的能力；是否掌握创造的基本技能、技巧与方法，能创造性地解决问题。

（三）学习兴趣、方法与习惯

各科教学要培养学生对本学科学习的兴趣和情感，产生主动学习、独立思考的积极性。通过各科学习，使学生明确学习对个体及人类发展的意义，具有学习的兴趣和较强的求知欲望与顽强的学习精神，形成终身学习的意向和认识。学习方法是学生达到知识彼岸的桥梁和中介。虽然学生特点不同、学科性质不同，学习方法也不同，但也有共性的存在。对学生要进行学习方法教育，使学生掌握制订计划、预习、听讲、记笔记、复习等一般的学习方法，会制订学习计划，会记笔记，综合运用多种方法巩固知识，初步形成适合个体的学习方法，掌握调节学习的方法和技巧。同时，通过学科学习，学生要养成良好的学习习惯、正确的实验操作习惯，养成不断学习、充实自己、遇到问题时通过学习解决问题的习惯。在学习态度上，要具有勤奋的学习态度和学习积极性，具有不断进取、不断提高学习质量以及不断改善和改进学习状况的热情和行动。

（四）科学精神与方法

通过各科学习，学生要认识科学，具有科学精神，懂得世界可以认识；要具有科学能够认识真理的观念，热爱科学、崇尚科学；具有在科学认识的道路上求新、探索、批判的精神；敢于否定和批判，不迷信；具有求真、求实的科学态度，坚持真理，实事求是。同时，要具有科学方法，掌握观察、实验、测量等认识世界的科学实证方法，学会逻辑分析方法。

二、思想品德和公民素养发展水平

中小学教育是"为人"的教育，通过教育首先使学生成为"人"，然后成才。一个人的思想道德品质和公民素养是做人的基础。根据当前国家和社会的要求，学生思想品德和公民素养发展水平评价的内容主要为：

（一）政治品质

主要指基本的政治常识、对政治的看法、态度和政治行为。初步了解社会发展一般规律的知识，了解我国国情和国际国内政治生活中的常识；拥护党的思想路线、方针、政策，拥护社会主义制度；热爱社会主义祖国，树立崇高的爱国主义精神；热爱中华民族，具有民族自尊、自信、自强和自豪的精神以及民族团结意识；坚持四项基本原则，维护国家统一和民族团结，维护国家的利益和荣誉；在思想和行动上能抵制一切腐朽思想，树立坚定的共产主义信念。

（二）思想品质

即一个人对人生的看法、态度和行为，是人的价值观、世界观、人生观的体现。评价学生的思想品质主要包括：一是世界观。初步掌握辩证唯物主义和历史唯物主义的基本观点，全面地、辩证地、发展地看待事物；相信科学，反对迷信，运用科学的思想方法观察、分析、理解、处理问题。二是人生观。初步形成积极的人生态度和正确的幸福观、苦乐观、荣辱观以及人生理想；意志力坚强，具有对失败挫折的承受力，有自强不息、顽强拼搏的精神。三是价值观。有集体荣誉感，能正确处理个人利益与集体利益、国家利益的关系，初步具有为人民服务的思想和奉献精神。四是自我教育。具有正确的自我认识、自我控制、自我决策、自我完善、自我发展的意识和独立自主的精神，自尊、自爱、自信、自励。五是现代公民意识。具有主体意识，信息意识，竞争意识与合作意识，时间、质量、效率意识，环保意识，生态意识，创新意识，服务意识，民主意识，法制意识等。

（三）道德品质

道德品质是指一个人依据一定的道德规范在行动时所表现出来的某些稳定的倾向和特征，包括道德认识、道德情感、道德意志和道德习惯。中小学生道德品质评价主要包括：一是了解社会主义道德的基本准则，遵守社会公德。善良正直，有社会责任感和同情心，乐于助人；关心集体，爱护公物；惜时守时，诚实守信；明辨是非，爱憎分明，有一定胆识。二是讲文明，懂礼貌。尊敬师长，虚心接受教导；孝敬父母，体谅关心家人；团结同学，同学之间相处友善、互相尊重；语言文明，说话和气，能坚持正确使用礼貌用语；行为文明，仪表整洁、大方；有健康的生活习惯，不接触庸俗媒体，不参与迷信活动。三是勤劳俭朴。认真参与校内外公益劳动；珍惜粮食、节约水电资源；积极参与社会实践教育活动；四是遵纪守法。自觉遵守校纪校规；遵守公共交通规则；遵守法律、法令、法规，敢于检举、揭发违法、犯罪行为。五是勤奋学习和自我修养。要有理想、有目标，学习动机正确；讲究学习效率，有广泛兴趣和强烈的求知欲；具有自我修养的意识与能力。

（四）民主法制素质

在法治社会里，作为一个现代公民，必须具有民主法制素质。要具有民主法制知识，学法、懂法；具有民主法制观念，懂得法律面前人人平等；具有公民权利意识和义务意识，依法履行义务，知道九年义务教育是青少年的权利和应尽的义务，行使个人权利，维护个人权益；维护宪法权威，遵守国家法律，依法办事；依法维护国家、集体的利益；具有民主与法制的追求，为健全民主与法制尽职、尽责、尽力。

（五）劳动素质

我国的教育目标是培养德智体全面发展的社会主义事业的建设者和接班人，因此，学会劳动是每一个现代公民的基本素养。一是对劳动的认识和态度。懂得劳动意义，树立正确的劳动观念，具有劳动效率和质量意识；热爱劳动和劳动人民，爱护劳动工具，珍惜劳动成果，不轻视体力劳动。二是具有一定的劳动知识和技能。劳动技术课学习认真，具有基本的劳动技术知识、劳动卫生与安全知识；具有基本的劳动技能，会使用基本的劳动工具，把所学知识与实际生产劳动联系起来。三是养成良好的劳动习惯。积极主动参加社会公益劳动、学校劳动和家务劳动；生活自理，具有自我服务劳动技能。四是职业认知与准备。具有基本的社会职业知识，正确对待各行各业；对个人的能力倾向有一定的认识和了解。

三、学习能力与交流合作能力

现代教育的任务要求不仅使学生掌握丰富的知识和必要的技能，更重要的是培养学生具有终身学习的能力以及与他人进行交流、合作的能力，学会学习和合作。学会求知、具有学习能力与交流合作能力，对中小学生的未来发展至关重要。

（一）学习能力

学习是每个人从自然人走向社会人的必然途径和手段。学习能力，即学生终身学习、不断获取新知识的能力。它是一种综合能力，包括确定学习目标，制订学习计划，科学安排学习时间，查阅学习资料，独立阅读，善于思考，改进学习方法，提出问题并主动寻求解答的能力。

学生学习能力评价的内容主要为：一是组织学习活动的能力。能独立确定学习目标和学习任务，制订学习计划并按计划进行学习；掌握各科学习方法，依据学习任务能选择合理的学习方法，学会自我考核学习效果。二是读书的能力。能自己看书，包括教科书、课外读物和报纸杂志，学会全面阅读、精读、浏览、研读，具有自学能力；能从教材及参考书中找到问题的答案，并能对问题进行对照、分析、综合、证明、评价；能抓住文章的主要内容和核心思想。三是听记能力。听完讲述的内容后能根据要求进行概括、记录，并能整理笔记，提取信息。四是搜集和使用资料的能力。具备及时获取、选择和运用信息的能力，能通过目录、图书、索引、手册等选择参考书和参考资料，并使用参考书和参考资料；能熟练运用网络选择和收集资料，根据需要对资料进行筛选和分类；能用资料论证或阐述自己的观点；能充分利用网络，进行网上学习，具有学习适应能力；形成独立思考、勤于研究、独立学习的能力。五是学习意志力。具有较强的意志力，能克服学习上的困难，能持之以恒，坚持不懈。英国作家狄更斯曾说："顽强的毅力可以征服世界上的任何一座高峰。"

（二）合作交流能力

现代社会各个领域的全球化和国际化缩小了国际间的距离，人与人交往的范围扩大了，频率增加了，相互协作、善于交流合作和恪守集体纪律、能乐群合众等品质成为新一代人的行为特征。因此，学会交流与合作是学生在 21 世纪必备的素质。其评价要点主要表现为：一是学生要了解合作、交流的意义和价值，知道合作的重要意义，具有合作的意识和需要。二是具有合作和交流的知识与技能。了解基本合作知识和交往知识，掌握合作用语；了解人际交往的技术和方法，具有与人协商和表达自己的意愿、倾听别人说话、向别人展示自己的观点、向别人道谢和道歉、向别人提出请求和统一当前的意见的技巧和方法。三是尊重别人，会欣赏别人，能理解和接纳他人的观点和建议，生生关系、师生关系和家生关系和谐。四是积极参与各种集体活动或小组活动，在活动中逐步学会与他人的合作，合作行为逐渐由被动型转为主动型。

四、身心健康水平

根据世界卫生组织给健康下的定义："健康不仅仅是没有疾病，而是身体的、精神的健康和社会适应良好的总称。"中小学生正处于长身体、长知识的关键时期，健康的身心是学生学习和发展的重要保证。

（一）身体素质发展

身体素质是人的生命活动和劳动工作能力的物质基础。学生身体素质发展水平评价就是根据国家颁布的学生体育卫生目标，运用可行的科学手段，对学生的身体形态、机能、素质和身体适应能力等方面进行价值判断。

第一，身体形态发育水平和生理机能水平。身体形态发育水平主要指体格、体型和姿势等发育状况。主要指标是身高、体重和胸围，要根据国家在这方面规定的各年龄阶段的指数标准去确定等级的高低。生理机能水平是指人体在新陈代谢作用下，各器官系统工作的能力，主要包括脉搏、血压和肺活量。这两个方面评价的目标是身体形态发育和生理机能水平能得到发展，达到正常的身体形态发育水平和生理机能水平；体质增强，具有健美的体格；具有适应常态与非常态环境和抵御疾病的能力，能满足从事学习和工作的要求。

第二，体育知识、技能发展水平。包括了解生理卫生常识、运动保健知识，掌握基本的体育运动知识；具有锻炼身体和生活中的基本实用技能、运动技术和体育娱乐方法，具有基本的体育技能和运动能力，动作、姿势正确，动作轻松、自然、协调、优美，达到比较熟练化程度。

第三，身体素质和体育运动水平。身体素质指人体在从事体力劳动和体育活动中各器官系统表现出来的各种技能的能力，主要包括力量素质、耐力素质、灵敏素质、柔韧素质和速度素质。运动能力指人体在从事体育活动时所表现出来的走、跑、跳、投掷、攀登、爬越等基本活动能力。这两方面的评价要按照国家体委颁发的《中小学生体育达标评分标准》进行测评。

第四，生活卫生与健身习惯。学生是否养成良好的卫生习惯和健身习惯直接关系到学生的身体健康。学生要具有保持卫生的意识与习惯，保持个人卫生与爱护环境卫生；具有良好的饮食习惯，形成合理的生活作息习惯；具有保健意识，用脑用眼科学，加强体育锻炼，形成健身习惯。

（二）个性心理素质

个性心理素质主要指一个人的性格品质、心理适应能力、心理发展动力、心理健康状况以及由心理影响的意志行为表现等整体心理品质。培养学生良好的心理品质可以帮助学生形成健全人格，增强承受挫折的能力和适应环境的能力。中小学生个性心理素质评价的主要内容有：

第一，形成健全个性。有积极、合理的需要，具有稳定与广泛相统一的兴趣；具有强度适宜的学习动机，态度端正；个性与行为之间和谐统一，行为正常，心理行为符合年龄特征；个性品质优良，热爱生活，乐观向上，积极上进，有责任心；学习勤奋刻苦，具有创新精神，意志力坚强。

第二，积极地塑造自我。全面客观地了解自己，自信、自爱、自强，正确评价自己，具有积极的自我体验；具有一定的自我调节能力，会自我控制。

第三，心理适应能力较强。自我适应良好，具有自主能力和自我发展的意识，逐步学会顺利实现自我角色的多种转换；能适应他人，正确地认知他人、理解他人、接纳他人，具有良好的人际交往能力；能适应社会、生活与环境，具有社会知觉能力、价值判断能力和竞争及协作的能力，并有较强的竞争意识和竞争能力；能积极适应学校的生活环境，具有应变能力、承受挫折能力、情绪调适能力和心理保健能力等。

第四，心理健康状况。主要看学生是否存在情绪、认知、性格缺陷等方面的心理障碍，有无心理疾病；是否有健全的性格、品质；是否具备必要的认知能力和心理适应能力；是否有理想、有抱负，学习动机是否端正等。

五、审美素养

根据我国中小学美育的任务，学生审美素养的评价主要包括学生对美的认识、审美情趣、审美能力和对美的维护与创造。

对美的认识是学生审美素养发展的基础。它包括对美的含义有正确的认识；了解自然美、社会美、艺术美、科学美的意义和基本内容；具有关于美的基本知识，音乐、美术、文学等艺术基础知识，东西方艺术常识，传统艺术和现代艺术常识。

审美情趣是人的审美观的重要组成部分，只有有了审美的需求和向往，才能鉴赏美、创造美。学生要具有对自然美、社会美、艺术美、科学美的需求；能对自然美、社会美、艺术美、科学美等进行初步的感知、观察、理解和想象，具有健康的审美情感；具有鉴赏自然美、社会美、艺术美、科学美的兴趣和健康情调。

审美能力主要是美的感受力、理解力、鉴赏力、表现力、想象力、创造力等。要具有对审美对象的感知能力，包括对事物美的外在形式如声音、颜色等的感知和对所蕴藏的情感表现的感知；具有对美的事物的鉴别和评价能力；能通过音乐、美术等形式，把自己的感情和思想表达出来；能创造美好环境，进行一定的艺术表现和创作；能分清美丑，维护美，做到心灵美、语言美、行为美、仪表美；以积极的态度对所见所闻的事物进行有价值的选择和评定；具有较高尚的情操。

总之，学生发展评价的内容，就其现实选择来说，主要包括学科学习效果评价、学生思想品德和公民素养发展水平评价、学生学习能力和交流合作能力评价、身心健康水平评价和审美素养评价，反映了学生发展的全面性。在实践中，要注重学生综合素质评价，但也不能面面俱到，要针对不同评价对象及其层次性，确定具体的评价内容，体现学生发展的阶段性和差异性。

第四节　学生评价的形式与方法

一、学生自我评价及一般操作方法

（一）学生自我评价的含义与意义

1. 学生自我评价的含义

我国台湾学者李聪明认为，现代教育评价不是教师的独占物，其一半的责任应由学习者自我承担。美国学者库克认为，最有效的评价是学生的自我评价，其次为教师与同学间的评价，最差的是学级外的人的评价。作为学习的主人，学生应"能够评价和修正自己的初步知识"。学生自我评价是学生作为评价主体，依据一定的标准对自己的期望、品德、发展状况、学习行为与结果及个性特征进行判断，是学生自我认识、自我分析、自我提高的过程。学生自我评价有公开的自我评价和潜在的自我评价。公开的自我评价是指按别人的要求进行且要将评价公开出来的自我评价；潜在的自我评价是由自己有意识地进行，不需告诉他人的自我评价。学生在心理发展尚未成熟阶段，一般需有别人促使才能进行自我评价，一旦形成自我评价的习惯就逐步过渡到潜在的自我评价，二者之间是一个连续不断的过程。

2. 学生自我评价的意义

（1）自我评价是学生自我认识的基本手段。学生自我评价的过程就是学生认识自我、激励自我、调整自我等自我教育能力不断提高的过程。横向来看，自我评价可以比较各个学科的学习成绩，自己各种能力的发展情况，看到自己的进步和优势，发现自己的不足。纵向来看，可以以现在的成绩为基础，同自己过去的成绩进行比较，看到自己的进步，并提出未来发展的目标。

（2）自我评价有助于学生完善人格的形成。从心理学观点来看，自我评价是个体对自己生理或心理特征的判断，是自我意识的重要组成部分。如果一个儿童对自己的评价是肯定的，是有价值的，则会树立自信；如果总看不到自己的优点，只看到自己的不足，则容易产生自卑心理，丧失自信心；相反，如果总看到自己的优点，看不到自己的不足和缺点，感觉自己处处比别人强，易产生盲目乐观的情绪。学生自我评价的过程就是学生主体意识被唤醒，其积极性、自主性和创造性得以激发和个性张扬的过程。

（3）重视自我评价，可以增强学生自我教育、自我管理的责任感。通过自我评价，学生可以了解自己的进步状态与差距，从中受到激励，增强自信心。在自我评价的过程中，可以加深领会并内化评价标准，进行自我行为控制，形成自我约束的良好习惯。同时，自我评价也是培养学生责任心的有效途径，学生要对评价结果负责，还有利于克服对他人评估的逆反心理。

（4）有利于学生的发展与提高。自我评价能够引导学生通过内省获得自我肯定的意识，促进了学生主体人文精神的建构和自学能力的培养。在自评过程中，学生对自己行动的检查与评定，形成了自我反馈环节，不断调节自身行为和心理状态，符合目标要求的行为得到强化，违背的则被抑制，提高学习效率，使其不断进步和提高。

（二）学生自我评价的一般方法

实践中学生自我评价的途径和方法很多，教师要充分挖掘可以利用的资源，为学生提供自我评价的平台，使学生在现有基础上谋求实实在在的发展。

1. 自我评价要贯穿于学习的全过程

包括学习活动开始之前、展开过程之中和结束之后。学生的学习和发展是一个连续的过程，在活动开始之前，学生要对学习计划与准备工作进行评价，检查自己是否对做什么、如何做以及何时做等有个大致的安排，是否调节好了自己的情绪与精力状态。在活动过程中，学生要对自己是否对学习活动的目标、任务和材料等有清楚的认识作出评价，判断自己是否激活了心理状态和与当前学习任务有关的所有因素的注意，是不是依据学习任务、材料与个人特点选择了适当的方法。同时，随时对学习活动中各种因素是否相互适应作出评价。如果各因素相互适应，则维持学习行为，若各因素至少有某些不相适应，则要采取措施修改学习行为。在学习活动结束之后，要检查和评价学习活动的质量和学习效果，同时发现学习中存在的问题，探讨解决措施。

2. 利用评价项目清单进行自评，然后写个人总结

评价项目清单列举了一系列有关学生学习和发展的问题，例如"一学期以来，你对自己的学习方式感到满意吗？为什么？""你认为这学期你最成功的一件事是什么？""你觉得最失败的一件事是什么？失败的原因是什么？""你认为学习过程中存在的最大困难是什么？"……学生可以依据问题，根据自己的实际情况作出回答。这一方法可以在平时进行，也可以在学期结束时进行。一学期终结时，班主任和任课教师合作，制定一个评价项目清单，指导学生依据清单上的各项内容进行自评，然后对自己一学期来的学习和成长情况进行总结。

3. 范例评价

中小学生的自我评价多数是建立在教师或他人评价的基础上，依据外部评价的结论进行

自我评价，把教师评价高的学生的表现作为自我评价的标准。如教师平时说班级中某某是好学生，学习者则会通过观察这名学生的行为和各种表现来思考教师所说的好学生的标准，然后对照自己的行为和表现，看自己是否达到这一标准。学生通过教师一个个评价的范例吸取和接受一定的评价标准，逐步学会掌握评价活动的方式、方法。因此，教师对学生的评价一定要客观、公正，为学生树立好的评价范例。

4. 学习日志

学习日志是学生学习经历的一种经常性的总结，是学生用自己的词汇对记录下来的体验做的一种整理。学习日志可以描述自己的学习情况与各方面的发展，写自己对教学的态度和感受，记录头脑中闪过的想法或思维的片段，也可以记录自己在不同学科的反映，如针对一篇文章的读书笔记，对一条自然法则的分析，或解释一个数学问题。可以天天写，也可以隔几天一篇。写学习日志可以培养学生自我反思的能力、发现问题和分析问题的能力以及表达能力，是学生自我评价的有效形式。美国教育家杜威曾说过，学习日志可以帮助我们对学习过程进行思考与总结。通过学习日志，教师可以从学生的眼中看自己，帮助教师更好地了解自己的行为。因此，教师要指导学生写学习日志。

写学习日志时可以参考下面的问题：作为学习者，我对自己了解到什么？我对自己学习的情感反应了解到了什么？给我带来最大困难的学习任务是什么？在学习活动中，最让我感到自豪的是什么？最让我感到不满意的是什么？等等。写学科学习日志时，可以这周写语文学习日志，下周写数学学习日志，再下周写有关理化的学习日志，这样每周学生都对一门功课的学习情况进行反思。

5. 学生档案袋

学生档案袋是学生进行自我评价和教师评价学生的重要依据，是指用档案袋保存记录、以文件形式呈现的学生在一定时期的作业和作品，以展示学生在一个或几个领域学习的努力、进步状况和知识、技能与态度的发展。学生档案袋提供了反映学生成长历程的代表性作品，是一个不断生长的活的学生作品集。其主要目的是强调学生的优点，表明学生在某一时期内所取得的进步。通过这种形式，学生可以看到自己努力学习的结果，并能进行自身的纵向比较，"让每一位学生都留下成长进步的足迹，使每一位学生都获得自信"。

学生档案袋由学生、同伴、教师共同完成，在建立档案袋之初，教师和学生都应该明确选择档案袋内容的标准。学生档案袋有最佳作品档案袋和学习进步档案袋。最佳作品档案袋重点在最佳的最终产品，如数学中对教师所提问题的最佳解答、对某一几何定理的证明、对问题解决过程的描述等。学习进步档案袋重点是通过档案袋监测学生的学习和思维能力上的进步，诊断学习和思维困难以及新的学习和思维能力的提高。档案袋中放入进步记录包括草稿、思维记录、重写的内容，还有最终的产品。如双列数学问题解决——学生在每页纸的左边做计算而在其余部分写下连续的注解，解释他们的思考过程。

学生反思能力不同，档案袋的形式也不同。一是文件式。要求学生全面展示和反思学习与活动的过程，教师为学生提供有指导性的信息，学生根据教师的提示进行资料收集和选择。信息的呈现可以采用评价卡片、量表等形式。这种形式由于教师控制性强，操作性低，适合低年级学生。二是发展式。要求体现学生所要达到的能力目标，设计不同的能力模块，如言语能力模块、交往能力模块、探索能力模块等。在不同的模块区内，教师根据学生能力的不同选择是否设计提示信息及其呈现方式。这类档案对学生的抽象思维和反思能力有一定的要求，适合于中高年级。三是反思式。要求体现学生对学习过程自主的、全方位的反思。学生是档案的设计者和拥有者，自己选择能体现解决问题过程和能力发展的资料，并说明原因。这类档案没有标准形式，对学生的组织设计能力和反思能力要求很强，适合于高年级学生。

学生档案袋建立的过程体现了学生信息收集、选择和反思的过程，信息收集的过程是学生体验学习的过程，信息选择的过程是学生展示自己能力的过程，反思过程是学生自我了解的过程。例如，学生研究性学习档案袋的建立，从选择和确定课题，到制订学习计划、总结学习活动的过程、进行反思和交流，自始至终都积极地参与到了学习与评价的全过程，有助于学生了解自己在学习过程中所付出的努力、进步情形，反省自己的学习。

（三）教师要注重对学生自我评价的引导

由于学生发展水平和年龄特点的局限，他们对自己的评价还不能完全做到客观、准确，其结果往往对成绩或问题的估计易发生偏差，或过高或过低，这就需要教师正确引导。

教师首先要让学生明确什么是自我评价，包括哪些内容，有什么意义，同时要激发学生自评的需要。在自评过程中，教师应给予必要的指导和帮助，教给学生一些评价的方法和技术，例如指导学生制作档案袋。教师要引导学生明确自我评价的维度，是纵向评价还是横向评价要看评价的目的。学生自评的标准要切合学生实际，不对自己提出过高要求，也不提出过低要求，使自己不断进步和提高。另外，教师要为学生创设一个宽松和民主的教学氛围，鼓励学生反思自己在学习过程中遇到的困难和存在的问题，学生应该知道如何回答和解决诸如"需要解决的问题是什么？""我们怎样才能知道自己已经取得了进步？""我们怎样才算达到优秀？"，等等，引导学生学会自我评价。

二、学生小组评价及一般操作方法

（一）学生小组评价的意义

学生小组评价是以学生小组为基本单位对学生的学习和表现进行价值判断，是获取评价信息，鼓励学生参与，发挥学生主体性的一条重要渠道。现代心理学认为，多向信息交流较之单向信息交流有着更加显著的效果，能最大限度地发挥相互作用的功能。学生总是处于班集体之中，同伴之间平时在一起相处的时间较多，了解较深，彼此之间在年龄、特点、思想观念等方面相似，便于清楚地看到同伴的优点和缺点。同时，教师在课堂上的一切行为，几乎都发生在学生同伴相互作用的情境之中。小组成员之间相互交流想法，有利于发现更多的优点和问题，使自己获得的知识更丰富、更生动、更有条理。因此，学生小组评价对促进学生发展与提高有重要意义。

第一，小组评价是培养学生协作能力和合作精神的重要途径。小组评价的过程，实质上是小组成员思想观念碰撞、价值观相互协调和相互合作的过程，是学生与他人合作意识和技能不断提高的过程。在评价中，学生学会尊重、理解他人，学会协调和宽容，加深对同伴的了解和认识，可以了解评价是如何进行的，自己是如何被他人评价的。同时，小组成员对同伴的发展状况作出判断，则要对评价的进程和质量承担责任，为自己负责和为他人负责，培养了学生的责任意识。

第二，有利于促进学生自主学习、自我发展和自我评价。同伴的认可和赞许对学生发展极其重要。对学生来说，同学对他作出客观、积极的评价，有助于他形成积极的自我观念，从而产生自信。相反，如果对他的评价是消极的，则他的自我观念会是消极的。因此，应鼓励同学之间相互尊重、相互欣赏、相互鼓励。小组成员在对同伴作评价的同时，也反观自己的行为和状态，从而对自己作出更为客观的评价。小组评价一般要在成员自我评价的基础上进行，为了获得较好的评价结果，精心准备，尽量寻找能表明自己最大成就的信息。另外，学生的潜在自我评价的成熟是以对他人的评价为基础的，在对他人评价的过程中掌握评价的方法和标准，反思自我，学会对自己作评价。

第三，促进同伴之间的信息交流与共同提高。小组成员要对同伴进行评价，必须以一定的知识和技术为基础，例如社会知识，明确自己在小组中的位置和角色；概念知识，要评什么；方法技术知识，如何收集信息，结果如何呈现等。对同伴进行评价，自己首先对评价标准要予以正确把握，了解评价是如何进行的，自己是如何被他人评价的。在评价过程中，学生共同参与，同伴间面对面的交流和沟通，他们的思维必将产生冲突，不充足的推论会得以暴露，最终会达到正确的判断和深刻的理解。通过相互交流，相互评价，学生可以看到同伴身上的闪光点，利于学生扬长避短，相互学习和提高。

（二）学生小组评价的一般操作方法

第一，构建评价小组。这是进行小组评价的前提。教师要对班级学生进行合理分组，一般由 5~8 名学生组成，小组成员在性别、学业成绩、智力水平、个性特征、家庭背景、思想观念等方面要有合理的差异，使小组"组内异质，组间同质"，成为全班的缩影或截面。选一名在学生中具有较高威信、成绩好、责任心强、有一定组织能力的学生担任小组长，负责该组评价工作的组织、协调和评价的开展。教师要向小组成员阐明评价的目的是让同伴看到自己的进步，要用发展的眼光看人，客观地对待他人和自己。要指导学生尊重和正确对待同伴的评价，要善意肯定别人的优点并指出不足。同时，教师要明确评价的标准，教给学生一些评价的技术和方法，以保证小组评价顺利进行。

第二，合理设置评价问题和内容。小组评价包括学习活动及学习以外的内容。内容的选择和问题的设计要鼓励学生参与，获得学生的认可。小组评价前，先进行学生自我评价，让学生先说说自己，如"遇到我会回答的问题，我都举手了；我能在同学们面前大声说出自己的想法；我一直在努力，也取得了一定进步"等，然后再让评价小组的成员评定等级，对评价对象写出总的评语，如爱动脑筋思考问题吗？经常举手发言吗？能仔细听老师讲课，听同学发言吗？能积极参加小组活动，与同学友好相处吗？经常能想出和别人不一样的方法吗？等等。同时，培养学生树立目标意识。目标意识指个体是否对评价的目标有明确的意识，是否知道自己为什么要评价或参与评价。只有具有了合理而明确的目标，较深刻地理解了评价的意义，个体才能主动地去参与。

第三，恰当选择评价时机。小组评价主要运用于过程性评价，评价次数要适当，三周或四周一次，不能过度使用。过多使用会加大教师和学生的工作量，也会给学生造成不必要的负担，使学生产生厌烦情绪。

第四，确定小组评价的方式方法。学生小组评价的方式方法很多，如小组讨论、小组评价表、表现观察、小组评分等。评价方法的选择应体现小组间的相互作用和进步。如表6-4是一个英语课堂行为表现小组评价表。

表6-4　课堂行为表现评价表

项　　目	优　秀	较满意	需改进
课堂情绪高涨，注意力集中			
主动提问			
积极回答			
积极参与小组活动，能合作			
朗读、表演有声有色			
做好课堂笔记，完成课堂练习			
顺利背诵听写单词			

（三）开展学生小组评价应注意的问题

由于中小学生的不成熟性，对问题的看法易受主观愿望影响，对他人评价往往要求很严，抓住某点不足不放，不能客观地评价，这就需要教师作正面引导、扶持与帮助。进行小组评价前教师要做好充分的准备工作，对小组评价进行必要的指导，重点关注那些基础较差、体能和活动能力不强，但学习态度认真、积极，进步幅度明显的学生，使他们在小组评价中也能得到表扬和肯定，借以提高他们的自尊和自信。教师要创造和谐的小组评价氛围，注重良好人际关系的建立，使评价者与被评者友好地相处、合作，避免一些不必要的心理误差。同时，教师要培养学生尊重他人，注意倾听对方的意见，给对方表白自己的机会。对于出现看法不一致的地方和被评者不愿接受的意见，教师要认真倾听、等待、提示、建议，而不是直接干预，采取冷处理的办法，待事后组织学生通过协商解决。

三、教师对学生的评价及一般操作方法

德国哲学家黑格尔曾说，教师是"儿童心目中最神圣的偶像"。学生常渴望从教师那里

获得评价信息，并以此为"蓝本"给自己"画像"。在中小学生评价中，教师对学生的评价占较大比例。

（一）教师评价学生的优越性和要求

1. 教师评价学生的优越性

第一，把教学目标与评价目标统一起来。教师通过自己的教育教学活动帮助、引导和教育学生完成教育教学内容、实现教育目标。因此，教师时刻关注学生实现目标与背离目标的一切行为，关注学生是否达到目标以及达到目标的程度。由教师评价学生会使评价直接作用于教学、学生、教学质量的提高和学习成就的获得。

第二，使评价更客观，更符合学生实际。教师既是评价者，又是执教者。教师凭借他在教学中的经验，可以抓住学生学习过程中每个阶段呈现的本质特征并以此作为评价依据；在教学过程中，了解学生在接受知识中所表现的各种差异，为评价者作出公正评价提供丰富的资料；教师了解学生的性格、态度，可以有针对性地诱导和鼓励学生。

第三，用评价调节教学，充分发挥课堂教学的功效。在教学过程中，教师合理地引进评价机制，可以预防各种学习弊病；通过反馈信息，检查自己的教学效果，发现学生的新问题。同时，教师对学生的评价也是对学生的教育，而且，有时这种教育给学生留下的印象，甚至比一次教学和一次教育活动更为深刻，更为长久，更为有意义。

第四，沟通师生之间的感情。教师对学生的评价是教师帮助、激励和引导学生自我发展、自我完善的有效手段之一。教师在尊重学生差异和主体性的情况下对学生进行的客观评价，将评价与教学从对立转入了统一。

2. 教师评价学生的要求

第一，提升教师思想境界，树立正确的教育观念，特别是学生观、质量观和评价观。正确的学生观是把学生视为行为的发动者、主动者、自我生成者、自我塑造者、自我推进者，学生是一个充满生机和活力的、具有主观能动性的主体。学生是学习的主体，教师的行为要服从学生的需要，为学生的学习服务。学生作为生命个体有其共性，但更为重要的是其个性，教师要尊重学生的个性，承认和尊重学生个体间的差异性和不平衡性，满足学生个体发展的需求。信息时代，教育要培养学生学会做人、学会求知、学会劳动、学会生活、学会健体和学会审美。因此，教师要树立素质教育质量观，把学生看成一个完整的生命体，从注重学生考试成绩和知识积累转向关注学生发展的基础，着眼于学生整体发展。在评价观念上，教师要树立发展性评价观，把促进学生发展和提高作为评价的出发点和归宿。中小学生是成长中的个体，是由不完善走向完善的个体，以发展为目的的评价观，同学生动态发展的实际是相一致的。只有这样的评价观，才能给学生发展以自信、以自强、以激励、以动力。

第二，把握学生心理，学会心理调控。从小学生的心理状况来说，小学生对教师怀有特殊的感情和尊重，师生关系较好；到初中阶段，学生自我意识增强，开始对教师评头品足，在他们心目中钦佩的教师和不喜欢的教师开始分野，甚至影响到他们对课程的学习；到了高中阶段，自我意识高速发展，自我评价不断深入，更渴望教师的客观公正的评价。另外，性格不同的学生对评价的态度和心理承受力也不同。在评价过程中，学生作为被评者，往往会产生不同程度的心理障碍，如被审心理、应付心理、防卫心理等，结果反馈时也会产生心理障碍，如敏感心理、文饰心理等，这些都需要教师在评价前有所了解并适当调控。同时，教师也要自我心理调控，努力克服学生评价中的各种心理误差，如晕轮效应、逻辑误差、情绪效应等。因此，教师要树立科学的教育观念，学习、掌握教育评价、心理学方面的知识，调整好自己的心态。

第三，恰当地选择评价时机，坚持评价具体化。教师对学生的评价有定期的和不定期的。定期的评价，一般来说学校都有统一的要求，如期中、期末，次数有限。不定期评价是指教师随时对学生进行的评价，如平时对学生言行的肯定或否定，赞许或不赞许等，渗透于教育教学的全过程。从自主意识上说，教师对学生的这种评价有时是自觉的，有时是不自觉的，但在学生视界里都是自觉的，是教师对学生的一种态度和看法。因此，教师要提高评价言行的自觉性，减少盲目性、随意性。对学生评价要具体，就事论事，不要由此及彼、由现在追及历史，对学生的一时评价，无论结论好坏都不应有终极的意义。教师对学生评价要掌握时机，一是当学生需要外界激励时，会在教师面前表现出相应的行为，教师要抓住这个时机激励学生发展。二是师生处于最佳的心理状态。当学生或教师遇到某些不快而产生心理不稳定时，教师就要暂缓评价行为，实行放一放、冷一冷的策略。相反，当师生处于最佳心理状态时，情绪平稳，理智盛出，这时评价学生，则评价会成为发展的推进器。

第四，掌握评价的语言艺术。教师对学生的评价是通过有声语言和无声语言或称肢体语言表现出来的。在有声语言中，有些语言是准确的，有些语言是模糊的，该用准确语言时必须用准确语言，该用模糊语言时要用模糊语言。模糊也是一种准确，模糊语言最准确地反映了学生发展的动态实际。教师运用语言时，一定要选用那些激励性的、催人上进的、善的、美的语言，切忌使用"你真笨""没出息"等挖苦的、消极的甚至伤人的语言和有失教师风范的污言秽语。教师在运用有声语言评价时，注意含义与声调的一致性，以免评价失实，造成不必要的误解。教师对学生的无声语言评价，如抚摸学生的头，拍拍学生的肩，需要无声语言的善意和美感，做到动作活泼而严肃，幽默而真诚。同时，要注意无声语言评价的时间、条件和环境，不能随意而行。

第五，灵活运用各种评价类型，做到评价有度、有利。学生评价类型没有绝对的好、坏之分，每一种评价类型都有独特的功能和不足，教师要根据评价目的、评价对象和评价环境灵活运用各种评价类型，做到各种评价方式的综合运用。不管运用哪一种评价类型，都要做到评价有度有利。有度就是不要过于频繁，次数不宜过多，不要一味追求某一类型的评价，评价内容要有分寸；有利就是评价有利于学生接受和认同，有利于学生自我发展。事实证明，只有教师对学生的评价能为学生接纳，成为学生自我评价的一部分的时候，教师的评价才能真正发挥作用。

第六，反馈和解释评价信息要科学、合理。教师要从促进学生全面发展的角度来处理和反馈评价信息。反馈信息要全面，既要肯定学生的成绩和进步，又要委婉善意地指出不足和存在的问题，使学生从评价中获得激励和及时调整自己的学习进度和方法。反馈信息中很重要的一点就是反馈要与指导性意见相结合，教师不仅要给学生指出学习中存在的问题，更要帮助学生发现造成问题的原因，为学生改进学习提供指导。如学生的意志品质不坚强，教师则要指出意志力对于学习的重要性，帮助学生锻炼意志品质等。另外，反馈要注意场合，一定要尊重学生的自尊心，爱护学生。

（二）教师评价学生的一般操作方法

教师评价学生的方法很多，每一种评价方法都有其适用的对象和范围，也都有其自身无法克服的局限性。在实践中，教师评价学生常用的方法主要有测试法、观察与调查法、评语评价法、表现性评定法和档案袋评价法等。

1. 测试法

测试法是教师对学生认知学习结果进行考查的最直接最常用的方法。无论是诊断性评价、形成性评价，还是终结性评价，都离不开测验，如教学前和教学过程中进行的准备性测验，学期或学年结束时的结果性测验，用来了解学生的知识准备情况，反馈教学效果和学生对知识的掌握情况。测验有标准化测验和教师自编测验。在学校教学活动中教师自编测验运用得最多，即教师根据自己的教学情况、经验、对教学目标的认识以及学生学习和发展的情况，自行设计与编制并确定评分标准的测验。

运用测验法评定学生学习成绩，要尊重个体差异，考试命题要富有弹性，如语文、数学学科的考试，可设置 A、B 卷，让学生根据自己的"实力"选择卷型；也可在卷中的各类命题中，增加选做题。考试结果最好是等级＋评语，杜绝利用考试成绩给学生排序。教师要注重对测试结果的分析，包括对学生学习成效的总体分析与试题难度、内容结构分析和能力结构分析，如学生的成绩分布、全班的平均成绩、学生的进步状况等。在测试中，如果发现超过半数的学生都未达到标准要求，教师首先要检查试题的范围与难度是否偏离了教学目标；其次把每次测试作为教学上重要的反馈信息，检查教学是否偏离了教学要求，教法与学生的学法是否统一，教学手段是否适当，教学中还有哪些干扰因素等。

学业成绩测验以笔试为主，要增加口试和操作测验，把平时测验与终结性测验结果综合起来。平时小测验可以实行自考、互考，教师制定出评价标准，让学生自行评分。让测验发挥促进学生发展和提高的功能，很关键的一环是教师要正确对待考试结果，并引导学生和家长正确看待考试分数。"考试主要应该当作一种手段，用来比较出身不同的个人在各种不同的条件下所得到的技能。所以考试不应是一个结论，而是一个起点的标准，它帮助每一个人估计他自己的学习方法的效率，评定的手续应像衡量一个人是否符合外在标准一样衡量他的进步。"[1] 教师让学生和家长明白，通过考试所获得的评价信息，表明的只是学生目前的学习表现，不能代表过去，也不能预示将来，一次考试成绩的高低不

---

[1] 联合国教科文组织国际教育发展委员会：《学会生存——教育世界的今天和明天》，华东师范大学比较教育研究所，译，246 页，北京，教育科学出版社，1996。

能决定一个人今后的发展前景。而且，即使学生在某方面表现不好，但他可能在其他方面有出色的表现，不能把评价结果随意进行迁移。评价结果的解释须建立在对评价事实全面把握和正确分析的基础上，也只有建立在事实依据上的评价结果才能站得住脚，才能给学生以正确的导向。

2. 观察与调查法

学生的发展是多方面的，涉及认知、情意、动作技能等各个领域。了解学生情意、动作技能的发展情况，如学习兴趣、学习态度、道德水平等，一般采用观察和问卷调查的形式。观察可分为平时观察和课堂表现观察。对于学生的课堂表现，教师可以制定课堂表现记录表，记录学生在学习态度与行为、交往与合作精神和情意表现等方面的内容。记录可以采用"抓两头"的办法作"抽样式"的观察记录，即只把在某节课中表现最佳或明显消极、有不良影响的学生情况，用符号、等级、短语的形式记录下来，以备评定学生成绩时参考使用。教师也可以通过量表和问卷调查获取评价信息，对学生进行客观评价。教师根据评价的目标和内容编制问卷，也可以运用专门量表进行调查，如本章附录就是一个关于中学生 13 类兴趣倾向调查表。

3. 评语评价法

评语评价法指教师依据一定的标准和要求，通过平时对学生的观察和了解，用书面语言描述的形式对学生各方面的发展状况作出评价，是中小学教师评价学生品德时使用最为广泛的一种方法。评语可以说是教师对学生的一种整体印象，是对学生状态的"质"的描述。好的评语，如激水扬波的风车，为学生的成长插上腾飞的翅膀；差的评语，如一堵灰色的墙，在学生的心中蒙上沉重的阴影；平淡无奇的评语，如沙漠中的一滴水，在学生成长的路上不会起到应有的作用。因此，教师要写好学生的评语。一是要了解、研究学生，评语写出学生个性。针对学生个性、突出重点，做到知人而写，写出这个人来，让学生知道自己以及他自己在集体中的位置。二是增强评语的感情色彩，以表扬赞赏、鼓励鞭策为主。教师"要像对待荷叶上的露珠一样，小心翼翼地保护学生幼小的心灵。晶莹透亮的露珠是美丽的、可爱的"。三是提高评语的规范性，适当界定评语的基本项目和指标，要求提供给学生一定的信息量，同时要区分不同阶段的评语功能，如学期学年评语主要针对学生，强调针对性、激励性，毕业鉴定主要针对社会，强调综合性、客观性。

4. 表现性评定法

即通过观察学生在生活和学习情景中完成各种任务的表现来评价学生，通常是在学生做作业、从事专题研究、参与感兴趣的作品创作和活动等学习与生活情境下进行，评价学生在真实情景中应用知识和技能的能力。表现性评定法需要记录学生在解决问题、创作产品、完成作业过程中的表现。记录可以通过设计观察记录表、评价表、轶事记录本等方式，也可以通过照相机、录音机、录像机等音像设备随时拍下学生的表现，如同伴的互动、实验过程、讨论情形等，让学生在多种自然情境中展现所学，发挥所长。

表现性评定法能测量出纸笔测验所不能测量出的技能，它比较适合于评定学生应用知识的能力，学科间内容整合的能力及决策、交流、合作等能力。当学生完成以下学习任务时，可对其进行表现性评定：

（1）结构性表现测验。可以是纸笔表现和非纸笔表现。这里的纸笔表现是一种强调在模拟情境中应用知识和技能的评价方式。在纸笔表现任务中，经常用"设计""建立""创作"等行为动词，如创作一首诗或一个短篇故事等。纸笔表现测量的成果是知识和技能两者的应用结果。例如，要求学生用图来表示文字题中的数学思想。非纸笔表现指使用除纸笔以外器具的表现，如要求学生演示如何将酸和水混合。

（2）口头表述。如课堂演讲，反映和培养学生的表达能力、思维的逻辑性和概括能力，并在一定程度上反映学生的思维过程以及对所掌握知识的理解力。

（3）模拟表现。是为配合或代替真实情境中的表现，局部或全部模拟真实情境而设立的。如数学课利用计算机解决日常生活中遇到的数学问题也是一种模拟表现。在许多情境下，学生在模拟情境中所显示出来的技能，是其在未来真实情境下表现的一种准备。

（4）实验或调查。学生通过实验或研究去直接感知和体验事物，促进动作、心智的全面发展以及解决问题能力的提高，任务可以由个人或小组进行。如做一系列研究，寻找控制水土流失的办法。

（5）作品。如诗歌、一篇文章、一幅画或制作一件东西。

（6）项目。包括个人、小组、个人和小组结合多种。如要求学生写一份图书馆研究报告，学生必须运用搜集和使用参考资料的技能、选择有用信息的技能、组织和规划报告的技能、用书面语言表达的技能。小组项目的目的主要是评价学生是否一起合作，用适当的方法创造一个高质量的作品。个人和小组项目通常是一个需要较长时间才能完成的项目。完成以后每个小组成员独立准备一份报告。这类评价既要评估小组的成功，又要考查个人达到学习目标的程度。

（7）扩展型项目。这是一种综合性的表现性评价任务。学生在解决"真实世界"问题或制作一件独特的作品过程中，把学术、思维和交流技能融为一体。扩展型研究项目可以有多方面的结果，且每一方面都有评价的标准。学生参与标准的制定、研究问题的选择、进行研究设计、开展研究、评价研究结果、撰写研究报告、口头交流并对研究发现进行答辩。项目自始至终强调问题解决中用到的分析、综合和评价的技能、交流的技能、自我评价的技能和独立学习的技能，在某些情况下还有职业技能。

表现性评定法的评分方法有整体评分法和分项评分法两种。整体评分法是指以整体的印象作为评分的基础，不考虑构成整体的个别细节部分，在整体判断确立之后，给每件作品或成果评定一个分数或等级。分项评分法需要针对构成每件作品或成果的每个重要细节部分进行判断。使用哪种评分方法，取决于评价项目。如果教师作的只是一般性决定（如分组、评选、或评定成绩等），使用整体评分法较为恰当；如果教师所作的决定具有诊断困难及了解学生精熟表现程度的功能，则用分项评分法为好，因为这类决定通常需要教师针对各种表现标准作多种评分。

表现性评定法在教师评定学生学习的过程中起着重要作用，但它也有局限性。这种评定方法比较费时，必须现场打分，另外，在评分过程中，由于评分标准不一致而导致对同一学生行为给出不同的评判，信度不能很好地保证。

5. 档案袋评价法

这一评价方法既可以用于学生自评，也可以用于教师评价学生。教师在教育教学过程中可以建立学生成长档案袋，收集一定时期内表明学生学习和各方面发展的信息，如学生课堂表现记录、作业、教师评语、作品、学生对教学的态度等等，档案袋的建立要和学生一起。教师依据学生档案进行评价，其一能够帮助教师了解学生在学习过程中所付出的努力、进步情形及学习目标的达成度；其二能够有效地促进家长和教师对于学生学习情况的了解；其三有助于教师和学校管理者制订教育评价计划；其四是在评价的过程中使教师成为学生的朋友；其五教师能够发现学生的特殊需要和特殊学生的需要，也能发现自己教学方面的某些不足。由于档案袋伴随着学生从一个年级升入另一个年级，因此，它能提供一个连续的学生评定过程。

总之，教师评价学生的方法是多元的，任何单一的方法都是片面的。在实际工作中，要依据评价内容和评价对象，以促进学生发展和提高为指导思想，选择恰当的评价方法，做到多种方法综合运用，以保证评价信息的真实性和有效性。同时，注重与学生的沟通与对话，使教师评价学生的过程成为师生彼此在思想上、情感上、态度上沟通的过程，从而达到评价目标。

附录：中学生兴趣倾向调查表[①]

姓名　　　　　　性别　　　　　　班级

下面列举78项活动，请你根据自己喜欢的程度，在每项活动后面的括号里画上记号。非常喜欢，想成为这方面的专家，画"○"；喜欢了解，但不想做，画上"△"；不喜欢，画上"×"。

1. 阅读有趣的物理和数学书籍。　　　　　　　　　　　　　　　　　（　）
2. 阅读关于化学发明的书籍。　　　　　　　　　　　　　　　　　　（　）
3. 查阅无线电仪器的构造。　　　　　　　　　　　　　　　　　　　（　）
4. 阅读科技杂志《我们爱科学》《科学24小时》等。　　　　　　　（　）
5. 了解世界各国的政治制度和生活方式。　　　　　　　　　　　　　（　）
6. 阅读世界文学的经典著作。　　　　　　　　　　　　　　　　　　（　）
7. 了解世界动植物的生存状态。　　　　　　　　　　　　　　　　　（　）
8. 讨论国内外时事政治事件。　　　　　　　　　　　　　　　　　　（　）
9. 关心住宅、班级和学校的舒适环境。　　　　　　　　　　　　　　（　）

---

① 柯孔标：《教学评价》，83～86页，北京，知识出版社，1999。

10. 了解医生的工作。　　　　　　　　　　　　　　　（　　）

11. 阅读关于教育的书籍。　　　　　　　　　　　　　（　　）

12. 看戏、参观艺术博物馆、艺术展览会。　　　　　　（　　）

13. 阅读有关战争和战斗的书籍。　　　　　　　　　　（　　）

14. 阅读有关物理发明的科普读物。　　　　　　　　　（　　）

15. 做化学的家庭作业。　　　　　　　　　　　　　　（　　）

16. 修理日用电子仪器。　　　　　　　　　　　　　　（　　）

17. 参观技术展览会，收看科技新消息。　　　　　　　（　　）

18. 进行乡土调查。　　　　　　　　　　　　　　　　（　　）

19. 学习有关生物学、动物学和植物学的知识。　　　　（　　）

20. 阅读有关文学评论的文章。　　　　　　　　　　　（　　）

21. 参加社会工作。　　　　　　　　　　　　　　　　（　　）

22. 如果有同学自己不能完成作业，向他们讲解如何做作业。（　　）

23. 阅读有关人们如何同疾病作斗争的书籍。　　　　　（　　）

24. 缝衣、绣花、做饭。　　　　　　　　　　　　　　（　　）

25. 阅读有关艺术的书籍。　　　　　　　　　　　　　（　　）

26. 了解军事技术。　　　　　　　　　　　　　　　　（　　）

27. 做物理试验。　　　　　　　　　　　　　　　　　（　　）

28. 做化学试验。　　　　　　　　　　　　　　　　　（　　）

29. 阅读科普读物上有关电子技术的最新消息。　　　　（　　）

30. 装配和修理机器，如自行车、钟表等。　　　　　　（　　）

31. 搜集矿物收藏品。　　　　　　　　　　　　　　　（　　）

32. 在花园、菜园里劳动。　　　　　　　　　　　　　（　　）

33. 记叙自己的观察和思考。　　　　　　　　　　　　（　　）

34. 阅读有关历史书籍。　　　　　　　　　　　　　　（　　）

35. 给孩子讲故事，同他们一起玩耍。　　　　　　　　（　　）

36. 照料病人，教他们以正确的方式服药。　　　　　　（　　）

37. 帮助家长料理家务。　　　　　　　　　　　　　　（　　）

38. 参加业余文艺活动小组。　　　　　　　　　　　　（　　）

39. 参加军事游戏或行军。　　　　　　　　　　　　　（　　）

40. 在数学小组中学习。　　　　　　　　　　　　　　（　　）

41. 准备溶液。　　　　　　　　　　　　　　　　　　（　　）

42. 装配收音机。　　　　　　　　　　　　　　　　　（　　）

43. 制作模型，如做滑翔机模型等。　　　　　　　　　（　　）

44. 参加地质或地理活动。　　　　　　　　　　　　　（　　）

45. 观察生机勃勃的大自然。　　　　　　　　　　　　（　　）

46. 研究外国语。　　　　　　　　　　　　　　　　　（　　）

47. 听历史题材的报告。　　　　　　　　　　　　　　（　　）

48. 参加少先队辅导员的活动。　　　　　　　　　（　　）

49. 照看孩子。　　　　　　　　　　　　　　　　（　　）

50. 采购物品。　　　　　　　　　　　　　　　　（　　）

51. 与同学谈论艺术。　　　　　　　　　　　　　（　　）

52. 在军事活动中学习。　　　　　　　　　　　　（　　）

53. 参加物理（数学）有奖竞赛。　　　　　　　　（　　）

54. 解化学习题。　　　　　　　　　　　　　　　（　　）

55. 做用测量仪器完成的作业。　　　　　　　　　（　　）

56. 做简单计算的力学作业。　　　　　　　　　　（　　）

57. 熟悉地质（地理）图。　　　　　　　　　　　（　　）

58. 做生物试验的作业。　　　　　　　　　　　　（　　）

59. 与同学们讨论读过的书籍。　　　　　　　　　（　　）

60. 研究各国的政治。　　　　　　　　　　　　　（　　）

61. 讨论教育问题。　　　　　　　　　　　　　　（　　）

62. 了解人类有机体是如何构成的。　　　　　　　（　　）

63. 做说服人的工作。　　　　　　　　　　　　　（　　）

64. 了解艺术史。　　　　　　　　　　　　　　　（　　）

65. 做行军和游戏的组织者。　　　　　　　　　　（　　）

66. 用公式解数学题。　　　　　　　　　　　　　（　　）

67. 寻找自然界的化学现象。　　　　　　　　　　（　　）

68. 搞清楚无线电图解。　　　　　　　　　　　　（　　）

69. 制图。　　　　　　　　　　　　　　　　　　（　　）

70. 做地形测查。　　　　　　　　　　　　　　　（　　）

71. 照料动物。　　　　　　　　　　　　　　　　（　　）

72. 听文学问题的报告。　　　　　　　　　　　　（　　）

73. 了解文学史。　　　　　　　　　　　　　　　（　　）

74. 给学生讲故事。　　　　　　　　　　　　　　（　　）

75. 研究各种疾病发生的原因。　　　　　　　　　（　　）

76. 给各种人结识、交际。　　　　　　　　　　　（　　）

77. 参加业余文艺会演或造型展览。　　　　　　　（　　）

78. 遵守制度。　　　　　　　　　　　　　　　　（　　）

对学生回答的结果，按下列标准记分："○"记5分；"△"记3分，"×"记1分。依次算出每一类兴趣倾向的分数，然后把这13类兴趣倾向按得分多少依次排列顺序，就可以了解每一个学生的主导兴趣倾向性。

《中学生兴趣倾向调查》分类答案

将学生回答的结果，按次序排列如下，则形成各横行相应兴趣倾向							
行类	兴趣倾向	回　答　序　号					合计
第一行	物理、数学	1	14	27	40	53	66	
第二行	化学	2	15	28	41	54	67	
第三行	电子、无线电	3	16	29	42	55	68	
第四行	技术	4	17	30	43	56	69	
第五行	地理学、地质学	5	18	31	44	57	70	
第六行	生物学与农学	6	19	32	45	58	71	
第七行	语文与新闻	7	20	33	46	59	72	
第八行	历史与社会活动	8	21	34	47	60	73	
第九行	师范与教育活动	9	22	35	48	61	74	
第十行	医学与医务工作	10	23	36	49	62	75	
第十一行	家政	11	24	37	50	63	76	
第十二行	艺术	12	25	38	51	64	77	
第十三行	军事	13	26	39	52	65	78	

■ 本章小结

1. 学生评价的含义

学生评价是指在一定教育价值观指导下，根据一定的标准，运用现代教育评价的一系列方法和技术，对学生的思想品德、学业成绩、身心素质、情感态度等的发展过程和状况进行价值判断的活动。

2. 学生评价的意义

有助于了解学生学习起点和发展状况，为确定教育教学目标和选择教育教学方法提供依据；有助于评定学生学业成绩；有助于为学生指明前进方向，促进学生不断改进和完善学习行为；有助于促进评价者与被评者之间的交流与沟通；有助于了解教师教育教学质量和学校办学水平，改进教学，提高质量。

3. 几种不同的学生评价观点

（1）区分性评价观点，以一定的标准对学生进行分类、划等，崇信"结果好，一切都好"的价值准则。

（2）水平性评价观点，以预先设定的目标为统一的评价标准，侧重于鉴定学生发展水平是否达到目标。

（3）发展性评价观点，为了促进学生发展和提高，注重过程，尊重学生个体差异，评价主体多元，评价内容丰富多样，评价标准和评价方法多元。

4. 学生评价的基本原则

除了方向性、客观性、可行性、过程性等基本原则外，还应该遵循发展性原则、多元化原则、全息性原则、差异性原则。

5. 教育目标

（1）我国现阶段教育的总目标是：提高全民族的思想道德素质和科学文化素质，培养德智体全面发展的社会主义事业的建设者和接班人，为社会主义经济发展和社会进步提供强大的精神动力和智力支持，造就适应现代化要求的一代有理想、有道德、有文化、有纪律的公民。

（2）教育目标具有层次性和连续性、主观性与客观性、预期性和发展性、基础性与全面性等性质。

（3）主要的教育目标分类理论：美国教育心理学家布鲁姆等人把教育目标分为三个领域，即认知领域、情感领域、动作技能领域；美国教育心理学家加涅把教育目标分为言语信息、理智技能、认知策略、动作技能、态度五种能力；日本教育评价专家梶田叡一将教育目标分为认知目标、情感目标、意志目标、技能目标四个领域，每个领域都有开、示、悟、入四个层次。国内学者也对教育目标分类理论进行了研究。

6. 学生评价目标

包括基础性发展目标和学科学习目标。基础性发展目标包括道德品质、公民素养、学习能力、交流与合作能力、运动与健康、审美与表现等；学科学习目标包括知识和技能、数学思考、解决问题、情感和态度等。

7. 学生评价的基本内容

学生在德智体诸方面的发展构成了学生评价的基本内容。

（1）学科学习效果，包括学科基础知识与基本技能，基本能力发展，学习兴趣、方法与习惯，科学精神与方法等。

（2）思想品德和公民素养发展水平，包括政治品质、思想品质、道德品质、民主法制素质、劳动素质等。

（3）学习能力与交流合作能力。

（4）身心健康水平，包括身体素质发展、个性心理素质等。

（5）审美素养，包含对美的认识、审美情趣、审美能力等。

8. 学生评价的形式及相应的方法

（1）学生自我评价。学生自我评价是学生作为评价主体依据一定的标准对自己的期望、品德、发展状况、学习行为与结果及个性特征进行判断，是学生自我认识、自我分析、自我提高的过程。在进行学生自我评价时，要把自我评价贯穿于学习的全过程，包括学习活动开始之前、展开过程之中和结束之后。学生自我评价的方法主要有利用评价项目清单进行自评，然后写个人总结；范例评价；学习日志；学生档案袋。

（2）学生小组评价。以学生小组为基本单位对学生的学习和表现进行价值判断的学生小组评价是获取评价信息、鼓励学生参与、发挥学生主体性的一条重要渠道。操作方法为构建评价小组，合理设置评价问题和内容，恰当选择评价时机，确定小组评价的方式方法。

（3）教师对学生的评价。在学生评价中，教师对学生的评价所占比例极大，体现出的优越性也较为明显。评价学生过程中，对教师要求较高，如教师必须提高思想境界，树立正确的教育观念，特别是学生观、质量观和评价观；把握学生心理，学会心理调控；恰当地选择评价时机，坚持评价具体化；掌握评价的语言艺术；灵活运用各种评价类型，做到评价有度、有利；反馈和解释评价信息要科学、合理。在实践中，教师评价学生常用的方法主要有测试法、观察与调查法、评语评价法、表现性评定法和档案袋评价法等。

思考题

1. 学生评价的含义是什么？
2. 谈谈你对教育领域学生评价的几种代表性观点的认识。
3. 进行学生评价时应该遵循哪些原则？
4. 简述布鲁姆的教育目标分类理论。
5. 学生评价的基本内容有哪些？
6. 你认为中小学生应当如何进行自我评价？
7. 在教育教学过程中教师应该怎样评价学生？

第七章

教师评价

· 学习提示 ·

　　本章阐述了教师评价的含义，概括了教师评价的两种观点和改革趋势，论述了教师评价在促进教师专业发展、提高教学质量、加强教师队伍建设、促进学校管理科学化等方面的作用，教师评价应遵循的原则、教师评价的内容、教师评价的形式与方法，并讨论了班主任工作评价的意义、内容和方法。建议教学时密切联系教师、班主任评价实际展开讨论。

· 学习目标 ·

　　了解：教师评价的含义，两种不同的教师评价观点，教师评价的作用。

　　理解：教师评价的基本原则，班主任工作评价的意义，学生评教的方法，教师评价改革趋势。

　　掌握：教师评价的主要内容和一般方法，班主任工作评价的主要内容和一般方法。

　　教师是履行教育教学职责、完成学校教育教学任务的专业人员，承担着教书育人、培养社会主义现代化建设的建设者和接班人、提高全民族素质的历史使命。教师的业务素质与专业能力直接关系到学校教育教学质量和培养人才的质量。如何把握中小学教师的教育教学水平和素质，如何采取相应的措施提高教师的专业水平，既是教育行政部门的事情，也是教师自己非常关心的问题。教师评价是解决这一问题的有效方法和途径，也是保证教育活动沿着正确方向发展的有效措施之一。

第一节　教师评价概述

一、教师评价的含义与作用

（一）教师评价的含义

　　教师评价，有的也称为教师考评，是指在正确教育价值观指导下，根据教育方针、政策、法规和教育目标、要求以及教师所应承担的任务，运用现代教育评价的理论、方法和技术，广泛收集评价信息，对教师的素质、工作过程以及工作绩效进行全面、客观、公正的价值判断的过程。教师评价是对教师工作现实的或潜在的价值进行判断。理解教师评价的内涵，必须明确以下几点：

第一，教师评价是一种促进教师发展的途径和手段，根本目的在于促进教师专业发展和提高教育教学质量。通过评价过程的反馈、调控，调动教师工作的积极性和创造性，促进教师不断总结、改进工作，不断成长和发展。

第二，教师评价的依据应是：正确的教育价值观、国家教育方针政策和法规、学校的教育目标、教师的根本任务和职业道德规范要求以及教师自身的特点和背景。

第三，由于教师劳动的特殊性，如教育教学过程的多因素、多变化和不确定性，劳动的示范性，劳动过程的长期性，教育成果的集体性等，决定了教师评价的复杂性。对教师工作质量的评价要运用现代教育评价的手段、方法和技术，多渠道收集评价信息，对教师的全部工作进行多指标、多方位的综合分析和判断，这样才能使教师工作质量的评价更科学、更准确，更能反映每个教师工作的真实情况。

（二）教师评价的作用

邓小平同志曾说，"一个学校能不能为社会主义建设培养合格人才，培养德智体全面发展、有社会主义觉悟的有文化的劳动者，关键在教师"。只有具有高素质的教师，才能确保高质量的教育，培养高质量的学生。人们不断追求和完善学校教育质量时，不能忽视教师评价的价值。教师评价对促进教师专业发展、提高专业能力、改善素质结构、改进教育教学工作、促进教育改革和社会发展等方面都有十分重要的作用。

1. 有利于激发教师工作积极性，促进教师专业发展与成长

教师评价是调动教师工作积极性的重要手段。根据被评教师已有的成就和现实基础及教师自身特点，分析被评教师工作和发展中存在的优势和不足，在全面、客观评价信息的基础上作出公正的评价，对教师已取得的成绩的肯定可以使其获得精神上的满足和成功感，激发个体的主体精神；对其不足的指出，可以激发教师工作的积极性、主动性和创造性，在此基础上确定个体发展需求，提出具体的改进建议，使之不断完善和改进。教师评价指标体系和标准为教师树立了一个合格教师的标准，为教师自觉提高自己的政治修养和业务素质明确了方向。评价结果的分析处理，可以使每个教师能正确地认识自己，充分利用各种有利条件，努力提高自己的业务素质，更好地适应教育教学工作的需要。

"教育是一个使教育者和受教育者都变得更完善的职业，而且，只有当教育者自觉地完善自己时，才能更有利于学生的完善和发展。""没有教师的生命质量的提升，就很难有高的教育质量；没有教师精神的解放，就很难有学生精神的解放；没有教师的主动发展，就很难有学生的主动发展；没有教师的教育创造，就很难有学生的创造精神"。[1] 教师在学生发展、学校发展过程中的作用决定了教师需要不断自我发展，教师评价可以为教师的发展导航。

---

① 叶澜、白益民、王枬，等：《教师角色与教师发展新探》，3 页，北京，教育科学出版社，2001。

2. 有利于提高教育教学质量

教育评价通过对教师的教育教学质量提出科学的标准，教师依据标准去实践，可以促使教师素质和队伍结构更加符合学校教育教学工作的需要，有效调节教育教学行为。通过评价可以有效克制和纠正违背教育规律的现象，克服片面追求升学率的不良倾向，促进教学改革的深入开展，推动教育教学质量不断提高。社会学家和心理学家的研究表明，"实现学校的需求不仅要依靠组织的力量，而且要依靠教师个人的努力或积极性，尤其要依靠全体教师的凝聚力和合作精神。"[①] 通过评价，教师可以从不同渠道获得工作的反馈信息，发现工作中存在的各种问题与不足以及自身的优点与成就，为改进教育教学工作提供依据。评价既可以肯定成绩、总结经验，又可以发现问题、找出差距，及时调节，及时强化，及时矫正，使学校和教师的工作不断地得到完善、改进，达到提高教育教学质量的目的。

3. 有利于加强教师队伍建设

教师评价的过程就是依据评价标准对教师素质及工作进行检查、总结和指导的过程。评价指标体系对教师自身的业务素质、专业发展、教育教学能力、职责和工作绩效等进行了明确的规定，为教师队伍建设提供了丰富的信息。对学校管理者来说，评价信息的搜集可以提供教师队伍建设有价值的信息资料，可以了解教师队伍的结构、教师工作状况和专业素质，为制订师资培训计划、调整教师队伍结构提供依据。管理者可以强化评价标准对教师的规范、约束和指导，使之能纠正缺点、发扬优点，最大可能地发挥每个教师的能量。学校领导对教师自身情况和教育教学质量的评价是建立在客观现实的基础上的价值判断，依此可对学校教师队伍现状进行判断，对其未来的发展作出规划，对不合格、不称职的教师作出培训或辞退的决定，促进教师队伍建设，优化师资队伍。由于评价科学、客观、公正，可以利用结果适当地进行奖惩，激励先进，鞭策后进，还有利于完善教师岗位责任制和聘任制。

4. 有利于促进学校管理科学化

教师管理是学校管理的核心，教师胜任社会赋予他们教书育人的职责，学校就能够存在和发展，反之学校就会衰落。对校长来说，教师是受管理者；对学生来说，教师是领导者、组织者；对财、物等方面，教师是使用者和管理者；对教育教学制度、法规，教师是执行者和监督者。教师在学校的多重身份，决定了对教师的管理既要科学、严格，又要灵活、动态。在学校中，对教师的管理主要表现在对教师工作状况的科学评价上。对教师的评价是加强对教师队伍管理的一个有力措施，是实现教师队伍管理科学化的正确途径。教师评价指标体系和评价标准为教师队伍的科学管理提供了可靠依据和客观标准。通过评价，学校领导可以及时获得教师工作中大量的反馈信息，对每个教师的情况形成全面准确的认识，为正确的决策提供可靠的依据。对评价结果的分析可以完善对教师队伍科学管理的环节，逐步健全教师队伍管理科学化的过程。教师评价是实现学校管理化、科学化的有效措施。

---

① 王斌华：《发展性教师评价制度》，124 页，上海，华东师范大学出版社，1998。

二、教师评价的基本原则

教师评价原则是进行教师评价必须遵循的基本要求和准则，是教师评价内在规律的反映，是影响教师评价成功与否的主要因素之一。做好教师评价工作，必须遵循以下原则：

（一）整体性原则

这里的整体性是个广义的概念。一是指评价时要把被评教师作为一个有机体来看待。教学本身是一个多因素、多变量、多层次的有序的动态系统。评价教师时，评价者要树立整体意识，着眼于教师教育教学活动的全过程，并综合考虑教师工作各部分之间的关系。如教师教学与育人的统一；教学方法、手段与教学效果的统一；教师的主导作用与学生主体作用的统一等。既有对教师工作的局部分析判断，也有对教师整体工作的综合评价。二是指教师评价内容的整体性。在教师评价中，必须坚持全面的观点，对教师工作进行全方位、多指标、多层次的综合分析和判断，评价的内容要全面，在全面掌握评价信息的基础上对教师的工作表现、素质结构、可持续发展能力等进行全方位评价，将教师的显性工作与隐性工作都纳入评价的范围之内，力求真实、准确地反映教师工作的全貌。既要看教师基本素质，又要看其实际表现；既要看其结果，又要注重其工作过程；既要注重认知领域的发展，又要注重非认知领域的发展。三是指教师队伍整体。评价要面向包括学校领导在内的全体教师，人人都是被评者，而不是少数优秀教师或不合格教师；全体教师参与评价，都是评价主体，在相互信任与理解的基础上，建立领导与教师、教师与教师、教师与学生、校内与校外双向沟通关系。四是对教师评价信息的收集，也要注意真实、准确、全面，决不能凭某一方面或少数人的反映进行评价，坚持评价信息的整体性。这就要求评价方法多元化，多渠道、多视角收集评价信息。

（二）教育性原则

教育性原则，也称为导向性原则，是指教师评价工作必须着眼于教师专业发展和教育教学质量的提高，充分发挥评价的导向、激励和改进功能，促进被评者积极上进，发扬优点，改正缺点，不断提高与发展。贯彻这一原则要遵循以下要求：一是评价者不仅仅把评价看作控制和管理教师的工具，更重要的当作促进教师成长与发展的动力系统。教师不仅通过评价结果受益，更重要的是在评价过程中反思自己，发挥评价过程本身对教师发展和提高教育质量的教育作用。通过评价，让被评者看到自己的成绩和优势，获得激励、自信和前进的动力；同时，要让被评者看到自己的缺点和不足，以便及时调整、改进工作。二要高度重视被评者的自我评价，突出其主体地位，增强被评者自我意识，做到自我检查、自我总结、自我反思、自我调整、自我完善。三是评价者和被评者要树立正确的质量观念、是非观念和实事求是的科学态度，教师评价指标体系和评价标准必须体现国家的教育方针、政策和学校教育目标。四是坚持这一原则，要求评价者尊重和信任评价对象，并正确处理、分析评价结果。

（三）客观性原则

客观性原则是指对教师评价时必须具有客观、实事求是的态度，从教师工作和自身的客观实际出发，对教师作出客观、准确的评价，不能主观臆断和掺杂个人情感。评价是否客观、公正，关系到评价结果是否合理、正确，其运用是否公平、科学，评价目的能否实现等。客观性原则是做好教师评价工作的基本保证。教师从事的工作是复杂的脑力劳动，富有极大的创造性，如对学生因材施教，对教育内容、教育方法和教育形式的创新，教师自身的言传身教等。这就要求对教师的评价必须客观、准确。贯彻这一原则，在实践中评价者一要坚持实事求是的态度和公正的立场，客观地对教师的工作和发展作出价值判断。二要评价内容、评价方法与评价主体多元化，多途径获取全面、真实的教师信息，及时反馈评价信息，为教师的个人发展献计献策，并为学校领导的决策提供依据。三要尊重教师差异。评价是一个个性问题，而不是共性的标准化要求，要立足于教师自身发展的特点，注重教师个体间差异，尊重个体的处境与需要，以促进个体最大限度地实现自身价值。

（四）校本原则

校本管理是西方 20 世纪 80 年代学校改革运动中出现的一种新的教育管理模式。我国基础教育改革会议和新课程改革提出校本管理的思想，赋予地方和学校管理自主权。校本管理是一种科学的管理思想、管理策略和管理模式，而不是游离于学校管理工作之外的新的体系，它将校本管理理念渗透到学校各项管理活动之中。校本管理最基本的定义是将权力下放至学校。权力下放的意思是指教育当局给予学校更大的权力和自主决策的自由空间，使学校按照自己的意愿和学校的具体情况去决定资源分配，对学校的财政预算、课程设置、教科书选择、学校人事决策等方面实施改革。教师评价作为学校管理的重要组成部分，走向校本应是校本管理的题中之意与必然要求。坚持校本原则是说在进行教师评价活动时，要以学校为评价改革的基本单元，从学校本身的特性和需要出发，以学校为主体，以促进教师的可持续发展为目的，尊重差异，最终促进教师队伍的整体发展、教育质量的提高和学校长远的发展。

（五）动态性原则

动态性原则是指教师评价不是静止的，而是一个不断发展与变化的过程，要用发展、变化的眼光看教师，不要停留在某一层面或某一点。一是要把评价寓于教育教学过程之中，注重教育教学过程的评价，注重在教育教学过程中收集各种评价信息，及时反馈，实现动态监控。不仅关注结果，更注重教师发展提高过程，通过加强过程的评价指导，促使教师不断完善、不断发展和不断提高。二是要重视被评教师的起点和发展过程中的各种问题，重视个性差异和发展的多样性，根据被评教师自身的基础，确定发展目标，实行异步管理。三是要注重评价过程中评价双方的沟通与交流。在评价者和被评者之间建立一种平等、信任的对话世界，评价双方互相沟通、理解，让评价成为一种双方作为活生生的"人"的交流过程。

（六）激励性原则

激励性原则指在评价工程中，评价者要最大限度地调动各个方面的积极性，促使被评教师形成继续努力或进一步在活动中改善不足、提高活动效果的动机与期望，从而发扬优点，改正缺点。不少社会学家和心理学家对个人的需求作过广泛的研究和分析，认为人不只是管理理论中的"经济人"，更是"社会人"。绝大多数教师不只是追求金钱收入，而是更追求受人尊重、自我实现等精神需要。在某种意义上，精神激励比物质激励更重要。苏联教育家苏霍姆林斯基曾说过："学校的精神生活应当是如此多方面的，以至使每一个人都能找到发挥、表现和确立自我的力量和创造才能的场所。"[①] "以评价促发展"就是让教师体验成功，使其在成功的体验中获得满足、自信。教师成功的第一感受就是个人价值的实现，这是一种内在的、持久的、积极向上的动机。

第一，评价活动本身要具有激励性，成为一种教育的力量。

第二，评价者在评价过程中要不断地给教师以激励。①目标激励：学校要制定长期目标和近期发展目标，并要求教师结合学校目标制定个体的近期目标和长期目标，同时为教师目标的实现提供和创设条件。②情感激励：评价过程就是评价双方沟通、交流、达成共识的过程，学校要做到"无情的制度，有情的管理，无情的政策，有情的操作"。③信任激励：信任就是力量，相互信任就是对对方最高的奖赏。被评者要信任每一位教师，相信他们的能力，相信他们能做好自己的工作。④参与激励：让教师真正参与学校的管理，学校的各项工作多听取教师的意见和建议，让教师感到自己是学校的主人。

三、两种不同的教师评价观点

评价观是价值判断的标准。不同的评价观，导致不同的评价标准，从而作出不同的价值判断。在教师评价领域存在两种评价观点，一种是以奖惩为目的、面向过去的奖惩性教师评价观点，另一种是以促进教师发展为宗旨、面向教师未来发展的发展性教师评价观点。二者的评价目的、评价方法、评价主体、评价结果的解释和应用等都有很大差别。

（一）奖惩性教师评价观点

奖惩性教师评价观点以奖励和惩处为最终目的，依据一定的教育目标，通过对教师过去表现的评价结果，作出解聘、降级、晋升、加薪、减薪、调动等奖惩性决定，主要功能是甄别和选拔，是一种面向过去、只注重结果的终结性评价。奖惩性教师评价观点认为，要调动教师工作的积极性，只有通过外部的奖励和惩处才能实现，把教师建立在"经济人"假设的基础之上。在特定的历史时期，奖惩性教师评价观点在一定程度上对促进教师素质发展、淘汰不合格教师、提高师资队伍水平发挥了一定的积极作用。但随着教育改革的不断深入和教师专业化发展的进程，这种评价观点越来越不适应时代的发展和教育的需要，其弊端日益凸显，主要表现在：

第一，评价功能单一，终结性评价占据主导地位。评价着眼于教师过去的工作业绩和表

---

① 苏霍姆林斯基：《给教师的建议》，下册，235 页，北京，教育科学出版社，1981。

现，教师是否履行了应有的工作职责，是否符合学校的期望等，而忽视其未来发展。通过评价给教师排队，判断其是否具有奖励或处罚的条件和资格，将评价结果直接用于作出晋级、加薪、奖励或降级、解聘等人事决策。这样的评价体系能够对教师中的佼佼者给予及时的嘉奖，给较差者以警醒，借外部刺激来促使教师改进教学和发展，追求的是管理者对教师的控制与管理。

第二，评价标准单一，强调预定性。评价过多强调共性和追求一致性。"重视科学性与客观性的传统评价，为了能有效地预测和控制教育现象，往往把评价对象置于一个共同的标准或常模之下，用评价者认为的某一种价值观要求被评对象。"[1] 在这种评价标准的导向下，地域差异、学校差异和被评教师的个体差异被忽略。同时，预定的评价标准一直是教师评价的重要特征和一条不成文的原则，评价时只要按照预定的标准衡量教师工作是否达到目标就可以了。美国教育管理学家萨乔万尼（T. J. Sergiovanni）认为："典型的教师评价是先订出教师的工作标准，然后通过现场观察和书面的检查来考察教师是否达到了有关标准。这种评价实际上是考察教师是否按有关规定去做，显得比较狭隘。"[2]

第三，评价内容单一。在评价内容上片面强调短期效应的应试类指标，而忽视利于学生长期发展的素质类指标。教师的教学效果被异化为学生的考试成绩，把考试成绩作为评价教师的主要或唯一标准，学生考试成绩成为教师评价的指挥棒。而事实上所运用的学生成绩仅仅局限于书面考试成绩。而教师工作对学生的影响除了认知方面的发展，还有对学生情感、意志等方面的培养。另外，在百分制下，不同年级、不同学科、不同起点的学生，其成绩可比性差。这种貌似公允实则机械呆板、简单省事的管理主义大行其道，乃是对教育最致命的打击，它直接导致教育功利思想和教育的短期行为。

第四，评价主体单一。评价主体多为管理者单一源，教育主管部门或学校制定评价指标体系去衡量教师，即校长→教师，或校长→教研组长，或年级组长→教师。政府、学校领导在进行教师评价中明显处于主体地位，而被评教师处于一种消极的被动地位，被评教师在评价活动中的主动性被忽视。曾有人把教师评价中评价双方之间的关系比喻为法官与被告之间的关系，即评价者拥有评价的全部权力，教师处在被审判的位置，被动地接受考评，完全受制于学校和上级领导的考核，只是结果的承担者。这种结构简单、信息传递方向单一的评价，不可能充分调动教师的积极性和主动性，只能是管理监督教师工作、控制教学发展的一种手段，更谈不上评价双方的理解与沟通。

第五，评价方法单一。在方法领域，实证化方法垄断了整个教育评价领域，把教育中的一切现象都力图量化。无论是在评价标准的确定，还是在评价信息的收集中，抑或是在评价结果的得出时，都极力追求定量化指标和数量化结果。[3] 教师工作的复杂现象被简化为一组组数字，把丰富的质还原为量，凡不能量化的现象则被摒弃于评价的范围之外。评价方法的

---

① 李雁冰：《重塑教育评定——艾斯纳的课程评价观初探》，载《外国教育资料》，2000（1），25～31 页。
② 张祥明：《一种新的教师评价观：发展性教师评价》，载《福建教育学院学报》，2001（1），22～25 页。
③ 刘志军：《课堂教学质量评价方法论的探讨》，载《教育理论与实践》，2001（2），7～11 页。

唯量化、简单化，使教师评价滑向科学评价的误区——为了科学而科学。

第六，评价对象单一。由于评价的目的在于奖惩，所以，评价面对的是少数教师，更多的教师只是评价中的配角，很难指望全体教师积极参与。

（二）发展性教师评价观点

发展性教师评价概念是 20 世纪 80 年代末，以英国为首的一些发达国家，针对教师评价过分注重奖惩功能而提出的，强调评价与奖惩脱钩，在没有奖惩的条件下，促进教师的专业发展，实现学校的发展目标。在英国，发展性教师评价受到广大教师的称赞和欢迎，在教师中间产生了相当大的热情，绝大多数教师都认为参与发展性教师评价是一种有价值的活动，甚至是一种享受。20 世纪 90 年代初，美国根据教育发展的需要，在反思传统评价弊端的基础上，逐步提出了新的教师评价理念：把教育、教学的质量保证与教师的专业发展和素质提高整合起来的发展性评价理念，认为评价不仅仅是对教师工作状况的鉴定，更重要的是为促进教师成长和提高教学水平服务，达到提高学生学习成绩的目的[1]。20 世纪 90 年代末，我国学者对发展性教师评价开始关注。所谓发展性教师评价就是依据一定的教育目标，以现代教育发展观（包括主体性发展、整体性发展、可持续发展与多元化发展等）为指导，以促进教师改进教学和专业发展为目的，以评价对象为主体，评价双方在相互尊重与信任的基础上，共同制定双方认可的发展目标，运用适当的评价技术与方法，实现双方达成的评价目标的过程。发展性教师评价观点的基本内涵可概括为：

第一，以促进教师发展为目的，以尊重教师主体地位和人格为前提，以内涵发展为主，促使每个个体最大可能地实现自身价值。

第二，注重教师个人的现实表现，更重视教师和学校的未来发展，将个体发展与组织发展融合在一起，是一元价值与多元价值的整合。

第三，体现和尊重被评者的个别差异与个性特征，是一种个性化评价，重在使评价对象在评价过程中不断"增值"。

第四，评价主要看基础、看进步、看发展、看闪光点，而不是对被评教师进行鉴定、区分；评价提供的是强有力的信息、洞察力和指导。

第五，评价者与被评者，以信任与合作为基础，通过对话共同制订双方都认同的评价目标和发展计划，共同承担实现发展目标的职责，是一种合作式评价。

第六，评价是与教育、教学过程并行的同等重要的过程，而不是学期或学年结束时额外附加的成分。评价不是完成某种任务，而是一种持续的教育过程；评价被用来辅助教育，它是教与学主要的、本质的、综合的一个组成部分，贯穿于教学活动的每一个环节。[2]

发展性教师评价的提出有其广阔的现实背景和坚实的理论基础，体现了一定的社会公正原则，在规范人的同时解放人，最大限度地开发人的潜能，尊重人，信任人，调动人的积极

---

① 王景英、梁红梅：《当前美国中小学教师评价的特点及其启示》，载《外国教育研究》，2002（9），54～59 页。

② 钟启泉、崔允漷、张华：《为了中华民族的复兴　为了每位学生的发展：基础教育课程改革纲要（试行）解读》，303 页，上海，华东师范大学出版社，2001。

性，成为当前世界各国教师评价改革的基本理念。

（三）发展性教师评价与奖惩性教师评价的关系

发展性教师评价与奖惩性教师评价是两种目的不同的评价观点，但二者并非水火不相容。从我国目前的情况来看，彻底否定奖惩性教师评价也是不现实的。发展性教师评价不是对奖惩性教师评价的完全否定和抛弃，而是一种继承与发展，是评价文化的改革与重构。以促进教师发展为目的，并不否定评价的鉴定功能。奖惩本身没有错，它只是管理的一种手段和形式，只是奖惩性教师评价把奖惩泛化，推向极端，同时是在"程式化"公平基础上的奖惩。

发展性教师评价理念渗透着对教师的人文关怀，强调对教师的尊重与信任，从根本上迎合教师个体发展与学校整体发展的内在需要。与传统教师评价相比，其特点主要表现在：①差异性。立足于教师自身发展的特点，注重教师个体间差异，尊重个体的处境与需要，而不是共性的标准化要求，以促进个体最大限度地实现自身价值，强调价值多元化。②建设性。评价双方通过多层次、多类型的交流、沟通和协商，建立合作伙伴关系，制定双方共同承担实现发展目标的职责，共同建构评价标准与方案，让被评教师最大限度地参与评价和接受评价。③开放性。强调全员参与，建立多元化评价主体，多视角看问题，通过多种途径获取全面、真实的教师信息，同时评价结论为被评教师认同和接受。④连续性。评价是一个螺旋上升的过程，评价目标具有层级性。低层次的目标实现后向更高层次的目标发展，前一阶段的评价是后一阶段评价的起点，评价周期循环进行。评价一旦开始，就没有终止，是一种内部导向的、教育性的形成性评价，课程、教学与教师评价之间不再是线性的关系，而是一种动态循环关系。

由于发展性教师评价的出发点和整个程序都是科学、公平、合理的，强调教师的主体性、主动性，因此，评价结果可以作为教师晋级、聘任、提升的一个依据。在实践中要破除传统的二元对立、非此即彼的思维模式，避免从一个极端走向另一个极端，不能简单地把这两种教师评价观点对立起来。将二者整合起来，不是在奖惩性评价中增加一些发展性奖项，而是在实施发展性教师评价时适当吸收奖惩性评价中奖惩机制激励的积极因素，使奖惩机制为教师发展服务，关键是评价目的的根本转变。从长远利益来看，教师获得专业发展与获得奖励其根本目的是一致的，发展的结果本身是最好的奖励。所不同的是，传统奖惩性教师评价根据教师过去的表现进行奖惩，而发展性教师评价则把奖惩指向教师的未来发展。发展性教师评价不是不与奖惩挂钩，而是不直接挂钩，发展的结果总是远远地与奖惩联系在一起。

四、教师评价改革

（一）我国教师评价改革

我国传统的教师评价是奖惩性评价占据主导地位，重视评价的鉴定、选择功能，给教师排序，用于选聘和奖惩教师。教师评价中常用的"优胜劣汰""末位淘汰""能者上，庸者下"等，反映出我国传统的教师评价中以奖惩为目的问题凸显。针对传统教师评价的种种弊端和局限，我国把教师评价改革提到教育改革的日程上来。2001年7月新课程改革提出要改变课程评价过分强调甄别与选拔功能，发挥评价促进教师提高和改进教学实践的功能，强调教师对自己教学行为的分析与反思，建立促进教师不断提高的评价体系和以教师自评为主，校长、教师、学生、家长共同参与的评价制度。2002年12月27日《教育部关于积极推进中小学评价与考试改革的通知》（以下简称《通知》）提出要"建立有利于促进教师职业道德和专业水平提高的评价体系"，评价制度的改革要有利于加强教师的职业道德建设，促进教师业务水平的提高，建立有利于实施素质教育、发挥教师创造性的多元的、新型的中小学教师评价体系。《通知》指出：教师评价的根本目的是为了更好地提高教师的教学水平，为学校实施素质教育提供保障，充分发挥评价的促进发展的功能，使评价的过程成为促进教学发展与提高的过程；对教师评价的内容要多元，既重视教师业务水平的提高，也要重视教师的专业道德修养，评价标准既应注意对教师的统一要求，也要关注个体差异以及对发展的不同需求，为教师有个性的发展提供一定的空间；评价方法要多样，探索有利于教师进行积极的自评与他评的评价方法；评价不仅要注重结果，更要注重发展和变化的过程，把形成性评价与终结性评价结合起来，使发展变化的过程成为评价的组成部分；重视教师在评价过程中的作用，使评价成为教育行政部门、学校、教师、学生和家长共同参与的交互活动。

从以上论述可以看出，我国教师评价改革正从奖惩性教师评价向发展性教师评价过渡。将发展性教师评价的基本理念贯穿于评价改革的全过程，是一个系统工程，需要各个方面的努力与配合。许多地区在新课程改革试验区的带领下，以促进教师专业发展与提高为指导思想，积极探索教师评价改革，建立适合我国国情和当地实际的教师评价新制度。

（二）世界教师评价改革趋势

教师评价改革是世界各国教育改革的重要内容之一。对于教师评价，国际上比较一致的观点是，教师评价是有效促进教师专业水平提高和保障学校教育质量的体系之一。通过评价以促进教师专业发展和提高教育教学质量与效益成为世界各国教师评价改革的指导思想和出发点。英国在20世纪80年代末建立了发展性教师评价制度，这一制度在实践中逐渐完善和发展。20世纪90年代中期，美国根据教育发展的需要，在反思指令性的传统教师评价的弊端的基础上提出了新的教师评价理念：认为教师评价不仅仅是对教师工作状况的鉴定，更重要的是为促进教师成长和提高教学水平服务。许多州和学区为适应教师的个别需要和各种选择建立了个别化教师督导与评价体系。以"教育立国"著称的日本提出"没有改革就没有成长，没有评价就没有改革"的口号，构建与教师的意向和努力相适应的评价体制。评价过程注重管理者与被评教师之间的对话与交流，提出了"对话型人事评价"，使教师从独善其身的"自我奋斗"的教师形象向参与"协作体"学校的教师形象转换。20世纪90年代末，加拿大为提高教育质量，实行教师专业成长督导，核心目的是要引导教师的专业发展，即通过帮助教师反思自己的教学，促进教师专业的连续性发展，以确保所有教师都能提供最优质的教学，从而使每一位学生都能够获得最优质的教育。[①]

从我国教师评价改革情况及国外教师评价改革发展来看，世界教师评价改革主要有以下几个趋势：

第一，突出教师在评价中的主体地位。改革的一大趋势就是在评价中重新审视教师的地位和作用，让广大教师认同评价、支持评价并积极参与评价。教师是其教学效果的最终仲裁人，也是通过评价期望发生改变的执行者。如果忽略教师在评价中的主体地位和作用，则评价的价值和效果会大打折扣。提倡教师自我评价是凸显教师主体地位的典型表现。在自我评价过程中，教师收集有关自己教学和发展方面的信息，对其进行判断、反思，考虑并提出适合自己改进和提高的途径。教师自我评价克服了他人评价将教师排除在外的弊端，充分发挥了教师在评价过程中的主动性和创造性。同时，在教师工作和发展中，谁最了解教师，教师的工作背景怎么样，教师在工作和学习中的困难是什么，教师想从评价中得到什么，只有教师本人对此最了解，所以，教师最具有发言权。

第二，恰当处理业绩评价与发展性教师评价的关系。业绩评价关注于可达到的、相对短期的目标，倾向于在某个时间段给教师业绩和能力下一个结论，这对于教学质量的监控有重要作用。发展性评价的目的是明确个人发展需求和问题，为教师的发展和提高提供宽松的空间和动力。教师评价改革发生的一个重要转变就是过去的教师评价只用于对教师进行测量和评估，现在把评价作为促进教师成长和发展的有效途径，以发展为核心，兼顾业绩评价。每个教师都有各自的需要和目标，个人的发展与业绩目标的实现是密切相关的，业绩目标的实现要依靠教师素质的提高。现代教师评价将二者整合起来，使教师完成业绩目标的过程同时成为实现个体发展的过程。一个好的教师评价应向教师提出职业和个人发展建议，帮助教师将个体发展与业绩目标协调起来。

第三，统一的评价标准与个体化评价相结合。国外教师调查表明，对于什么样的教师是好教师、怎么样的教学是高质量的教学没有一致、明确的评价标准，是教师对评价感到困惑和不满的重要原因。[②] 国内试验区教师评价改革的实践也证明，教师评价必须有明确的标准，如果标准太模糊、笼统，则在标准的施行、操作和保证公平方面存在很多困难，就会降低评价的信度。这不但对于提高评价的准确性、客观性和可操作性是必要的，同时，也为教师的努力提供了方向和目标。传统的评价是在追求统一评价标准时走进了误区，标准被固化、程序化，在追求所谓的科学、客观、一致的过程中忽视了教师个体差异、教学背景差异、地区差异等，从评价一开始就将教师限制在标准范围之内。评价标准要适应多种评价背景，要考虑到学科、年级、教学风格、学生特点和教学环境等因素。好的评价标准应是通过不断尝试确定标准的统一性，并在多样化的教学背景中检验其适用性，在统一的标准与个性化之间取得平衡。

---

① 洪成文：《加拿大教育质量保障的实践探索》，载《比较教育研究》，2001（9），54～57 页。

② Taylor, Lyndal, Reflecting on Teaching: The Benefits of Self-Evaluation Assessment & Evaluation in *Higher Education*, p121, August, 1994.

第四，加强评价中与教师的沟通，促进教师对评价的积极参与。研究发现，个体通常主动地从其他人那里（同伴、下级或上级等）去寻求而不是消极地坐等反馈信息。在评价中倾听教师的声音，与教师进行充分的沟通并促进教师积极参与是实现促进教师发展与提高目标最直接、最具体的手段。通过与教师的交流和对话，可以收集到许多评价信息，及时纠正评价中的偏差，将评价中的有关信息反馈给教师。另外，评价双方还可以探讨评价中反映出的问题并展望未来的发展。因此，评价中的交流本身就是促进教师转变、达到评价目的的重要途径。

第二节 教师评价的主要内容

合理的评价内容是充分发挥评价的教育功能，激发教师努力提高业务素质与专业能力，不断改进教育教学工作的前提和基础。教师评价内容既要反映出教师工作的客观事实，如工作情况、工作绩效、提高状况等，也要反映教师的主观意识和个人品质，如职业道德、敬业精神、创新意识、人文精神等。

《通知》中指出，有利于促进教师职业道德和专业水平提高的评价内容主要有：一是职业道德。志存高远，爱国敬业；为人师表，教书育人；严谨笃学，与时俱进；热爱教育事业，热爱学生；积极上进，乐于奉献；公正、诚恳，具有健康心态和团结合作的团队精神。二是了解和尊重学生。能全面了解、研究、评价学生；尊重学生，关注个体差异，鼓励全体学生充分参与学习；形成相互激励、教学相长的师生关系，赢得学生的信任和尊敬。三是教学方案的设计与实施。能依据课程标准的基本要求，确定教学目标，积极利用现代教育技术，选择利用校内外学习资源，设计教学方案，使之适合于学生的经验、兴趣、知识水平、理解能力和其他能力；善于与学生共同创造学习环境，为学生提供讨论、质疑、探究、合作、交流的机会；引导学生创新与实践。四是交流与反思。积极、主动与学生、家长、同事、学校领导进行交流和沟通，能对自己的教育观念、教学行为进行反思，并制订改进计划。求真务实，勇于创新，严谨自律，热爱学习。

因此，教师评价内容的确立要以新时期社会发展对教师提出的要求、学生发展的需要、教师专业发展素质结构、教师工作本身所固有的特点和规律等为依据，可概括为教师素质发展评价、教师教育教学行为评价和教师教育教学成果评价三个方面。

一、教师素质发展

（一）思想品德素质

第一，政治素质。教师要有明确的政治方向，坚定马克思主义信仰，对中国特色社会主义高度自信，坚持党的基本路线，自觉模范执行党的各项方针政策。

第二，思想素质。作为一名教师，要爱祖国，具有马克思主义世界观和方法论，能够从实际出发，坚持理论联系实际。要树立新型的价值观、竞争合作观、时效观、市场经济观、现代思想观念，尤其是现代教育观念，树立新的教育观、人才观、质量观。首先要树立面向全体学生和因材施教相统一，传授知识与培养能力相统一，一切为了学生健康成长，以培养合格公民，为社会主义现代化建设服务为目标的现代教育教学观；其次，树立三百六十行，行行出状元的人才观。最后，树立以学生各种素质的全面提高、个性充分发展为标准的教育质量观。

第三，师德。即教师的职业道德，是教师素质的重要组成部分和立身立业的根本。教师职业道德评价包括：教师要志存高远，爱国敬业；为人师表，教书育人；严谨笃学，与时俱进；热爱教育事业，热爱学生；积极上进，乐于奉献；公正、诚恳，具有健康的心态和团结合作的团队精神。教师首先要热爱自己的职业，把个人的志向和兴趣建立于自己所从事的职业基础上。崇高的敬业精神，包括对工作的价值具有明确的认识，积极认真的工作态度，坚定的工作信念，刻苦的钻研、求真精神和全身心的投入。一个教师若能对其工作倾注无限的热爱和执着追求，就会从工作中获得人生价值的升华和别人无法体验到的精神享受。教师要做到为人师表就必须有高度的责任感、自律性、非营利性的服务动机，呕心沥血的奉献品质，善于合作的品行，对教育对象的热心关怀和公正无私的教育爱；要以自己一贯的良好行为为学生作出做人的表率。热爱人民教育事业，任何时候都是师德的核心，都是为师之本。

（二）文化业务素质

第一，学科知识。它包括特定学科专门知识和相关学科知识。教师具有特定学科的专门知识是教学活动的基础。学科专门知识是指对于所从事的专业教学的基础理论知识和专业知识的广度与深度。教师应熟练、系统掌握所任教课程的基础性知识和技能，专业知识扎实、宽厚，触类旁通；要向学生揭示本学科的知识体系；熟悉学科发展历史沿革和当前发展动向，吸取新知识、新见解，把最新成果介绍给学生。爱因斯坦说过，用专业知识教育人是不够的，通过专业知识，他可以成为一个有用的工具，但不可能成为和谐发展的人。因此，教师要掌握广博的当代人文和科学两方面的基本知识，具有相关学科的理论知识，尤其对相关点、相关性质、逻辑关系等较好了解，使教师学科知识活化。自然学科的教师需要学习文学、历史、哲学、艺术等人文社会科学方面的知识，文科的教师需要学习自然科学的知识，使他们既能在一个学科中有较深的造诣，又具有多学科的文化知识，只有这样才能提高他们的文化品位、审美情趣、人文素质和科学素质。

第二，教育理论知识。教育理论知识是指教育科学、心理科学、学科教学论等方面的知识，这是从师的专业训练与非专业训练之间的重大差别。主要包括现代教育思想与教学理念；教育目的与教育价值的知识；课程与教学的知识；教育科学研究方法的知识；心理健康与辅导的知识；班级管理的知识；教育政策、法规的知识；青少年心理学、学校教育心理学、国际比较教育的知识；现代家庭教育、社区教育的知识等。这些知识的掌握有利于教师养成内在的教育理论素养，能运用教育教学基本规律分析和解决实际问题；能够根据教育对象的身心发展规律和认知特点，科学地确定教什么、为什么教、何时教和怎样教；可以帮助教师有效地激发起学生的学习兴趣，善于用学生所理解的方式去表达任何高深的内容并保证能使学生理解和掌握。

（三）业务能力素质

教师能力素质是体现教师职业专业性和与众不同的教学艺术性的特有方面，而不是任何一项工作都需具有的观察、注意、思维等一般能力。一名经过专业训练的教师，应该具有娴熟的专业技能和能力，并通过不断的实践，上升为教育教学的技巧。教师专业能力包括教学能力、教育能力、教育科研能力、理解与交往能力、创造能力和专业发展能力。

教学能力指教师要具有分析和处理教材、选择教学方法、指导学生掌握学习策略、语言表达、组织教学、评价教学、运用现代教育技术、实验操作、布置和批改作业等能力。教育能力指教师要具有根据学生年龄特征和个性发展规律，了解学生，选择恰当的方法正确教育学生，寓德育、美育于学科教学和各项活动中的能力和班级管理能力，并具有转化后进生和培养提高优秀学生的能力。教育科研能力指教师通过教育教学理论与实践的结合，对于教育教学中出现的问题主动思考，不断探索和研究的能力，并在此基础上形成自己的教育教学风格。

理解与交往能力包括团结协作能力、沟通能力、与学生和同事交往能力、活动组织能力，利用学校、家庭、社会力量组织开展各种教育活动的能力。创造能力是教师能力素质中的最高层次，"只有用创造的态度去对待工作的人，才能在完整意义上懂得工作的意义和享受工作的欢乐"[①]。要从创造者角度来评价教师的创新精神、创造意识、创造才能和改革成就，表现为教师敢于标新立异，善于质疑，能更新和创造性组合教学内容，在教育科研上能选择新课题，提出新见解等。专业发展能力即从学习者角度评价教师从实践中不断学习和获取新知的意识与习惯，对本学科知识的敏感性、洞察力和终身学习的能力，自我完善与反思能力；参加业务进修，提高专业水平，并能坚持自学，树立终身学习理念。可以说坚持读书和学习是教师最起码的职业底线。

（四）身心素质

良好的身心素质是教师其他素质赖以发展的基础，也是培养全面发展的人才的根本保证。教师身体素质要好，适应能力强，反应灵敏，精力充沛；坚持体育锻炼，有良好的生活习惯和卫生习惯。教师要有健全的性格，心理健康。表现为人格高尚，正直、公正、宽容、廉洁、为人师表；兴趣爱好广泛，专业兴趣浓厚，热情诚恳；自尊、自爱、自信、自强，能自我激励、自我发展和完善；意志品质坚强，自我调控能力强；具有民主、平等、合作精神；具有强烈的工作动机和进取精神、创新意识、职业理想与期望；人际关系和谐。

二、教师教育教学行为

教师教育教学工作行为是教师按照社会对自己的角色要求，在履行教师职责过程中表现

---

① 叶澜、白益民、王枬，等：《教师角色与教师发展新探》，17 页，北京，教育科学出版社，2001。

出来的种种行为。对教师教育教学行为的评价涉及教师专业行为和组织行为，主要表现为以下几个方面：

第一，工作量。教师工作量主要是指教师直接或间接从事与教育教学有关的工作数量的总和。教师工作量有教学工作量，如备课量、课时量、作业批改量、课外辅导量、指导学生课外活动量、实习指导等；思想教育工作量，如组织班会、指导团队活动、家长工作等；还有教科研工作、社会工作等方面的工作量。教师工作量的核算是一项复杂的工作，许多工作难以进行精确的量化，各学校可以根据本校的实际情况进行合理的折算。

第二，备课。认真备课是提高教学质量的重要保证。教师教案要齐全，在深入钻研教材和了解、研究学生的基础上写出，要切实可行；课题、教学目标、重点、难点清晰明确；传授知识、发展智力、培养能力、激发兴趣、进行思想教育的目的具体明确；教学方法多样，适合学生特点和教学内容；教具选择恰当，并有一定数量的自己制作的教具或图表；要参与教师集体备课，教案内容要反映出集体的智慧和不断改进的趋势。

第三，上课。课堂教学水平不仅是教师文化业务素质和能力素质的具体体现，也是教师履行职责优劣与否的主要标志，是教师工作评价的重要内容。评价教师上课的内容表现为：教学目标明确，知识点、重点、难点、能力点、教育点等清晰到位；讲课能体现知识过程，启发学生思维，鼓励学生广泛参与，从重教转向重学，调动学生学习的主动性；对学生进行思想品德关怀；满足学生获得尊重、信任、公正待遇的需求，关注全体学生；注意教学方式和教学内容与学生需求、教学任务与学生需求等的适应性；发展学生的智力因素和非智力因素，培养学生个性特长；组织良好的课堂环境；充分利用教学资料，合理评价学生学习；师生合作教学等。

第四，作业辅导。作业辅导是帮助学生巩固所学知识，培养学生能力和形成良好个性的有效手段。教师作业辅导要细心，能精选作业，注意减轻学生学习负担；作业收发及时，批改认真、正确，有评语，及时讲评；能够提供必要的辅导时间，辅导有计划性、针对性，既为成绩好的学生进行提高指导，又能为学习差的学习补习功课；指导学生学习方法，使学生养成先复习理解，后完成作业的好习惯。

第五，课外活动。能胜任并积极参加社会教育活动课、科学技术活动课、文学艺术活动课和体育卫生活动课等活动课中某一类中的指导；活动组织或指导要有计划、有目的；活动面向全体学生，培养学生的兴趣、特长和动手能力，团结协作和广泛接触社会的能力；能正确处理学科课程与活动课程之间的关系。

第六，学生学业成绩评价。学生学业评价是教学活动的重要组成部分。评价学生学业成绩要科学、合理、公正，以促进学生发展为核心；评价标准要体现个体差异性原则，既有统一要求，又有灵活性，让学生体验成功；考试题目和内容做到基础知识、基本技能和能力方面的内容各占一定比例，对考卷要认真分析，写出质量分析报告，试卷讲评认真；评价方法多样，注重质性评定的运用，建立学生档案袋，注重学生运用知识解决实际问题的能力。有关教师如何对学生进行评价，请参照第六章。

第七，教研、科研。提高教师教科研意识、教科研能力和水平是培养专家型教师的重要措施。教师要积极参加各项教研活动，参加学校组织的听课、评课活动，增进教师之间的切磋交流和优势互补；能独立、主动进行调研，参与教学研究方面的改革和实验；参与或主持一项教研课题，与同行进行合作研究，并有成果，提高自身的创新能力和实践能力。在科研方面，教师能主动参与学校科研课题或自己选择适当课题；制订科研计划并按照计划开展实验或研究工作，态度要严肃认真，实事求是；能独立撰写教学科研的论文或论著，有一定的研究成果，对教育教学工作有一定的促进，撰写的论文已经发表或参加了有关的学术交流。

第八，德育工作。中小学教育的首要任务就是要教会学生做人，对学生进行思想品德教育，德育工作是教师教育教学工作中的重要内容。要德育为首，方向明确，善于挖掘学科德育资源，学科德育渗透意识强；积极开展丰富多彩、形式多样的德育活动，培养学生良好的思想品德；教书育人，为人师表，以自己的言行来影响学生、教育学生、陶冶学生。

第九，协同工作。主要是处理好教师与学生之间、教师与教师之间、教师与家长之间、教师与社区之间的种种关系。能与同事协作共处，共求发展，有良好的人际氛围；参与教研组工作、年级组工作、学校工作；重视社区教育工作，聘请社会名流、教育专家等举行报告会，增强学生的使命感和责任感，充分调动和发挥社会力量关心和发展教育事业；能积极参与社区文明建设，优化社区育人环境；积极参与家访，了解家庭情况和家教状况，与家长配合，共同教育好学生；能经常与家长联系，通过各种途径帮助家长提高自身素质，优化家庭教育工作；协调好社会、家庭的关系，使之为教育服务。

三、教师教育教学成果

教师教育教学成果是教师基本素质和教育教学行为的最终体现，是教师工作评价的核心内容。教师教育教学成果主要包括教育教学效果、教育教学成绩、教育科研成果三项内容。

（一）教育效果

教书育人是教师的根本职责，教师要善于挖掘教材中的思想教育因素，要注重对学生进行学习目的、学习态度、个性品质、世界观、人生观等方面的教育。教育效果可分为以下几个方面：教书育人，学生思想品德教育成果显著，学科渗透德育有实效；学生形成良好的学习态度、学习品质，身心素质得到发展和培养；满足了全体学生获得发展的需要，个性心理健康，学生品德合格率高；对所教学生管理有效，班级教学秩序良好，师生关系和谐融洽；因材施教，不歧视差生，能使之转化和提高，全体学生获得了尊重、信任和公正的待遇；学生毕业后适应能力强，高一级学校、家庭、社会反映良好。

（二）教学成绩

教师教学成绩主要包括：教学准备充分，任务适当，方式方法恰当；教学氛围好，学生参与教学积极、主动；有自己独特的教学风格，教学手段有创新、有发明、有创造，设计制造电教软件和其他教具，成绩明显；教学资料得到合理的开发和应用；学生成绩评定科学，观念正确，方法多样；教学效果好，学生按各科教学大纲要求掌握教学目标，所教学科学生成绩优良，合格率高；师生关系平等、和谐、融洽，同事合作效果好。

由于教师教学成绩主要是通过学生学业成绩来体现，因此，要依据教学目标，看学生的知识水平在原有基础上提高了多少，学生对基础知识、基本技能理解和掌握的情况怎样，后进生的成绩及变化如何，看学生的自学能力如何等。但是，由于学生学业成绩受多种因素制约，如学生学习目的、态度、方法、学习基础等，因此，要避免传统教师评价简单地把学生成绩作为评价教师工作根据的做法，而要作具体的分析。除了用班级考试的平均分、及格率、优秀率外，还可以采用学生学习提高率来衡量教师的教学成绩。提高率的计算公式为：

$$X = C/D - A/B \tag{7.1}$$

C 表示本次班平均分（及格率、优秀率）；D 表示本次年级平均分（及格率、优秀率）；A，B 分别表示上次班和年级平均分（及格率、优秀率）。提高率的计算一般要根据学校或地区统一命题的考试成绩进行。

（三）教育科研成果

教育科研成果是教师对教育教学中某个方面或问题进行深入研究的结果或是对个人长期教学经验的理论升华，取得一定学术价值和实际效用的创造性劳动结果。它通过专著、论文、经验总结、教学参考资料、教学实验仪器设备等形式体现出来。对教育科研成果的评价除考虑科研成果获奖的等级、论文发表的数量、质量及发表报刊的级别、出版的著作、科研项目的级别外，其指标应当包括重要性、先进性、科学性、成果效用、社会反映等几方面。同时，教师教育教学成果评价还要评价教师专业发展情况。教师在教育教学过程中能自主学习，自觉提高自己的专业水平；能对学生渗透学科前沿知识；教育思想和观念跟上了时代发展的步伐；对自己的教育教学工作经常反思等。

在实践中确定教师评价内容时，要体现时代发展对教师的新要求，把握时代发展脉搏。评价以促进教师专业发展与成长为目的，每一个评价指标都要有利于教师的发展与提高，从正面引导教师。对教师工作上的任何一点进步，都要给予肯定性评价，使评价成为每个教师自身发展的需要。同时，要克服评价中的"完人"逻辑，内容全面、多元，并不是说在对教师评价时，每个层面的每项内容都要进行全面评价，面面俱到。另外，评价要从重教师"教"转到重学生"学"上来，注重学生参与时间与学生主体性发挥状况的评价，学生参与的广度与教师注重个体差异状况的评价，以及学生参与的实质内涵与教师注重学生创造性思维培养状况的评价等。最终使教师通过评价由职业教育者变为教育学习研究者，从他人成果的消费者变成自身成果的创造者，从为获得从教资格而学习转变成为终身学习者。

第三节　教师评价的形式与方法

评价信息的真实性是教师评价的关键。评价实践与已有的研究发现，要保证评价信息和资料的真实性和可靠性，应倡导多视角的方法论，建立一个开放的、多元的方法群落。多种方法收集评价信息，既可以调动多方积极性，提高评价的信度，又可以给教师以弹性化、人性化的发展空间。《通知》提出要建立以教师自评为主，学校领导、同事、家长、学生共同参与的教师评价制度。

一、教师自我评价

（一）教师自我评价的特点与意义

1. 教师自我评价的特点

新课程改革以及《通知》所提出的教师评价改革中包含了一个非常重要的理念：让广大教师认同评价、支持评价并积极参与评价。教师是通过评价期望发生改变的执行者，如果忽略教师在评价中的主体性，评价的价值和效果会大打折扣。

教师自我评价就是以自我为主体，自己对自己的评价，即教师依据评价原则，按照一定评价标准和发展目标，主动对自己的知识、能力、道德品质、教育教学工作等作出评价的活动。教师自评是一个批判反思的过程，更是一个自我提高的过程。"对绝大多数教师来说，自我评价法是一个连续不断的自我反思、自我教育、激发内在动因的过程。"[1]

同他人评价相比，教师自我评价具有独特性：①主客体同一性。教师是评价的主体，评价教育教学行为得失并为此提供事实依据的是教师本人，这有利于评价过程中主客体易位和角色的转换。同时，教师可选择自己认为薄弱的环节或有兴趣做研究的角度作为评价重点，一次着力解决一个问题。②自我评价的信息具有直接性、丰富性、生动性。③自我评价具有反思性，是对教学行为、过程、结果以及自身发展的反思和检查。④自评过程的循环性。教师自我评价的过程是：观察评价—诊断问题—调整行为—再次观察评价—发现新的问题—新的行为调整……，而每一次循环都意味着教学意识和行为的某种积极改变。

2. 教师自我评价的意义

教师自我评价能力对提高教师业务能力，促进教育教学质量的提高具有重要意义。一是教师自我评价使得教师由被动接受评价转为主动参与评价，突出了教师的主体地位，有利于教师主体性的发挥和教师主体意识与主体精神的形成。教师自评是促进教师素质提高的内在机制和教师专业自主发展的内在机制。正如美国学者哈里斯（B. M. Harris）和希尔（J. Hill）所指出的："只有教师本人对自己的教学实践具有最广泛、最深刻的了解，并且通过内省和实际的教学经验，教师能够对自己的表现形式和行为作一个有效的评价。"[2] 美国心理学家卡尔·罗杰斯在其《自由学习》中指出：当自我批评和自我评价是头等重要而别人评价是次要时，独立性创造性就容易发展。二是体现了民主参与式管理，改变了行政领导是唯一管理主体的传统管理格局，能够充分激发教师蕴藏的潜力，促使教师自我调整与学校

---

① 王斌华：《发展性教师评价制度》，18 页，上海，华东师范大学出版社，1998。

② 王俭：《教师专业化发展与教师自我评价》，载《高等师范教育研究》，2002（2），26～31 页。

之间的矛盾，控制和调节自己的行为，调动其积极性，提高主人翁责任感。三是教师自我评价贯穿于教师专业成长的始终。教师涉入评价过程的亲身体验以及通过该体验得到的结论对他的职业生活具有深刻的意义，更使教师形成一种对自身职业发展的责任心和自信心，使教师形成自我教育的良性机制。四是教师自评意识和能力的形成可以迁移到对学生的评价。教师自评和主体意识、主体精神的形成有利于教师注重学生的自我评价，有利于学生自我意识以及学生主体的独立性、创造性的培养。当教师对学生的自我评价进行评价的时候，评价重点势必会从学习结果的评价转向学习过程的评价，这对于调节学生的认知策略、激发学生的学习动机，成为"自律学习者"是极为有益的。

（二）教师自我评价的一般操作方法

1. 教师自我评价的层次

教师自评是一个不断从初级到高级的发展过程。第一个层次是初级的自评，即教师把别人对自己的评价作为参照系，从他人对自己的言行中评价自己的形象。例如一个教师经常受到上级领导、同事或学生的称赞，他会对自我作出肯定的判断，不断增强自信；否则会对自己持怀疑态度，缺乏自信。因此，在教师评价中要肯定他们取得的每一点成绩和进步。第二个层次是教师通过与他人的对比来评价自己。教师常常把与自己在地位、年龄、条件等方面相类似的个体或群体加以比较，然后对自我作出评价。例如，如果一名教师实际教学水平较高，但他所在学校的大多数教师都比他水平高，则他对自己的评价是教学水平一般；如果学校的多数教师水平比他低，他会给自己定位较高。第三个层次是通过对自己教育教学行为的分析来评价自己。这是教师自我评价高层次的反映，上升为一种自觉。教师主动分析教学过程中的专业技能和教学技能，考虑怎样使用最优化的方法达到预期的目标；批判性地分析教学实践过程中的合理性，对每一个学生来讲，什么才是最好的学习方法；从学生出发，分析自己的教学是否成功；自己取得了哪些进步，还存在哪些问题等。

2. 教师自我评价工具的设计和选择

教师自评要借助一定的工具，从不同的视角来观察自己是如何思考和工作的。这些工具有：教学录音、教学录像、专家量表和教师自制量表、教学日志、事件记录表、综合评价表、单项分析表等。通过教学录音或录像可以帮助教师找出大量的体态和言语上的不协调，以及是否不经意间流露出对学生的冷漠，学生发言如何，使教师明白自己的教学形象，把自我评价的主观性降低到最小程度。量表有专家量表和教师自制量表，主要是教师自制量表，可以使用最少的时间和训练设计适合教师自己需要的工具，获取所需信息，研究多种行为，并加深教师对课堂教学的理解，培养长期的自我评价习惯。教学日志是教师每天或者每周记录教学中发生的关键事件，即那些使自己兴奋的、发怒的、震惊的或劳力费神的有所触动的事件。自我剖析这一系列关键事件的记录、叙述过程就是对自己的教育工作的分析、归纳、反思和评价的过程。苏霍姆林斯基说过：只要你是认真地对待自己的工作的，你就要尊重这个记事簿和尊重自己，把它一年又一年地记录和保存下去，这实际上是一种教育日记，同时也是你对一个较长时期的教学和教育过程进行概括性分析的准备工作。

3. 教师自我反思

自我反思是教师自评最经济、有效的方法，反思的过程就是教师自我激励与提高的过程。教师自我反思是指教师在教育教学实践中，以自我行为表现及其行为之依据的"异位"解析和修正，进而不断提高自身教育教学效能和素养的过程。[①] 美国心理学家波斯纳提出了一个教师成长公式：成长 = 经验 + 反思，他指出，没有反思的经验是狭隘的经验，至多只能形成肤浅的知识，如果一个教师仅仅满足于获得经验而不对经验进行深入的思考，则不管其教龄多长，经验多么丰富，他也将永远停留在一个"新手型"教师的水准上。"成功的有效率的教师倾向于主动地反思他们事业中的重要事情，""反思被广泛地看作教师职业发展的决定性因素"。[②] 反思学习者的经历和教学自传是教师获得教学洞察力的一个最重要的源泉。

教师反思的内容包括三个方面：一是对教学活动的整个过程的反思，即教师在教学过程之后对自己的行动、想法和做法的反思；二是对自己教学活动过程中的表现、想法和做法进行反思；三是以上述两种反思为基础，总结经验，指导以后的活动。反思的途径有多种：一是教学笔记。一节课后，教师对自己这节课的总体设计是否恰当，教学手段运用是否充分，重点、难点的突出是否达到预定目标，哪些地方需要调整改进，学生发展是否达到预定目标等进行思考。二是反思日志。即总结一天或一周的工作，记录自己所得所失，取长补短。在进行某种变革时，一份经验性的记录为如何促进这种变革提供了有价值的参考和一种新的观察方式。三是交流讨论。针对课堂上发生的问题，与合作教师交流，各抒己见，共同探讨解决办法，得出最佳方案。四是调查研究。通过调查发现教学的得失，明确成功与失败的原因。调查的关键是教师要清楚自己要调查的问题。五是通过理论文献。理论文献可以帮助教师审查教育实践，不断地修正教师的知识，使之更为合理。

（三）教师自我评价应当注意的问题

由于受教师知识水平、传统评价观念、知觉定势等方面的限制，很多教师并不能真正地认识自己，在评价过程中容易出现一些偏差，如评价过低、评价过高、不完全的自我评价。教师在自我评价过程中要注意以下几个方面：

第一，教师要树立正确的自我评价观。教师自评，首先要摆脱以功利为导向的评价观，充分认识到评价的发展性目的。如果校长和教师都树立了这样的观念，就能使得教师保持襟怀坦白的姿态，正确、客观地评价自己。在评价时，教师要做到实事求是地认识自己和对待别人，不褒扬自己，贬低别人；敢于批评和自我批评，正视自己的不足和差距，不断鞭策自己。要使教师能够客观地认识自己，需要给教师一些评价技术和思想上的指导和培训，使之了解评价的目的、原则、范围、方法、周期、过程以及评价中需要注意的事项等，掌握必要的评价知识和技能。研究表明，没有经过训练的教师，在观看教学录像的时候，只会运用表面的态度、声调等进行自评，往往不能对自己的教学行为作深入的分析。[③]

①　张立昌：《试论教师的反思及其策略》，载《教育研究》，2001（12），17~22页。
②　张立昌：《自我实践反思是教师成长的重要途径》，载《教育实践与研究》，2001（7），2~5页。
③　陈玉琨：《教育评价学》，139页，北京，人民教育出版社，1999。

第二，明确自评标准，正确对待他人评价。自我评价要求教师依据评价原则和标准，对自己的工作表现主动作出评价。由于每个人在认识上的不一致和片面性，容易出现对成绩或问题偏高或偏低的倾向，主观色彩浓厚。因此，在制定评价标准或指标时，既要有对所有教师的共同要求或普遍要求，也应考虑到教师发展的阶段特性；既要有对教师行为的观察，也应有对学生行为的观察；既要为教师的自我评价提供依据，又要在一定程度上为教师确定专业发展目标。同时，教师应积极对待他人对自己的评价，分析所接收到的他人评价信息的准确性、全面性，实事求是地吸收他评中的合理成分。

第三，创设良好的评价环境，教师自评制度化。教师在自由、民主、平等的评价气氛中会有一种被信任的感觉，能够感受到他人对自己的理解和支持，这时更愿意主动诚实地汇报自己的评价结果。相反，教师则会产生失落感，认为自己的评价只是徒劳。因此，创设良好的评价环境是纠正教师自评偏差的重要环节。另外，由于中小学极其紧张的工作节奏没有给教师留出足够的反思时间和与同事交流的机会，为不使教师的反思意识和能力弱化，要确立科学的自评程序，将教师的自我评价做一些固定时间的安排，也可安排一些教师自评情况交流会，使教师之间思想碰撞，产生火花。

第四，处理好自我评价与他人评价之间的关系。他人评价是促进教师发展的外部机制，外部的要求可以刺激和规范教师的行为。自我评价没有外界的参照物，无法进行横向比较，因此在评价中听取学生、同事、领导及专家的意见和建议是必要的，听取的方式一般是自我评价与他人评价相结合。首先，要减少终结性目的的他人评价。进行他评时，评价者的确定要得到被评教师的认可，也可让教师选择。其次，要坚持以自评为主、他评为辅的原则。一般先进行教师自我评价，再进行他人评价。以自评为主，可以减少教师与评价人员之间的矛盾，调动教师的积极性，使之主动地进行自我评价和他人评价的比较，参照他人评价，更客观地认识自己，同时，又可以提高评价工作的效益。最后，坚持自评—他评—自评的完整运行过程。① 评价实践证明，在实施他人评价之前，被评者都会有或显或潜的自我评价行为。在他人评价的过程中及评价结束时，也都会有一种或显或潜的自我再评价，决定对他人评价结论是否认同及认同的程度。他人评价的结果发挥作用最后还要经过教师的自我评价。自我评价是基础，他人评价是条件，自我再评价是被评者制定规则，改进、提高、发展的依据和动力。

二、学生评教

学生评教是学生对教师素质和教育教学行为等进行价值判断。在教师评价中，学生评教自20世纪70年代以来一直为世界许多国家所重视。美国学者阿里莫里（L. M. Alermoli）认

---

① 王景英：《当前教育评价中几种关系的理论思考》，载《东北师大学报（哲学社会科学版）》，2003（5），119～125页。

为：①学生是教学过程的主体，他们对教学目标是否达到、师生关系是否良好，都有深刻的了解，对学习环境的描述与界定也较客观；②学生直接受到教师教学效能的影响，他们的观察比其他突然出现的评价人员更为细致周全；③学生参与评教有利于师生沟通，从而有助于提高教学水平；④学生评教的结果可作为其他学生选课的参考。①

（一）学生评教的意义

合理的学生评教能有效地促进、改善教育教学改革及教师的发展与提高，同时促进学生非认知领域的发展。

第一，激发学生参与教学的积极性和创造性。学生是教师工作的对象，学生有权对教师进行评价。学生评教一改传统的学生总处于被提问、被考试、被评价的地位，成为评价中的主体，不但满足了师生平等的要求，而且也监督教师摆正自己在教学中的位置，提醒教师要注重学生在教学中的参与和互动。学生评教，要求学生更多地关注教师教育教学行为，参与教学，调动了学生深入教学的积极性。学生对教师进行评价，将会感受到教师对他们的尊重，提供了一个师生交流、对话的平台，有利于建立民主的师生关系。在这种师生相互理解、关心友爱的氛围中，提高了学生的心智活动水平，促进学生高效率地获取信息和创造性地处理信息，激发学生创造意识的觉醒和迸发出创新思维的火花。

第二，能反映出学生对教师的认可程度和教师水平的高低，促使教师不断提高与发展。这与教师的能力、素质、教学水平等高度相关。如果教师工作效率高，爱岗敬业，爱护、尊重、理解学生，教学民主，教学质量高，会得到学生更高的认可。对于教学敷衍、不合格的教师，可以说学生评教是最好的监督。所以，合理的学生评教犹如一面镜子，将教师的缺点真实地显现出来，使教师在学生的监督和检查下不断地学习、提高。另外，学生评教也增加了教师评价的透明度。这使教师更具有现代民主理念和素养，更习惯于经常向学生了解自己的教学情况，倾听学生意见，从而不断地调整教学，获得最佳的教学效果，督促教师勤奋工作，努力钻研。教师要坦然地面对所有学生，唯一的选择就是积极进取，加强学习，不断提高自身的素质。

第三，有利于培养学生主人翁意识和民主意识，是提高学生评价能力的有效途径。学生评教促使学生积极参与教学，又能跳出教学，客观、全面地评价教师，提高学生辩证地看问题的水平，使学生能变换角度审视自己的学习，培养学生的评价能力。学生评教使学生不再迷信教师的权威，更能坚持真理，批评错误，在评价别人和自己时坚持公正合理。当学生评教成为学校教育教学常规和学生一项特殊的业务和权力时，会引导学生理性地看问题，公正、客观、实事求是、负责地对待教师，这是培养学生"学会做人"的很好的教育资源。

（二）学生评教的一般操作方法

第一，定量评价与定性评价相结合。学生评教是对教师的教学态度、方法、能力、效果及完成教育教学工作的情况进行测评。为了便于操作，评教往往采用定量分析的方法，但评

---

① L. M. Aleamoli, Student Rating of Instruction, in *Millman*, *J.* （ed.）, *Handbook of Teacher Education*, 1981.

价的特殊性加大了定量评价的难度。一是在评价设计中很难保证各项赋值都十分科学；二是由于年龄特点及分析能力的制约，学生在评教中难免"感情用事"。这样，评价的准确性就会降低。解决上述问题的办法之一是将定量评价与定性评价结合起来。对于的确很难作出科学定量赋值的评价项目，可分为"很好""较好""较差""很差"等几个层次进行模糊评定，同时，不只是让学生打分或评等级，要有评价意见。在具体操作中，首先，学校按照教育教学常规的要求制定评价指标体系，然后，学生进行模糊评价，最后，学校对学生的评价结果进行整理统计后再赋值作定量评价。这样，可在一定程度上减少因每个人的评价标准不同而造成的赋值差异，缩小因主观因素产生的误差。

第二，问卷调查与学生座谈相结合。问卷调查就是依据教师评价标准设计一系列学生评教问卷，发放给学生，由学生根据自己对教育教学状况和教师其他方面作出判断，然后由学校统一对问卷结果进行统计处理。在运用问卷调查时问卷设计要科学、合理、有效，教师要参与，多方面听取专家、被评教师的意见。问卷调查也可以网上实施。同时，随机抽取一部分学生进行座谈，通过与学生的谈话，更进一步了解学生对教师的态度。有关人员在与学生谈话前应有周密的计划，努力营造畅所欲言的谈话氛围。谈话中要注意把握谈话的内容和方向，使学生既轻松自然，又不离题太远。问卷调查与学生座谈相结合，可以帮助我们进一步了解教师的行为过程，全面、客观地解读评教结果。

第三，期中、期末评教与平时评教相结合。学生评教可以用于终结性评价，但主要用于形成性评价，贯穿于教育教学之中。学期开始通过学生评教，可以进一步了解教师在上学期教学中存在哪些问题，以便与上学期期末学生评教结果相结合，得出综合结果，更重要的是可以了解学生这学期对教师的期望。期中评教可以了解本学期以来教师的教育教学行为取得哪些成绩，有哪些进步，存在的问题是否改正，还存在哪些问题，并了解下半学期教育教学要求。期末学生评教是在对本学期教师教育教学行为评价的基础上，肯定成绩，发现问题和不足，在此基础上提出改进建议和措施，并提出下学期目标和要求。在学生评教中，要正式评教和个别了解相结合，使学生评价教师成为学生学习生活的一部分。

另外，学生评教可以由学校组织，也可以由教师自觉自愿组织，多种评价方法相结合，以获得更真实、准确、客观的信息。

（三）学生评教应注意的问题

目前许多学校将学生评教的结果作为教师评职、晋级的重要依据，有的学校甚至把教师报酬、聘任与学生评分挂钩。由于中小学生是正处于不断发展中的主体，认识问题往往凭直觉和感受，只看到表面现象；同时，缺乏相关的评价知识和技能，在评价过程中易感情用事，往往会出现严格要求学生的教师得分低，而对学生放低要求、能力一般的教师得分反而高。另外，教师评价内容是多方面的，既有显性的，也有隐性的，而学生限于知识、阅历、修养和判断是非的能力等方面的限制，他们的评价直接指向教师教育教学行为，其信度是有限的。因此，学生评教信息只能作为教师评价的参考，在运用时应注意以下几个方面：

第一，引导学生端正评价态度，构筑积极的师生关系。由于学生的年龄特点和知识水平，学习和生活阅历少，观察能力较低，鉴别能力较差，存在着不少消极的评价心理。如果不对学生进行正面引导，评价的客观性很难保证，因此，要引导学生端正态度，确立正确的评价标准，认真对待评教工作，客观、公正地评价科任教师。积极融洽的师生关系是有效教育教学的前提和基础。教师一方面要本着对学生负责的精神循循善诱，耐心教育，另一方面要善于和学生相处，成为他们的知音，加强与学生的沟通和交流。

第二，让教师明白学生评教的目的、意义，把它变为教师的自身需要，获得教师的理解和支持。学生评教只是教师综合评价的一小部分，应让教师清醒地意识到学生参与评教有利于改进教学，对教师教学具有诊断作用。如教师可以自行组织以诊断为目的的学生评教活动，师生在和谐、舒畅的情景下进行。这对教师的教学更有益，教师更乐于使用。只有当教师意识到学生评教能真正促进自己的发展和改进教学时，才会把学生评教当作提高教学质量、促进专业发展的内在需要。

第三，注意学生评教结果的及时反馈和科学运用。学生评教最主要的是在评教过程和评教结果中发现教师工作的优点和不足，对教师进行指导和培训。因此，评价信息要及时反馈给教师，使教师及时调整教育教学行为，提高教育教学质量。同时，通过及时反馈，在广泛收集有关学生评教信息的基础上，进一步论证学生评教的科学性和可行性，修订和完善评价内容。另外，学校领导要适当注意评价结果的保密性，教师个体只了解自己的评价结果，这能够消除教师和学生的对立情绪，虚心接受学生的评价，真心实意地改进教学。学生评教结果的处理，要综合考虑，排除极端现象，不搞唯结果是论，公正、客观、一分为二地对待评教结果。

三、领导、同行评价

（一）领导、同行评价的含义

领导评价在我国很普遍，是指教育督导机构、上级教育行政部门、学校领导依据评价标准和准则对教师教育教学行为和专业发展等所进行的价值判断。由于教育督导机构和上级教育行政部门主要是对下一级教育行政部门和学校工作进行监督、检查、评价和指导，不参与学校日常事务和管理，所获得的评价信息主要由学校来提供，因此，领导评价主要是学校领导依据评价标准和教师发展目标，通过各种途径和方式获得各种评价信息，按照评价指标体系对教师进行的评价。领导评价是促进教师发展的外部机制，以外部的要求刺激和规范教师行为，实现对教师职业发展过程的调控。

同行评价是指本校教师、校外教师和专家对教师工作情况和个人发展所进行的评价。同行评价是教师重要的学习和交流的机会。其特点主要有：一是以教师同事或教师群体为评价主体；二是主要目标是促进教师专业发展和整体素质提高；三是要结合教师日常教育教学活动、教育科研活动开展定期或不定期的评价；四是评价过程中，评价双方平等交流、对话。由于在教育教学目标、方法和过程以及教学对象、教学环境等方面评价双方有相似的地位和处境，同行，特别是同事对于教师的工作有着更深刻的共鸣和更准确的理解，具有较大的发言权，其有效性较高。同行评价可以使教师从不同的角度了解自己的教育教学和发展情况，获取大量有价值的信息和经验，这对教师的提高及工作的改进都很有价值。

（二）领导、同行评价的一般操作方法

1. 运用"走动管理"收集评价信息

教师评价的关键是做好各种有关教师发展和工作状况的信息收集和整理。"走动管理"策略源于一些优秀的美国公司的管理经验。管理者通过与个人保持密切的接触，达到组织管理的目的。这种管理方法在企业管理中发挥了积极的作用，受到普遍的认可和接受。将这种管理策略运用于教师评价之中，要求教育行政部门的领导，特别是学校校长要经常到学校、教研室、年级组、教室走动，多接触教师和学生，多听听教师和学生的声音，从而获得教师评价的第一手资料。

2. 运用学生学业成绩评价教师

教师的工作对象是学生，其教学效果主要是通过学生的学业成绩和表现来体现。运用学生的学业成绩评价教师具有合理性。学生学业成绩是指认知领域和情感、动作技能领域的发展，包括知识、能力和倾向。倾向主要是指情感领域，包括对该学科的兴趣、意识、态度、信念、毅力、好奇心等非认知领域，涵盖了学生在学校中的一切变化。因此，应通过多种途径收集学生学习、变化的信息，如学生考试成绩、平时表现、学生的进步状况、学生作品集、学生成长档案袋、学习活动、学生的实践能力等来评价教师。另外，学生学业成绩受多种因素影响，其结果与学生原有的知识、技能和能力准备情况，与学生学习习惯、目的、方法、态度、兴趣等个性特征有重要联系，同时还受家庭、社会等方面的影响，在运用学业成绩评价教师时，要适时适当综合考虑。

3. 教师教学档案袋

教学档案袋是真实性评价在教师评价领域中的体现，是教师评价与实际教育教学活动相连接，反映教师教学活动真实面貌的有效途径。

教师教学档案袋包含教师按照评价标准与要求收集的最能代表教师成就的教育教学信息：教学理念和教学目标的表述，单元和课堂教学计划，为学生编制的测验及学生成绩评定准则，学生学业成绩，家长、学生调查情况，职业活动、专业成长证明，正式评价，管理者的报告，科研计划及其结果，自我评价等。这些信息能揭示教师的知识、技术、成就、个性以及各种教学和学习经历，反映、表明教师工作的复杂性，是教师作为专业人员对自己人生观、教学观反思的个性化肖像。教学档案袋不只是教师作品的简单收集，它更是系统检查教与学效果、与其他人分享自己的观点、改进教学的一个过程。对教师来说，档案袋是反映自己教学实践、进行自我反思和评价、确认职业发展需要的有效途径。它能帮助发展自我价值和使教学赋有个性。这种评定可以使教师成为知识的生产者，而不仅仅是知识的传授者。依据教师所提供的教学档案袋，评价者可以看到某一时期教与学的开展情况及各种情况，掌握教师各方面的信息，以作出客观、公正的评价。

教学档案袋没有标准形式，教师可以依据自己的目标和兴趣建立不同形式的档案袋。在建立档案袋时，教师要仔细选择项目，依据评价标准思考什么资料能证明自己达到要求，如什么项目能显示我的知识、技术、成就、成长经历和真实水平？这些项目能证明我的最好的工作情况吗？然后收集教学、知识、技能等方面的信息。另外，教师为档案袋挑选作品（如学生作品的样品，照片，教学录像等）时，不仅要选择他们最好的作品，还要选择早期的作品，与最近的和较好的作品比较，以反映他们的成长过程和进步情况。评价时，如果档案袋里的信息不能证明教师达到标准，教师还可以再增加一些信息，以证明其真实的教学能力。可以说，在对教师进行形成性评价或终结性评价时，教师成了其档案袋的最终仲裁者。[1] 教学档案袋不但可以为领导和同行评价教师提供丰富的资料，同时运用于教师自我评价，建立教学档案袋的过程就是教师自我评价的过程。

4. 课堂观察与调查

课堂是教师教育教学的平台，课堂观察与调查是收集信息、科学评价教师的有效渠道。学校要建立经常性听课、评课制度，这有助于教师之间取长补短，共同提高和进步，也有助于降低同行评价中的主观臆断成分。听课者包括学校领导、合作教师和骨干教师。在正式听课之前，评价双方应举行一次预备会议，确定教学目标、授课计划、困难与问题、听课的方式以及听课的重点，同时使教师明白听课不是为了评判教师的授课质量，而是为了提高教学质量和促进他们发展。听课时，评价者连续、迅速的记录至关重要，要将语言和非语言的事件真实地记录下来，记录时要观察教学效果，更要关注教学过程。新课程理念下记录要从传统的关注教师的课堂表现、教师怎样教转变到学生怎样学的问题上来，看其能否为学生的发展提供充分的机会和良好的氛围，是否以学生为中心安排教学活动，是否关注学生的个性与差异，是否注重培养学生的学习兴趣，是否让学生充分展现自己，对学生的评价是否合理、公平。同时，还可以录像，以使观察后的讨论更客观。观察后讨论允许评价对象表达自己的感受，对一些评语进一步协商，这能够提高教师的自信心和自尊心，促使教师更加坦率地谈论他们的工作。

另外，还可以编制教师课堂教学调查表，从学生这一角度来收集有关教师教学表现与效果的评价信息。

5. 校长—同事评价法[2]

校长—同事评价法的主要倡导者是澳大利亚的安东尼·欣克菲尔德（Anthony Shinkfield），该评价法在全世界，尤其在澳大利亚的中小学得到广泛的采纳，获得了令人注目的成功。其基本指导思想是学校视教师评价为教育过程的一个组成部分；唯有采用建设性的教师评价法，才能促进教师的专业发展；评价者与评价对象（教师）之间的合作和相互尊重是必要的；在实施教师评价计划之前，有关各方须达成共识；教师自我评价必须是评

① Yoo，Seung-yoeun："*Using portfolios to reflect on practice*"，Educational Leadership，v. 58 no5. May. 2001.
② 王斌华：《一种有效的教师评价模式：校长—同事评价法简介》，载《当代教育科学》，2003（10），40～42页。

过程的重要组成部分。评价教师是校长最重要的职责之一，校长将担任第一评价者并主持评价小组工作，考察教师的教学工作，及时给予积极的反馈，并作出影响教师个人专业发展和学校自身发展的决策。校长有必要下放某些行政权力，但事关教师专业发展的最后职责必须由校长承担。评价小组由三人组成：接受评价的教师、第一评价者校长和第二评价者同事。第一评价者、第二评价者以及评价对象必须充分了解各自的身份、角色和职责。作为评价小组主席和第一评价者，校长必须发挥领导作用，熟悉评价政策，能够就评价政策向评价对象作出清楚的、令人信服的解释，确保评价小组有效地、积极地开展工作。第二评价者必须配合第一评价者，了解评价政策和评价程序，努力实现预期的评价结果。评价对象必须充分认识到，教师积极参与评价是教师评价成败的关键，能否完成自我评价以及能否获得建设性的评价结果主要取决于教师本人。评价过程将促进教师个人的专业发展。

评价实施分三个阶段，第一阶段是营造氛围和制定政策，要营造健康的学校氛围，使所有参与者都能以积极的态度支持教师评价，同时将教师评价制度作为一项长期的学校政策列入文件之中。第二阶段是初步面谈，为教师评价获得成功奠定基础。评价者与评价对象之间相互尊重，使评价对象相信，教师评价将使教师个人和学校组织共同受益。校长必须认真思考面谈的措辞、步骤和策略。第一次面谈时被评教师向校长提出第二评价者人选，组成评价小组，同时校长充分阐述评价的目的和意义；第二次面谈要让被评教师自我评价，校长和第二评价者分别列举教师的优点和不足，同时为撰写反映评价对象优点和缺点的评价报告做准备。第三阶段是确定目标。约两个星期后评价双方再次面谈，就第二次面谈所列举的优缺点进行比较和分析，在充分讨论的基础上达成共识，并使被评教师接受。第四阶段是课堂听课。评价对象提供听课时间并得到评价者的认可，听课要持续一学年。在听课过程中，校长应该把听课的注意力集中在师生交流、提问技能、课堂管理等方面，学科教师应该把听课的注意力集中在学科内容方面。在整个学年要进行两次听课面谈，第一次围绕的主要问题是：在历次课堂听课中，评价对象是否感到紧张和别扭？评价对象是否需要补充什么想法和意见？课堂听课是否达到了预期的目标？课堂听课是否遗漏什么重要的观察内容？第二次面谈主要任务是：评价对象是否一直在努力地改善教学质量；补充重新观察到的优点；去掉已经克服的缺点。第五阶段是总结会议。一是要完成评价报告，要充分反映评价对象已实现的努力目标，包括评价前已具备的能力、评价过程中重新获得的能力和重新发现的能力；二是要给予帮助和建议，在肯定评价对象取得进步的基础上，注明评价对象取得进步的措施以及评价者给予教师的建议。

领导、同行运用以上方法评价教师时，要注重定量评价与定性评价的结合，单纯的强调量或质都是不科学的。另外，要注重这些方法在诊断性评价、形成性评价和终结性评价中的综合运用。

（三）领导、同行评价应注意的问题

由于长期以来我国教师评价的主体主要是领导，同行评价中感情因素、人情成分很多。同时，校长和学校其他评价者的感觉通常会偏向于性格外向或与自己具有相似性格的教师，

主观随意性较大，使评价难以发挥其应有的功能和作用。因此，领导、同行在评价教师时应注意以下问题：

第一，倡导民主，打破"管理者无过错"的传统观念。我国台湾教育家林清江说："一所学校的领导者，他永远关切学校的物质文化，也永远关切学校的制度，更永远关切其组合分子的理念、价值观念和行为。在这三者之间永远要求平衡。"① 领导者应该打破传统的权威观念，由居高临下的评判者转为真诚的引导者、合作者，尊重、信任教师，将人本管理思想贯穿于教师评价之中，创设和谐的内部环境，把评价的权力还于教师。学校领导要多接触教师，多去听课，多去了解教师同行的反映。要特别注重与教师的沟通、面谈。"面谈是一种直爽、有人情味、直接获得消息与接受消息的方法"。② 在与教师沟通的基础上指导教师领会评价指标的真正内涵，建立一个接纳的、支持的、宽容的评价环境。无论采用什么方式、方法进行评价，评价双方必须在人格上是平等的，在态度上是诚恳的，为教师提供宽松的职业环境，使教师获得更多的专业自主权，减少评价的心理防御。

第二，注重评价标准的生成性与灵活性。强调标准的生成性，一是在形成评价标准时，学校领导和部分骨干教师共同商讨，提出初步方案构思，然后以教研组为单位，让教师积极讨论，提出不同意见和建议，根据所征求的意见修改初稿。然后再通过教师职工民主会议讨论，最后由学校拟定出评价标准公布于众。这样的标准源于教育教学和教师实际，不仅体现评价者的意志，也体现了被评者的需求，教师容易接受。二是指评价标准并不是一成不变的。根据评价对象的变化、教育教学实际以及时间的不同，评价标准可做相应的改变。如教师评价素质，在调查的基础上形成一个大致的概括性的评价标准。具体的标准应依据教师发展的实际情况而定。这个具体的标准并非面面俱到，而是一个对教师发展水平期待性的评价标准。随着评价的开展，教师素质的提高，评价标准也应有相应的调整，这是评价标准灵活性的表现。同时，教师评价标准要变千人一面、千校一面为因人因校而宜，本着有利于学校和教师发展的要求，结合学校的实际，使评价标准分层。

第三，提高评价双方素养，尊重差异。评价过程是评价双方在评价中听取不同意见，不断协调各种价值标准间分歧，缩小不同意见间差距，最后形成一致看法的过程。在这个过程中，评价者的素养很重要。评价者必须掌握一定的评价技能，如评价面谈技能、课堂听课技能和沟通技能等。学校领导在注重自身素质提高的同时，一方面尽量挑选德才兼备、知识能力结构合理、有威望的人员担任评价者；另一方面要加大对评价者的系统培训力度，以减少评价的主观随意性。不同的教师在道德水准、心理素质、人格修养、学业水平、工作能力等方面千差万别。教师的教学工作因学科特点不同、课型不同、个性特点不同及授课对象不同而呈现出风格迥异的教学风格。正是由于不同教学风格的存在，才使得学校教学工作充满活力。另外，不同的教师其需要不同。成人认知理论认为：作为个体的教师总是注重对自身思

---

① 范国睿：《多元与融合：多维视野中的学校发展》，87 页，北京，教育科学出版社，2002。

② 林捷、吴志宏：《中小学校长与教师人际沟通行为的调查》，载《中小学管理》，1999（11），23～26 页。

维、已有学习方式、动机、目标和能力的提高，在任何一个教师团体中，教师均在如何更好地实现个人业务发展方面表现出不同的需要和选择。[①] 一个真正有发展前途的教师，从来不机械盲目地照搬某一个权威的教学模式，而是善于博采众家之长，在广泛吸纳先进教学经验的基础上，发挥个人优势，大胆创新，从而形成具有个性特点的教学风格。只有这样，课堂教学才会永远充满生机与活力。评价者要尊重教师在教学上、发展上和对待问题的看法上的差异，不要用一种或几种固定的模式去评价所有的教师，在评价的各方面要体现个性化，尊重教师的选择。

第四，评价结果的解释与应用。评价者根据教师提交和收集的评价信息，写出教师个人的评价报告，肯定教师的教学业绩和专业发展成绩，并指出不足、改进之处，提出指导性的建议和教师专业培训与发展的需要。评价信息反馈的重心是要教师知道自己的优势和长处是什么，明确自己的不足和改进之处，发挥评价促进被评教师朝着更为完善方向发展的动力作用和激励作用。如果被评教师对评价结果不认同，评价双方要进一步协商。在评价结果的解释上，要体现对教师的理解、宽容和尊重。对于评价不合格的教师，要做延时处理。通过评价实现对教师的科学管理是教师评价的目的之一，但不是最终目的，评价结果不以奖惩为目的。大量研究表明：对于教师来说，他们大多都有强烈的事业心，希望自己的工作能做得更好，因此帮助他们提高与发展，在大多数情况下比判定他们工作的等第报告更有意义。[②] 在合理解释评价结论的基础上，引导教师对自己的成功和不足之处作正确归因，同时明确下一轮发展目标。

第四节　班主任工作评价

班级是现代学校教育最基本的组织形式，班主任是班级的建设者、领导者、管理者和教育者，肩负着管理和教育指导班集体的重任。班主任一般由教师兼任，班主任工作是学校工作的重要组成部分，其质量高低直接影响学校工作的成败，关系到能否更多更好地培养跨世纪的建设人才。班主任工作评价就是按照一定的评价标准对班主任工作开展状况及其效果进行价值判断。本节主要介绍班主任工作评价的意义、内容和方法。

一、班主任工作评价的意义

全面、客观地评价班主任的工作，对提高学校教育教学质量和学校管理水平、发挥班级教育和管理效能、促进班主任自身发展、协调各种教育力量等具有重要的现实意义。

第一，促进学校教育教学质量与管理水平的提高。学校所进行的一切教育教学活动都直

---

① James Warnork：*Teacher Supervision and Evaluation：A Differentiated Model.* ，Kun ming，Paper presented at the Educational Leader's Program YEC，July 1998。

② 陈玉琨：《教育评价学》，106 页，北京，人民教育出版社，1999。

接或间接地经由班级这一组织形式，学校教育教学计划和教学改革，教导处、教务处有关学生教育和生活方面的指示和要求，团、队、学生会组织开展的各项活动等，一般都通过班级或以班级为单位组织开展，而这些都需要班主任工作来实施。因此，班主任工作是学校全部工作的缩影，其质量高低，直接影响和决定了学校工作质量的高低，决定了学校各项工作能否得以顺利展开。班级管理是学校各种管理的重要组成部分，其水平高低是衡量学校管理水平的一项重要内容。评价更重要的是为将来工作提供借鉴，班主任工作评价是提高班级工作水平的重要手段。通过评价，使班主任更好地贯彻落实国家的教育方针，全面推进素质教育，深化教育改革，进一步发挥班主任在班级教学管理中的指导和协调作用，优化管理过程，提高班级教育教学质量。

第二，促进班级管理效能的提高。班主任的很多工作都是进行班级管理，在班级管理中起着导向作用。班主任要根据学校管理的任务和要求，制定班级目标和发展规划，提出管理措施，对学生进行思想品德教育、学习生活管理、卫生保健管理等，协调学生与学生、学生与任课教师之间的关系，形成和谐的人际氛围。实践证明，班级管理的好坏很大程度上取决于班主任工作质量的高低。通过班主任工作评价，明确了班主任工作的职责范围，规范了班主任职责。在大量获取评价信息的基础上，一方面要肯定班主任的成绩，对其工作状况进行价值判断。另一方面，及时发现班级管理中存在的问题，明确改进的方向和应采取的措施和对策，督促班主任沿着正确的方向建设班级。班主任工作评价可以促使班级管理处于一个动态调节的状态之中，从而不断提高和进步，提高班级管理效能。

第三，有助于促进学校德育工作的开展和质量的提升。在整个教育活动中，班级是直接培养人、教育人，进行个性陶冶的前沿阵地，班主任是对学生进行优育的骨干力量。国家、地方和学校德育方针、政策和方案的落实都离不开班主任自觉的参与、组织和实施。班主任要采用各种形式和途径对学生进行思想品德教育，把握学生的思想动向，有针对性地开展德育工作。同时，社会的复杂性和青少年儿童接触范围的扩大也对班主任工作提出了更高的要求。因此，构建班主任工作评价体系，可使班主任更加明确和规范自己的德育工作，提升德育效果。

第四，有助于调动班主任工作积极性，促进班主任自身的提高与发展。当前，社会政治、经济文化的大发展、教育体制的不断改革、教育对象的复杂性、多样性等为班主任工作带来新的挑战，这就要求班主任要不断提高和学习，不断充实自己，以适应时代的发展和学生工作的需要。班主任工作评价的目的是通过对其工作的评价，形成有效激励机制，调动其工作积极性、主动性和创造性，激励其不断进步和提升。任何工作都有优点和不足，通过评价，使班主任看到自己工作所取得的成绩以及存在的问题和不足，进一步明确以后的努力方向，不断提高自身水平和班级管理水平。在全面评价班主任工作的基础上，科学地评出优秀班级，这既是对班主任工作的肯定，也是对班级的一种激励。有效的班主任工作评价能对班主任产生巨大的激励功能，激励先进，鞭策后进。

第五，有利于协调班级教育力量，形成教育合力。从空间上来看，学生所接受的教育影响有学校教育、社会教育和家庭教育。通过班主任工作可以协调和利用家庭与社会对学生的影响，使家庭、社会、学校互相配合，成为促进学生成长的合力。在学校里，班主任是校长直接领导下，在任课教师配合下开展工作的。在教育教学过程中，每个班主任必须把党的教育方针、教育政策、教育目的全面贯彻下去，上对学校负责，下对学生负责，从而使上通下达。另外，中小学生是一群正处于不断发展、各种问题不断出现的青少年，他们的成长需要班主任不断给予启迪和引导。通过对班主任工作的肯定，可以促进班主任同各方面教育力量的沟通与协商，协调各种教育力量，使各种声音汇在一起，形成强大的教育合力。

二、班主任工作评价的主要内容

班主任工作评价内容的确定要全面体现班主任工作的职责要求及其工作的多样性。如果内容不全面，就会给班主任工作重心带来偏差。班主任工作评价的内容主要有班主任素质、班级组织与管理和班主任工作绩效。

（一）班主任素质

具有良好的素质结构是从事班主任工作的前提和基础。班主任能力的强弱、成绩的大小，很大程度上与其知识水平成正比，知识面越宽，思维越活跃，创造力越强，班级工作越有成效。这就要求班主任要做通才，成杂家，不失时机地加强业务及教育理论的学习，多种渠道更新和拓展知识。首先，班主任要具备一名合格教师所应具有的素质，包括崇高的思想道德素质、广博的科学文化素质、精深的业务能力素质、良好的身体心理素质等，如崇高的政治觉悟，高尚的师德，现代教育观、学生观、人才观等。除此之外，班主任更要具有较高的观察和研究能力，研究和了解本班学生，洞察学生的变化和发展；较强的组织管理能力，组建良好的班集体并组织学生开展和参与各种活动；较高的协调能力，协调学生与学生、学生与教师、班级与学校、各任课教师、各种教育力量之间的关系；具有教育决策能力，能制订班级工作计划并实施、修改；德育实施能力，能开展各种德育主题活动，将学校和国家的德育目标落实到位；要具有教育机制等。

（二）班级组织与管理

第一，了解和研究学生。经常、全面地了解和研究学生是班主任建立良好班集体的基础。只有对学生充分了解和研究，才能根据学生、班级的实际情况确定班级奋斗目标和工作计划，包括了解学生集体和个人。了解学生个人包括学生的思想品德、行为表现、家庭情况、学习情况、生活情况、兴趣爱好、个性特征等。了解学生集体包括班级基本情况，如学生构成情况、生源情况、学生年龄组成、学习情况、团队员人数等；班集体形成情况，如班集体的特点，班级中存在哪些非正式团体和正式团体，学生干部情况，班级活动情况，班级纪律情况等；班级学生思想状况和精神面貌，如学生思想状况、班风、学风等；班级原有的教育基础等。

第二，班级目标建设和工作计划。班主任在了解和研究学生的基础上为班级提出切实可行的奋斗目标，包括教育目标和管理目标。教育目标是依据国家教育目的和学校培养目标而提出的班级学生在德、智、体等诸方面预期要达到的要求，目标的制定要从班级实际和现代社会发展的要求出发。管理目标是班级在纪律、规范、制度、班风、舆论等方面预期要达到的标准，目标要遵循班集体活动的规律和特点。班级奋斗目标要有层次性，包括近期、中期和远期目标；目标要适度，要从班级的实际出发制定，要切实可行，同时也应具有一定的激励作用；目标要体现民主性，要让全班学生共同参与制定，反映全体学生的声音和要求；目标要有针对性，要解决班集体形成和发展中的主要问题。"凡事预则立，不预则废"，班主任要制订实现班级目标的工作计划，包括周计划、月计划和学期计划；计划要集思广益，全面、合理，服从整体；分工明确，措施要切实可行；计划要机动灵活，考虑到学生不同层次和各方面的协调配合；计划完成要及时。

第三，培养班干部。班级是由一定的组织构成的，如班委会、团支部、少先队、各种活动小组和兴趣小组等，它们是班集体的领导核心。班主任各项工作能否顺利开展、教育要求能否在学生中贯彻执行、班级目标能否实现，在很大程度上取决于班干部的选拔和培养。班主任工作中的重要一项就是选拔和组织班委会，组建班级领导队伍，形成良好的班集体。表现为：要明确班干部选拔的标准，选拔的干部要有为集体服务的思想和热情、能够以身作则和团结同学、具备一定的工作能力和某一方面特长、在同学中有一定威信和号召力等，这同时也是班主任培养班干部的内容。选拔的方法要灵活多样，要充分发扬民主，同时尽量使更多学生有锻炼的机会，提高他们的工作能力。对班干部要大胆使用、精心扶持，调动学生干部的工作热情；对他们要严格要求，培养班干部的民主意识；要建立班级干部轮换制度。

第四，建立健全班集体制度。健全的班集体制度是良好班集体形成的根本保证，是使班级工作规范化、科学化的重要前提。健全班集体制度分三个层次：一是党和政府及教育行政部门统一规定的有关班集体和学生管理制度，如《小学生守则》《中学生日常行为规范》等；二是由学校根据上级颁布的规定条例、指示和培养目标所制定的各种常规制度和实施细则中的有关班集体和学生管理部分；三是班主任根据上述两方面要求和班级实际情况而制定的具体的制度，如班级课堂纪律、生活作息制度、课外活动制度、学生奖励制度、清洁卫生制度等。制度的制定要符合学校和班级实际，遵循青少年身心发展规律，发扬民主，内容明确，要求合理，要坚持执行制度。

第五，培养正确的集体舆论和优良的班风。正确的舆论是班集体形成、发展和自我教育的巨大力量。同时，集体舆论持续地发挥作用，就会形成优良的班风。所以，班主任要培养正确的集体舆论。班主任要加强对学生的正面引导、正面教育，提高学生的思想认识和识别判断能力；要有目的、有意识地组织和吸引学生参与各种集体活动；要充分利用班会、宣传栏、墙报、黑板报等舆论阵地，宣传班级和学校的好人好事，发扬正气，强化班级正确舆论，要注意内容的及时更新；班主任要以身作则，发挥表率作用；塑造健康的同辈文化，即同辈集体的价值观和行为准则；要善于运用表扬和批评的手段，发挥激励功能；要树立榜样，榜样要典型，发挥模范带头作用。

第六，协调配合工作。班主任协调工作评价主要有：一是做好班集体与非正式群体之间的协调工作。班集体中的非正式群体对班集体既有积极的作用，也有消极的影响。班主任要分析非正式群体的存在，正确引导，合理利用；要主动与非正式群体联系，加强了解和沟通；针对非正式群体的特点，因势利导，促进转化。二是做好任课教师之间的协调工作。班级任课教师与班主任构成班级教师集体，既承担各自教学工作，又配合班主任参与班级管理。由于任课教师在年龄、学识、经历等方面各不相同，对学生要求也有不一致之处。因此，班主任要争取任课教师参与班级目标的制定，使班级目标与任课教师的教学目标相整合，注重各任课教师间的平时协调工作，及时沟通，互通情况，紧密配合，形成教育合力。要正确处理任课教师之间的矛盾，协调好任课教师之间的上课时间。要协助任课教师搞好班级教学，注意树立任课教师在学生中的威信，满足班级任课教师的合理需要。三是任课教师与学生之间的协调工作。班主任要召开班会，向学生介绍任课教师的情况，让学生对任课教师的教学特长、教学习惯、以往教学成绩等有初步了解，教育学生要尊重老师；召开班级教师会议，向任课教师介绍本班学生情况，让任课教师了解班级，了解学生；要协调各任课教师布置的作业量，减轻学生课业负担；要统筹安排好学生自习与辅导，避免与任课教师辅导时间冲突；召开师生座谈会，促进任课教师与学生之间的信息交流和沟通；要邀请任课教师参与班级活动，增进师生之间的相互了解和情感，优化师生关系，树立教师威信。四是要落实家访制度，密切联系家长，善于和家长进行沟通，指导家长教育子女。五是协调社会教育力量。学校是社会的一部分，社会的各种因素不可避免地会对学校教育产生影响。影响或积极或消极，或正面或负面，班主任必须主动加强与社会的沟通与联系，挖掘社会教育资源，借助社会教育力量，加强对学生的正面教育和正面影响，消除不利的社会影响。

第七，组织和指导各种班级活动。班主任工作的重要内容之一就是精心指导和组织学生开展各种教育活动，充分发挥学生的主动性，培养学生独立工作的能力。班级活动的种类要多样，如科技活动、文体活动、学习活动、社会实践活动等；活动的形式要有集体活动、小组活动和个人活动。班主任要根据学校德育目标，有目的、有计划地开展系列主题教育活动，如法制教育、环保教育、体验教育、心理健康教育等活动；要组织学生定期召开班级例会，开好主题班会，主题要鲜明，内容要充实，具有时代性和教育意义；组织、指导学生参加课外各种兴趣小组活动、科技知识竞赛、小制作、小发明等活动，发展学生的个性和特长；组织学生参与勤工俭学、社会实践和校内外公益劳动；定时开展班级学习活动，指导学生明确学习目的，端正学习态度，养成良好的学习习惯；督促学生积极参加体育锻炼，搞好各项卫生。

第八，后进生转化工作。班主任要关心、爱护后进生，了解后进生存在的问题及其产生原因，对后进生耐心、负责，善于捕捉后进生身上的亮点和闪光之处，注重个案跟踪教育，有后进生转化计划、措施、情况综合分析记录，切实做好后进生的教育和转化工作。

第九，学生评价。定期对学生进行操行评定是班主任对学生进行教育和管理的一个重要环节。学生操行评定就是对学生一学期（或学年）的思想品德状况、学习情况、劳动、体育锻炼等各方面的发展变化的评价。班主任对学生的评价要实事求是，客观、公正；评价内容全面、科学，用发展的眼光看待学生；评定突出个性，评语有针对性，符合学生特点，以激励为主，富有教育意义和引导作用。

第十，学籍管理工作。班主任要协助教导处搞好本班学籍管理，学生入学、流动符合要求，管理卡要认真填写，入档及时；要为每个学生建立档案袋，记录每个学生的基本情况、个性特征、兴趣爱好、平时表现、学业成绩等。

（三）班主任工作绩效

第一，班集体的形成。班级具有明确的奋斗目标和切实可行的计划，初步形成良好的班风、学风，人际关系和谐、融洽；形成班级领导核心，班干部团结、协调，工作态度认真、热情，乐意为同学服务，具有较强的独立工作能力和组织管理能力，发挥班集体领导核心的作用；树立正确的集体舆论，形成良好的内部育人环境，发挥集体教育作用。

第二，教育合力的形成。各任课教师之间关系和谐，教育教学步调一致，充分调动各科教师的积极性，各科教学得到平衡发展；师生关系民主、平等，爱生尊师；家长能够端正子女教育态度，积极参与学生教育，指导家庭教育效果显著；能有效与社会沟通，对社会教育力量利用充分，形成家庭、社会、学校教育网络。

第三，学生道德风貌。学生整体精神面貌好，思想品德合格率高；公民意识强，讲文明，懂礼貌，遵纪守法，入团（队）人数比例不断增加；好人好事不断涌现，差生转化工作效果好。

第四，学生学习指导。学生明确学习目的，端正学习态度，能依据自身情况主动提出学习要求；掌握各种学习方法，形成良好的学习习惯，具有自学的能力，学会学习。

第五，班级活动开展情况。班级活动开展灵活多样，面向全体学生，学生的个性和特长得以发展；学生能独立组织各种活动，主动参与社会公益劳动；活动对学生产生的良好的教育效果，使学生具有经常锻炼身体、讲究卫生的良好习惯，具有良好的劳动态度，养成良好的自我服务习惯。另外，各种活动获奖情况，也是评价班主任工作绩效的内容之一。

三、班主任工作评价的形式与一般操作方法

（一）班主任自我评价

班主任工作情况如何，可以通过班主任对工作过程的反思和总结进行自我评价。班主任是班级工作的当事人，他为班级做了哪些事情，付出了多少努力，获得了哪些成就，学生态度如何，还存在哪些问题和不足，以后奋斗的目标是什么等，班主任很清楚。通过班主任自我分析与评价，可以调动班主任工作积极性，体现对班主任的尊重和信任。在鼓励班主任自我评价时，要尽量减少评价过高或过低的偏差。学校给班主任一些指导和培训，使之明白评价目的，掌握评价方法，以客观、真实地评价自己。

班主任自我评价的途径很多。班主任可以按照班主任工作评价指标体系进行自我评价；

可以通过调查本班学生获取自评信息；可以通过反思班级计划实施了多少，班级目标达到什么程度，是否适合本班学生，学生获得了哪些发展和提高，组织了哪些活动，取得哪些成就，存在哪些不足等进行自我评价。班主任自我评价可以贯穿于整个工作过程之中，成为工作中的一部分，随时分析、反思工作的进展情况和以后努力的目标。学期初的自我评价可以反思自己上学期取得成绩的经验有哪些，问题是什么，以后工作可能遇到哪些问题等；在工作过程中注重记录班级日志，通过班级日志反思自己的工作情况；学期结束时要对自己这学期的工作情况进行总的评价，发现问题和不足，明确下学期工作的重点和方向。

（二）学生评价

班主任所在班级的学生的感受和体验是对班主任工作的最贴切评价，因此，学生是评价班主任工作的主体。来自学生方面的评价信息和反馈是评价班主任工作的重要组成部分，要充分调动学生评价班主任的积极性和主动性。

学生在评价班主任工作时，首先要让学生明白评价的目的、意义，消除学生的顾虑，打消部分学生借评价报复班主任的心理，实事求是地评定班主任工作情况。学校可以编制一些学生问卷和调查表来调查被评班主任工作的开展情况，班主任也可以自行组织学生问卷调查，对调查结果要进行分析。对于无法量化和无法在问卷中体现的内容，需要通过与学生座谈，听听学生对班主任工作及班集体的评价。学校也可以建立毕业生跟踪卡，发一些班主任工作情况调查表让毕业生填写。学生评价班主任工作可以定期开展，也可以不定期调查。不同时期调查的内容要有所区别，着重点不同，使班主任的成长与发展成为一个持续渐进的过程。

另外，学校领导对学生评价结果要一分为二地看待，重在肯定成绩，发现问题，以提出改进措施和建议，而不是依据学生评价结果对班主任进行奖惩。

（三）领导评价

领导评价通常由学校领导、教导处、年级组负责人和班主任代表组成评价小组，对班主任工作情况进行评定。领导评价要在班主任自我评价的基础上进行，先由班主任提供评价材料，如班主任档案，包括班主任自身情况、班级基本情况、班级工作计划、工作总结、班级日志、家访记录、差生转换调查表、流失生登记表、重要班队活动记载、兴趣小组活动记载、各类竞赛获奖情况、班干部简介和工作记载、学生各科成绩等，这是评价小组评价班主任工作的主要依据。评价小组依据班主任工作范围和学校教育目标，根据班级实际情况确定评价内容和标准，构建班主任工作评价指标体系。指标体系的建构要科学、合理、民主，要吸引班主任、学生、任课教师等各方面力量参与指标的制定；内容要全面，体现当前教育改革对班主任提出的新要求。对于指标体系不能包含的班主任工作的隐性内容，评价小组人员应当采取定性评价的方法，经常到班级走走，多和班主任接触，平时多观察，注重班主任平时的工作表现和态度。同时要与班主任经常沟通、面谈，听听班主任的声音，了解班主任工作的基础、现状以及工作中遇到的困难和问题，这既体现学校对班主任工作的支持和关心，同时也获得了第一手评价信息，使评价更真实。这就需要评价小组人员要打破传统的自上而下的官僚作风，与班主任平等相处，构建融洽、和谐的氛围。

由于学校领导、教导处、年级组负责人和班主任代表等一般都掌握评价技术，能多方面收集信息，所得的评价结果比较客观，能对班主任工作作出较客观的评价。但运用领导评价时要防止走上量化考核的极端——唯量化，把量化结果作为评价的全部内容。对于不能量化的内容不要刻意去量化，进行质的分析更能说明问题。

另外，社会和家庭也应成为班主任工作评价的主体。一些社区机构、团体或个人可对班主任组织学生参与社会实践活动、为社区服务等情况进行信息反馈，对其成效作出评价。学生家长通过家长会议、班主任家访、学生反映等也可对班主任工作作出客观的评价，是班主任工作评价信息的主要来源之一。

评价班主任工作时，以上各种评价方法要综合运用，实行诊断性评价、形成性评价、终结性评价相结合，定性评价与定量评价相结合，绝对评价与相对评价相结合，自评与他评相结合，提高评价工作的质量和效果。

本章小结

1. 教师评价的含义

教师评价是指在正确教育价值观指导下，根据教育方针、政策、法规和教育目标、要求以及教师所应承担的任务，运用现代教育评价的理论、方法和技术，广泛收集评价信息，对教师的素质、工作过程以及工作绩效进行全面、客观、公正的价值判断的过程。

2. 教师评价的作用

（1）有利于激发教师工作积极性，促进教师专业发展与成长。

（2）有利于提高教育教学质量。

（3）有利于加强教师队伍建设。

（4）有利于促进学校管理科学化。

3. 教师评价的基本原则

教师评价的基本原则有整体性原则、教育性原则、客观性原则、校本原则、动态性原则和激励性原则。

4. 两种不同的教师评价观点

（1）奖惩性教师评价观点。以奖励和惩处为最终目的，主要功能是甄别和选拔，是一种面向过去、只注重结果的终结性评价。

（2）发展性教师评价观点。指依据一定的教育目标，以现代教育发展观为指导，以促进教师改进教学和专业发展为目的，以评价对象为主体，评价双方在相互尊重与信任的基础上，共同制定双方认可的发展目标，运用适当的评价技术与方法，实现双方达成的评价目标的过程。

（3）发展性教师评价与奖惩性教师评价不是对立的，而是一种继承与发展。与传统的评价相比，发展性教师评价的差异性、建设性、开放性、连续性等特点都渗透着对教师的人文关怀。发展性教师评价不是不与奖惩挂钩，而是不直接挂钩，发展的结果总是远远地与奖惩联系在一起。因此在评价中应该很好地将二者结合起来。

5. 教师评价改革

（1）我国教师评价改革。我国传统教师评价重视评价的鉴定、选拔功能，奖惩性评价占据主导地位。新课改提出要改变课程评价过分强调甄别与选拔功能，发挥评价促进教师提高和改进教学实践的功能。《教育部关于积极推进中小学评价与考试改革的通知》指出：教师评价根本目的是为了更好地提高教师的教学水平，充分发挥评价的促进发展的功能，对教师评价的内容、标准、方法要多元化。

（2）世界教师评价改革趋势。通过评价促进教师专业发展和提高教育教学质量与效益成为世界各国教师评价改革的指导思想和出发点。其趋势表现为：突出教师在评价中的主体地位，恰当处理业绩评价与发展性教师评价的关系，统一的评价标准与个体化评价相结合，加强评价中与教师的沟通，促进教师对评价的积极参与。

6. 教师评价的主要内容

（1）教师素质发展评价。包括思想品德素质、文化业务素质、业务能力素质、身心素质。

（2）教师教育教学行为评价。包括工作量、备课、上课、作业辅导、课外活动、学生学业成绩评价、教研与科研、德育工作、协同工作。

（3）教师教育教学成果评价。包括教育效果、教学成绩、教育科研成果。

7. 教师评价的形式与方法

（1）教师自我评价。教师把别人对自己的评价作为参照来评价自己；通过与他人的对比来评价自己；通过对自己教育教学行为的分析来评价自己。

（2）学生评教。坚持定量评价与定性评价相结合，问卷调查与学生座谈相结合，期中、期末评教与平时评教相结合。

（3）领导、同行评价。运用"走动管理"收集评价信息，运用学生学业成绩、教师教学档案袋、课堂观察与调查、校长—同事评价法等评价教师。

8. 班主任工作评价

（1）班主任工作评价对促进学校教育教学质量与管理水平的提高、班级管理效能的提高、学校德育工作的开展和质量的提升、调动班主任工作积极性、协调班级教育力量、形成教育合力有积极的促进作用。

（2）班主任工作评价的主要内容包括班主任素质、班级组织与管理和班主任工作绩效。

（3）班主任工作评价的一般形式有班主任自我评价、学生评价和领导评价。

▓ 思考题

1. 如何理解教师评价的含义？

2. 联系实际谈谈如何理解教师评价中的校本原则。

3. 谈谈你对发展性教师评价观点的认识。

4. 教师评价改革的主要趋势是什么？

5. 教师的素质发展评价具体包括哪些方面？

6. 在教育教学工作中，应当如何组织学生评教？

7. 如何理解教师自我评价的意义？

8. 阐述班主任评价的一般方法。

第八章

教学评价

学习提示

本章在阐述学校教学评价含义和作用的基础上，着重论述了学校教学评价的内容、形式、方法，即学校教学管理评价、教师队伍评价和课堂教学评价的主要内容及其评价形式和方法。本章重点学习教学评价的基本内容，把握教学评价的方法。建议教学中联系各学校教学评价实际进行讨论。

学习目标

了解： 教学评价、课堂教学评价的含义。

理解： 他人评价和自我评价的特点。

掌握： 学校教学管理评价、教师队伍评价的内容与方法，课堂教学评价的内容与方法。

教学工作是学校工作的中心，它是学校贯彻党的教育方针、实现教育目标最基本的途径。教学质量的优劣不仅是一所学校办学水平的重要标志，也是一所学校能否生存与可持续发展的重要条件。保证良好的教学质量是每所学校的立校之本，而教学评价则是提高学校教学质量的基本途径之一，对改进和提高教学起着重要的导向作用，对改进和提高教学质量起着重要的导向和推动作用。

第一节　教学评价的含义和意义

一、教学评价的含义

学校办学水平，最重要的表现为教学质量。国家和教育行政部门对各级各类学校的教学都有相应的质量要求和规定。教学评价就是对教学是否达到质量要求以及达到程度的判断。

教学是一个比较宽泛的概念，它不仅包括教学管理和一切教学工作，也包括课堂教学和非课堂教学等形式。一般认为，教学工作是指学校的日常教学管理，教师的日常教学工作，如备课、作业布置与批改、学生的学习行为及结果等。课堂教学是指有教师和学生共同参与的，在规定的内容、时间、空间中进行的教和学的活动。课堂教学比教学工作的外延更窄些。与之相适，教学评价包括教学工作评价，也包括课堂教学评价。教学评价是把教学的各个方面作为一个整体进行的评价，是对教学活动整体作出价值判断。

二、教学评价的意义

教学评价是学校教育评价的重要组成部分，是实现学校教育目标的有效手段。通过教学评价，可以为教育行政部门、学校对教育教学的质量监督和调控提供依据，也可以为学校的教育教学改革指出方向，也能促进学校、教师和学生以及一切管理人员的自我完善和自我发展。教学评价的意义可以概括以下几个方面：

（一）导向和指导

教育方针、学校教育教学目标和一定的教育观念是教学评价的依据，也是确定教学评价标准、构建教学评价指标体系的依据，而教学评价标准、指标体系则是其依据的具体体现。因而，教学评价可以对学校的教育教学起一种方向性和引导作用，也可以提高学校贯彻教育方针、实现教育教学目标的自觉性。教学评价也可以规范教师、学生和管理者对教育教学目标、教育现状的理解，明确自己的责任和努力方向。通过教学评价，学校可以明确应该坚持什么、必须改进什么，对学校的教育教学改革产生积极的意义。

（二）鉴别和选择

教学评价通过一系列的监测、考核，对教师和学生的素质与能力、表现与水平等有比较全面的掌握，为相应的确认、评选等鉴定性工作提供依据。鉴别是教学评价重要作用之一。通过学校教学评价这把尺子，可以区别同类学校中教学工作质量的高低，确定该学校在同类学校中的位置；通过教学评价可以了解教师教学的质量和水平，发现每个教师的优点，找出其存在的不足，以便做出其具有某种教学能力或哪一级教学水平的资格证明，或作为评优、晋升、进修和工作调动等方面的必要参考；还可以考察和鉴别学生的学习能力与潜力、学习状况和发展水平，为国家或地方选拔和使用人才提供参考。同时，通过这种鉴别，促使学校产生奖优惩劣、抓典型、促后进的效应；使教学工作差的学校或教师、学生明了自己的成绩与不足，调动学校或教师内在的积极性，促进教学的改革和质量的提高。

（三）激励和发展

评价指标的设置对人们行动具有激励和促进作用。通过目标达成度的评价，可以使被评者看到自己的成就和不足，找到或发现成功与失败的原因，可以激励先进，鞭策后进，调动广大师生的积极性。在教学评价中，评价指标是教学目标的反映，体现着国家对青少年通过教育教学在各方面发展变化的要求，反映出当代社会需要和教育观念对人才规格的要求，实质上也体现了教师和学生自身发展的需要。从这种意义上讲，教学评价能够激发和调动师生的积极性。另外，就评价活动本身而言，也在激发人的另一种需要，那就是人的自我认同需要和实现自我价值的需要，自我认同需要可以在自我评价中实现。与此同时，人们更加需要被别人肯定、赞赏，获得社会的认可，因此，在教学评价中，被评者往往为此不断努力完善，提高教和学的能力，力争获得较高的成绩，在被评价群体中居于有利的地位。当然，要充分发挥教学评价的激励作用，必须尽力创设一种积极向上的学校风气，使之成为激励师生不断进取的良性环境。同时，评价还必须做到客观、公正、准确、及时，才能充分发挥教学评价的激励和发展的作用。

（四）反馈和调节

通过教学评价，可以提供教学活动的反馈信息，以便对教学工作作出调节，保证学校教学始终有效地进行。教学评价是教学活动"信息传递系统"的信息反馈机制。对学校的领导来说，通过教学评价，可以了解学校教学目标的达成度和偏离度及偏离的原因，发现教师中的不同典型，从而调整学校的教学计划，推广先进经验，使教学管理工作科学化、规范化、制度化。对学校教师来说，通过教学评价，可以明了教学目标的实现程度，教学活动中使用的方式、方法是否科学有效，学生的接受程度和学习状况如何，从而随时调整自己的教学行为，不断提高教学水平。对学生来说，通过评价，可以及时得到学习效果的反馈信息，明确自己学习中的长处与不足，改进学习方法，提高学习效率。

第二节 教学评价的内容

教学评价包括对学校教学管理的评价、学校教师队伍的评价和教师课堂教学的评价。

一、学校教学管理

学校教学管理的质量和水平往往关系到学校教学工作的成败。学校教学管理评价的科学与否，直接影响学校的教学质量的提高。学校教学管理评价主要内容包括：

（一）学校教学目标

学校教学目标评价的要点是：

（1）学校是否有长远的教学目标和近期的教学目标，教师是否有在学校总目标指导下的个人教学工作目标。

（2）教学目标是否具有科学性和可行性。

（3）学校是否有达成教学目标的具体、可行的措施，学校教学目标能按计划设定的时间较好地实现。

（二）学校教学计划

教学计划是学校教学有序进行和顺利完成教学任务的重要保证。学校的教学计划主要分为三个层次：第一个层次为全校教学工作计划；第二个层次为教研组或年级组教学工作计划；第三个层次为学科教学进度计划。学校教学计划管理的评价要点是：

（1）学校是否有较详实的学年（或学期）的教学计划；教研组、教师和学生是否有明确的教学计划或学习计划；能否按国家教育部文件要求开出各年级的全部课程；能否按国家教育部和省教委（教育厅）的教学计划安排好学年总学时、学期总学时、周总学时和各门课程的学时。

（2）教学进度能否符合教学大纲的要求、体现学科特点和学生的实际要求，能否严格按教学进度计划开展教学工作，教学效果如何。

（三）学校教学工作组织

其评价要点是：

（1）学校是否建立了有效的教学指挥系统，形成了在校长领导下，包括教导主任、教研组长、备课组长等在内的教学指挥系统。

（2）各个教学组织能否充分发挥其组织管理效能，充分发挥教导处在教学管理系统中的中枢作用；教研组能否吸收骨干教师、吸引本学科的所有教师，热心于研究、总结与交流经验、不断改进教学方法，检查与帮助教师制订好教学进度计划、课外活动计划和实验计划，定期组织开展公开的教学观摩活动，有系统地开展教学研究；教研组能否认真研究学情，研究教材教法，提高年级的教学质量。

（3）学校能否根据教学的需要和每个教师的特点，合理地安排教师的教学工作，调动每位教师的积极性。各学科、各年级的师资力量配置是否合理，学校是否注意新老教师搭配，以老带新，做好教师的传帮带工作。

（4）学校是否建立健全适合学校特点和教师工作特点的切实可行的各项配套的管理制度，如课堂教学管理制度、学生管理制度、考试规则、课外活动制度、实验室制度、教学资料档案制度、教学卫生保健制度、集合纪律制度等。

（四）学校教学设备、条件

教学设备和教学手段是完成教学任务、提高教学质量的必要条件和重要工具，特别是现代化教学手段对于提高教学质量和效率具有举足轻重的作用，因而在教学评价中必须对学校教学设备、条件等情况做出判断。具体评价内容有：

（1）教学设备（包括教学环境）是否符合教学活动要求，是否符合卫生健康条件。

（2）是否有图书馆、实验室、语音室、多媒体教室、微机室等，仪器完好率、利用率如何。

（3）教师及相关人员是否具有现代化教学手段的知识技能，具有运用现代化教学手段的能力和水平如何等。

（五）学校对教学质量的管理

其评价要点是：

（1）学校是否树立了正确的教学质量管理的指导思想，即德、智、体、美、劳的全面发展和个性的充分发展。

（2）学校是否建立了分级教学质量管理责任制。例如，校级领导的主要职责是建立教学质量管理系统，加强对教学质量检查的领导，组织全校性的教学总结，制订学校教学质量全面提高和整体发展计划；教务处的主要职责是制订全校开课计划表，审批教材，选用教学资料，严格规定各学科的教学进度和内容，制定教学质量评价标准，组织全校性的教学质量检查，做好学期教学质量总结与评比；教研组的主要职责是拟定教研组学期或学年教学与科研的管理计划，组织教学过程的各环节的管理，组织教学观摩活动和教研活动，严格执行教学管理规程，编写教材、教学参考资料、进行教改实验；教师对教学质量的管理包括主动对教学质量负责，积极进行教研活动，认真学习教育科学理论，改进教学方法等；学生对教学质量的管理包括自我制订学习计划、积极配合教师教学、自觉地、经常地进行学习效果的检查等。

（3）学校是否定期对教学质量进行全面的检查与分析。

（六）学校教学绩效

学校教学绩效评价，是指对一定时间内教学目标达到情况的评价，主要包括对教师教学业绩和学生学习质量两个方面。

1. 教师教学业绩

其评价要点：

（1）教师完成教学工作任务的情况。

（2）学校教研教改成果：包括教研教改成果是否得到上级教研部门的肯定及公开发表论文或专著的情况。

（3）教师在教学工作中评优获奖情况：包括获上级教育行政部门或政府授予的先进工作奖以及获上级教学评选活动单项奖的教师的比率情况。

2. 学生学习质量

对学生学习质量评价，要加强学习过程的评价，加强平时考查，评价内容要多维立体，评价形式要多种多样化。要想全面正确地评价学生的学习质量，单单依靠笔试是远远不够的，还应该重视对学生动口、动手能力的评价，不能只凭每学期期末的一次考试评价学生的成绩，学生学习质量评价的要点有：

（1）年级学生成绩合格率、学生成绩优秀率、学生成绩提高率等是否达标。

（2）学生的特长是否得到充分自由发展。如学生获得县级以上学科知识竞赛奖，科技作品发明奖，文艺表演奖，绘画、书法创作奖，体育竞赛奖等情况，学生获奖人数占全体学生的比例等。

二、学校教师队伍

教师作为学校教学的主要依靠力量和教学工作的主力军，他们的政治素养、思想作风、业务水平、工作能力等，对学校教学质量和效率至关重要。教师队伍评价包括队伍素质的评价和队伍建设的评价。

1. 教师队伍素质

教师队伍素质评价的内容主要包括：

教师学历达标、思想品德素质、文化业务素质、业务能力素质、身心素质等多方面的情况。

《中华人民共和国教师法》规定国家实行教师资格制度。具体要求为：遵守宪法和法律，热爱教育事业，具有良好的思想品德，具备教育法规定的学历或者经国家教师资格考试合格，有教育教学能力，经认定合格后方取得教师资格。

其中学历方面的要求是小学教师应当具备中等师范学校毕业及其以上学历；初级中学教师、初级职业学校文化、专业课教师资格，应当具备高等师范专科学校或者其他大学专科毕业及其以上学历；高级中学教师和中等专业学校、技工学校、职业高中文化课、专业课教师，应当具备高等师范院校本科或者其他大学本科毕业及其以上学历；中等专业学校、技工学校和职业高中学生实习指导教师应当具备的学历，由国务院教育行政部门规定。随着教育事业发展的需要，我国对教师学历方面的要求在不断提高。

教师队伍素质评价的其他具体内容请参照第七章第二节。

2. 教师队伍建设

教师队伍建设评价要点主要包括：

（1）学校关于教职工思想政治工作的计划、措施、效果等。

（2）学校贯彻《中小学教师职业道德要求（试行草案）》的情况。

（3）学校根据不同情况（学历达标者、学历未达标者）、层次，制订培养和提高教师业务能力的计划与措施以及落实情况。

（4）学校定期组织教师学习教育理论，定期召开经验交流会的情况。

（5）学校考评制度是否切实可行。

（6）通过培养，各学科优秀教师，骨干教师的增长率、青年教师的进步率和胜任率是否逐学期（或学年）升高。

三、教师课堂教学

课堂教学是学校教学的基本形式，因而也是教学评价的基本内容。教师课堂教学质量直接决定整个学校教学质量，搞好课堂教学评价，是改进教学工作，提高教学质量的重要保证。

课堂教学评价应包括课堂教学过程和课堂教学效果两方面。课堂教学过程主要指课堂教学目标的设置、教学内容的安排、教学结构的设计、教学方法的选择和教学能力的体现等方面；课堂教学效果主要指通过教师课堂教学各项预定目标的完成情况和学生对所教内容的理解、掌握水平、学生的学习积极性与课堂气氛等方面。就中小学的课堂教学而言，其评价的基本内容有以下几个方面：

（一）课堂教学目标

课堂教学必须有明确的教学目标，它是课堂教学活动的"方向盘"和"指南针"，也是上课的出发点和归宿。教学目标实现没有，教学要求是否达到，是一堂课成败的首要标志。课堂教学目标的确立应在教学大纲、教学计划的指导下完成。具体来说，一堂课的教学目标应该包括三个方面：认知目标、智能目标、情感目标。

（1）认知目标。教师在教学实践中，要以素质教育为指导思想，制定出明确的教学目标，并确定落实目标的优良对策。认知目标包括知识传授、技能训练，要始终把它们作为贯穿课堂教学过程的主线，并在教学实践中针对不同层次的学生分层落实。既面对全体，又因材施教，使集体教学、小组交流、个别辅导有机结合，达到全面发展的目的。

（2）智能目标。要把它作为教学的核心，教师必须坚持启发式教学，启迪学生积极思维，使学生主动获取知识，形成能力，发展智力。

（3）情感目标。情感是课堂教学顺利进行的动力。在教学过程中，教师应把握时机，和谐渗透，做到既教书又育人，激发学生学习的兴趣和积极性。

上述三个系列化目标能准确反映出教师钻研大纲、把握教材的深度和广度，因而是反映教师学识水平和教学能力高低的重要标志。

（二）课堂教学内容

教学内容的安排不仅是课堂教学设计的主要任务之一，也是课堂教学评价的一项基本指标。教学内容的评价因素比较多，其评价要点是：

（1）教学目标的明确度。教学内容要紧密围绕既定的教学目标进行安排，在传授知识的同时，加强学生观察力、记忆力、想象力、思维能力和创造能力的培养与训练，在教学中自然而又巧妙地渗透道德教育的内容。

（2）讲授内容的科学性、系统性。教师对教学内容中各种问题和规律的解释要注重科学性、系统性、逻辑性，做到深入浅出、易于理解；注意提示知识之间的内在联系，各个环节之间的衔接自然、合理；所讲的知识准确无误，不能出现科学性错误。

（3）重点与难点的处理。教师能够深入地理解和把握教材，有较宽的知识面，能很好地掌握教学内容的基本思想，抓住主要的概念、规律或理论，做到重点突出、难点分散，教学内容组织有序、安排恰当。

（三）课堂教学艺术

课堂教学艺术主要体现在完成教学目标时教师所采取的教学方法、对课堂教学结构的设计、教师本身的基本功和素养的展现以及课堂气氛的评价。

1. 教师对教法的选择是否有独到之处

对于教法的选择，从某种意义上讲，可反映出教师的教育教学观念。教法的选择应遵循三个原则：一是要符合学生认知规律；二是要因材施教；三是符合教学内容的要求。教师是教学活动的设计者和组织者，主导着教学活动的全过程。充分发挥教师"导"的作用，是促进学生"学"的关键。因此，教师必须把"教"致力于"学"，把"要我学"转变为

"我要学"，才能把提高课堂教学效率落到实处。课堂教学艺术成功与否，教师对教法的选择是关键。

2. 教师对课堂教学结构的设计是否合理、是否科学

课堂教学结构与课堂教学效益密切相关。教师对于课堂教学结构的优化设计应在素质教育思想指导下，坚持"五为主"，实现"五要度"。"五为主"是指：以发展为主旨、以教师为主导、以学生为主体、以教材为主源、以练习为主线。"五要度"是指：复习要"高效率"、导入新课要"强力度"、传授知识要"参与度"、巩固练习要"多角度"、课堂总结要"高浓度"。教师在教学活动过程中坚持"五为主"，实现了"五要度"，实际上就是注重了教学活动中"教为主导，学为主体，培养能力为主线"的能动过程。

3. 教师的素养和教学基本功

主要包括教态、语言、板书、板图、常规教具的操作使用等内容。教师的职业是育人，教师的仪表、神态应与这一庄严的职业相一致。教学语言是课堂上教师与学生之间交流信息的主要手段，它构成了课堂教学的主体，直接影响着教学效果。因此，教师必须讲究语言的艺术性。教学语言应讲求科学规范，富于启发性和趣味性。一幅好的板书或板图，可以展现出教师的教学思路，凝聚着教材的精华，具有很强的直观性，给人以美的享受。教师优美、标准的操作示范和良好的临场应变能力也会赢得学生的信赖和尊敬，收到良好的教学效果，提高课堂教学效率。总之，高超的教学艺术对于课堂教学质量的提高有着非常显著的作用，对教学艺术的评价是课堂教学质量评价中一项重要内容。

4. 课堂气氛

课堂教学是师生进行"教"与"学"活动的主渠道，任课教师是营造良好课堂气氛的主体，课堂气氛主要通过他们精湛的教学艺术来烘托，使师生达到寓教于乐的境界。而只有知识而缺乏教学艺术的讲授难使教学效果达到满意的程度，同样，只讲求教学艺术而忽视教学内容的授课则仅是一种"花架子"。美国教育家林格伦把课堂上师生交流分成四种：单向交流、双向交流、多向交流和综合交流。教师在教学中对这四种方式要灵活运用，尤其要多采用后两种，以活跃气氛。此外，课堂管理是否科学化，课堂上师生关系是否融洽，教师、学生是否互敬，学生注意力是否集中，思维是否活跃，是否敢于质疑，学生的学习兴趣和积极性是否真正被调动起来，学生的精神状态是否达到最佳境界等，都是影响课堂教学气氛活跃程度的因素，也是衡量一堂课是否真正做到"教得轻松，学得愉快"的一个标准。

（四）课堂教学效果

课堂教学效果是教学有效运行的重要表现，也是判断教学质量高低的根本标志。因此评价一堂课的质量，除上述三方面内容外，还要通过课堂上的反馈系统将学生的学习效果反映给教师，再依据对效果的验收方能评定出本节课是否出色完成了任务。一般可通过检查课时计划的完成情况，检查学生作业或练习的质量，观看学生操作等途径，获取学生对当堂知识和技能的理解、掌握和运用的程度，以及充分了解学生的负担是否合理，并依据分层施教的

目标原则来判定学生获得基本技能的实际水平。显然，良好的课堂教学效果应该是教学成功的归宿。

总之，上述四个方面的内容是相互联系、相辅相成的。教师在课堂教学实践中，要把这四个方面紧密结合起来。完善课堂教学质量评价体系，督促教师在优化课堂教学上下功夫，充分发挥教师的主导和学生的主体作用，是提高课堂教学效率的关键。

第三节　教学评价的形式与方法

一、教学评价的形式

（一）自我评价

自我评价是由学校自己组织力量，按照上级教育督导机构制定的评价指标体系和标准定期进行的评价。自我评价对于评价质量和评价效果都具有十分重要的作用。自我评价是调动广大师生参与学校管理的过程，经过全面、认真的自评，能够总结出学校教学工作的成绩和问题，是提出和制定教学工作改进措施的基础和前提。要做好学校的教学评价，自我评价是一个不可缺少的评价方式。自我评价的优点是比较容易操作，一个学期或一个学年都可以进行一次。其缺点是缺少外界参照系，无法进行横向比较，容易出现对成绩或问题估计得偏高或偏低的倾向。

要做好学校教学的自我评价，一般注意以下几方面的问题：

（1）要统一学校领导班子的思想认识。

（2）学校要做好自我评价的舆论宣传工作。

（3）学校领导及师生要认真学习、研究评价指标体系和标准。

（4）做好评价资料、信息的搜集整理工作。

（5）做好学校自我评价的组织工作。

（6）做出科学的评价结论，写出自评报告，总结经验，改进教学工作。

（二）学生评教

详见第七章第三节"教师评价的形式与方法"中的"学生评教"部分。

（三）上级主管部门评价

上级主管部门评价是指由教育督导机构在主管部门的授权之下，组织督导人员和有经验的专家组成评价小组，在学校进行自我评价的基础上对学校的教学工作进行评价和指导，并向政府及其教育行政部门反馈有关信息，为领导科学决策提供依据，并督促学校加强和改进教学工作。这种评价可以对学校的教学工作做出更为恰当的评价，同时还可以对学校之间进行横向的比较，对现实情况和历史情况进行对照，因此评价的结论更具权威性和指导性，它是一种十分重要的评价组织形式。

进行这种评价应该注意以下几个问题：

（1）评价小组的人员构成要科学，其组成人员要有丰富的教学管理经验，勤奋扎实的工作态度，清正廉洁的工作作风，才能真正做好教学评价工作。

（2）评价小组的评价工作要与学校工作协调配合。

（3）评价小组的评价工作要有计划、有步骤，抓住要点、切实有效。

（4）减少防御心理。由于某些学校把在一次评价中顺利通过当作力求的目标，而不是把目标定在学校教学工作的建设上，导致有些学校出现较重的防御心理和一些弄虚作假的现象。

（四）社会评价

一般是指在学校自评或他评中，广泛听取社会各界有关人员的意见和建议，为改进学校教学工作提供参考。简单说就是由教育系统以外的人员对学校进行的评价。获得社会评价信息的方式有多种，比较常用的是调查法和访问法。调查法常采用通信调查的形式，由学校或专家小组向社会有关部门或人士发出统一编制的调查表或调查提纲，然后对收回的调查表进行汇总整理和分析，得出各种评价结论。访问法是由学校或专家小组直接走访有关部门或人员，当面听取对学校教学工作的评价。调查法的方式比较简单，但由于被调查人员难以统一认识、掌握标准，因此调查结果的信度和效度会受到一定程度的影响，调查得来的各种信息，受被调查者的观点、态度和对被调查学校了解程度的影响较大，甚至评价意见十分分散，难以得出评价结论。而访问法的优点可以弥补调查法的不足，但工作量较大，进行起来比较困难。每种方法都有其利弊，因此，在实际工作中应尽量结合运用。

二、教学评价的方法

（一）学校教学管理和学校教师队伍评价方法

（1）阅读文献。阅读学校教学管理方面的计划、教师教案、学生试卷、学生成绩、学校教学管理记录等。

（2）召开座谈会。召开教学管理者、教师以及学生和家长等座谈会，从不同侧面获得相关评价信息。

（3）直接观察。评价者直接观察教学管理者、教师和学生的课内外行为表现等。

（二）教师课堂教学的评价方法

课堂教学评价强调自评与他评结合。自评是现代课堂教学评价区别于以往课堂教学评价的重要方面。在开展课堂教学评价过程中，应该做到自评与他评交替进行，而且评价中大部分是通过自评完成，这样有利于教师对所确立的课堂教学评价标准的真正认同、提升反思意识并有效地自我调整；他评在评价中起到确定目标、检查目标和监控目标实现的作用，特别是在教师不能很好地把握评价标准、自我评价能力有限的情况下，他评的作用就更加明显，也是课堂教学评价过程中的关键点。通过自评与他评协同工作，共同实现评价目标。他评时，主要做好以下两方面工作：

第一，课堂听课。课堂听课是评价者在课堂教学评价时获取评价信息的重要途径。为保证课堂听课获得足够的有用信息，评价者应做好以下四方面工作。

（1）事先约定。评价者在听课前应事先和作为被评者的教师约定。

（2）课堂观察。课堂观察是课堂听课中的核心内容，也是一个有目的、有计划的活动。在具体观察活动中，要做好全过程观察和有重点观察。全过程观察就是评价者全景式或全方位地观察课堂教学过程；有重点观察是根据事先确定的观察重点，有针对性地进行观察和记录。在实践中大量的课堂观察都是有重点的观察。

（3）课堂记录。课堂记录是伴随着课堂观察进行的，上课一开始，评价者在观察的同时，就可以进入记录状态。课堂记录的方式，第一种是利用事前选择和研制的观察表做记录；第二种是描述记录法，这种方法是把课堂上言语和非言语事件都真实地记录下来，在记录时，一是抓住重点，尽可能记录课堂中发生的主要事件；二是注意记录格式，要区分教师和学生的言语行为。此外，评价者在听课时对某一事件有感想，可以随时记录在课堂记录中，但这些评语和感想必须与课堂上实际发生的客观事件和场景区别开来进行记录。

（4）课堂快速调查。有时，单一的课堂观察不足以把握课堂教学的全部内容，在听课的过程中，还需要搜集一些其他资料，其中一个重要的来源就是学生。学生是课堂教学的主体也是课堂教学评价的主体，他们的感受和收获是评价者了解课堂教学情况的重要内容。为全面、深入地了解学生在课堂教学中的情况，可以采用课堂快速调查的方法收集一些必要的信息。

常用的课堂快速调查主要分为两类。一类是简单测试题。评价者根据课堂教学目标和该节课的重点及难点，随机编制一些测试题目，在下课前或课后，用几分钟的时间，要求全部或部分学生回答，以了解学生对教学内容的掌握情况。另一类是微型问卷调查。评价者为了了解学生在课堂教学中的感受，以及在某种特定课堂教学活动中的想法和做法，特别是在课堂观察中无法观察到，或评价者在观察时无法全面关注但又感兴趣的问题，可以用编制微型问卷的形式，让学生作答。问卷题目数量与所花时间与简单测试题大致相当，以不影响正常课堂教学安排为原则。

第二，评价结果反馈。在收到评价信息后，应及时地给被评者以有效的反馈。反馈包括对教师的反馈和对学生的反馈。

因为学生行为特别是不当的学生行为在很大程度上是由教师的行为引起的，通过对教师行为的纠正，就可以引起学生行为的相应的变化，所以对教师的反馈较重要。对教师的反馈常用课后讨论的形式，在课后讨论中使用的主要方法就是评价面谈。这不仅是评价者向被评者传递评价信息的有效渠道，也是评价者与被评者进行沟通的最佳途径。它有利于消除被评者的防卫心理，促使被评者积极参与到评价中来，鼓励被评者畅所欲言，也会使被评者感到自己得到了理解和尊重，增强对评价活动的信任感。评价面谈有以下几个步骤：

（1）明确评价面谈的目的。在面谈之前重申面谈目的是必要的，可以消除被评者的顾虑，树立被评者的信心。

（2）让被评者阐述本节课的总体安排、设想及其实现程度，并对照评价标准针对本节课做一次自我分析和评价。

（3）评价者根据听课记录指出本节课中表现出的优势和不足，依据评价标准进行初步的评价，提出改进的建议。

（4）在被评者对评价者所作的评价和建议提出意见的基础上，二者就双方存在分歧的问题展开平等的讨论。

（5）双方达成共识后，提出对以后课堂教学的要求，或提出具体的目标。

在评价面谈时，要注意以下几个方面：

时间安排。评价面谈的时间应安排在听课之后的当天举行，并尽可能早些安排。以使评价双方对课堂场景都保留着最深刻的印象。面谈时要有足够的时间保证，一般在30分钟左右，也可适当延长。

地点选择。面谈的地点应选在相对安静的环境中，注意免受电话的干扰。否则一方面会分散被评者的注意力，另一方面也容易给被评者造成不必要的压力，影响评价面谈的正常进行。

评价面谈的气氛。评价者应注意营造一种和谐、轻松的气氛，以平等的态度对待被评者，不能以领导或专家自居，应尽可能减轻被评者的心理压力。

评价面谈的目的意识。在评价面谈时，应在有限的时间内围绕评价目的进行谈话，防止话题离开评价目的。评价者应具有较好的评价面谈技能。

评价面谈虽然是课堂教学评价结果的主要反馈手段，但不是唯一手段。特别是在课堂记录比较复杂的情况下，听课后立即安排评价面谈相对来讲比较困难。这时可以进行延时反馈，等课堂记录完毕或对收集到的其他辅助信息分析到位后，通过预约，安排评价结果的反馈活动。

对学生的反馈也是评价结果反馈的一个组成部分，但是与对教师的反馈方式以及目的应有所不同。

对学生的反馈一般不安排即时反馈，而是评价以后的一段时间，如一个学期或一个学年以后，把对这门课程课堂教学的综合评价结果介绍给学生。向学生反馈评价结果的目的，一方面是为了让学生知道评价结果，了解自己所参与的课堂教学的状况，有意识地调整自己在课堂教学中的行为；另一方面可以督促教师进一步改进自己的课堂教学。

参与反馈的学生应是高年级的学生，低年级的学生由于判别能力较弱，反馈无法实现预定目的。在对学生反馈综合评价结果时，仍应以现实课堂教学评价总目的为原则，即应保证评价过程中的一切措施有可能促进课堂教学工作的改进，而不应激起学生对教师的对立情绪。因为对学生的反馈涉及对评价结果的公布，有可能对这门课的任课教师产生一定的心理压力。因此，应慎重考虑反馈的内容。

附录：教学评价表样例

教学评价表样例，如表 8 – 1、表 8 – 2、表 8 – 3 所示。

表 8 – 1　新课程改革中的教学工作评价指标体系（学校教学工作评价样例）

一级指标	二级指标	评价标准	操作方法	分值	得分
组织管理	组织机构	1. 学校成立课改领导小组，分工明确，各尽其责。 2. 领导有专人负责课改工作，管理有方	查阅资料 听取汇报	2分	
	健全制度	1. 学校有教学常规管理制度，并体现新的教学理念。 2. 为保证课改的顺利实施，学校制定了相关的制度，已形成文件，并认真执行	查阅资料 听取汇报	4分	
	领导督查	1. 主管领导经常深入年级组备课指导，并有指导记录。 2. 领导对教师听课指导有记录、有评析，并及时反馈。 3. 领导对课改教师的教案、教学手记定期进行检查，并有评议	查阅教导处记录 教师座谈	6分	
	计划性目的性	1. 学校每学期有课改实施计划，有可操作性，并认真贯彻实施。 2. 定期召开课改领导小组及实验教师会议，有会议记录。 3. 定期对课改工作进行阶段总结，对在课改工作中出现的问题进行分析，并有研究对策，形成书面材料	查阅资料 听取汇报	4分	
	经费支持	学校对课改工作有经费支持，舍得投入。为课改工作的顺利实施提供物质保障	听取汇报 查看账目	4分	
师资培训	培训计划	1. 学校有课改教师自然情况登记表，掌握教师各方面的情况。 2. 对上岗教师的业务能力有个体和整体分析。 3. 有课改教师的近期和远期培训计划。 4. 课改教师有自我提高计划	查阅资料	4分	
	上岗培训	1. 课改教师积极参加上一级组织的培训，不缺课，不旷课。 2. 课改教师积极参加上一级组织的关于课改的相关活动。 3. 参加学习的教师有学习记录、有培训部颁发的证书。 4. 课改教师按时上交有质量的教学手记，案例分析等	查培训记录 查教师学习笔记	6分	

一级指标	二级指标	评价标准	操作方法	分值	得分
师资培训	校本培训	1. 学校定期组织教师学习关于新课改理论，使教师树立新课程理念。 2. 学校课改领导小组定期进行新课改的业务培训，并有讲稿。 3. 学校积极组织教师参加外地的教研活动。能有计划地到外地参观、考察学习，并能把学习到的经验运用到教学实践之中。 4. 为青年教师配备指导教师，并开展丰富多彩的活动。达到互相学习共同提高的目的。 5. 学年组有学科带头人，并能起到观念引路、能力示范的作用。 6. 学校有名师、新秀培养对象和培养目标。 7. 学校订阅教学刊物、课改资料（包括书籍、光碟等）情况。 8. 教师有自学笔记，每学期不少于五个专题	查辅导材料 查业务学习笔记 教师座谈	10分	
课堂教学	起始年级课堂教学改革	1. 学校重视课堂教学改革，课堂教学改革成为学校教学改革的主阵地。 2. 抓好起始年级的课堂教学改革，并把起始年级的课堂教学改革摆在课堂教学改革的首位，起始年级的课堂教学改革成为学校教学改革的重头戏。 3. 教师的教学体现新的教学理念。课堂教学实现教师角色的转变，教学策略、教学方式的变革。 4. 一切为了学生的发展，课堂教学体现知识与技能、过程与方法、情感态度与价值观三个维度教学目标的整合。 5. 改变学生的学习方式，倡导自主、合作、探究的学习方式。 6. 有课堂教学改革情况汇报	查阅资料 听取汇报 看课	10分	
	其他年级课堂教学改革	1. 学校全面启动各学年的课堂教学改革，实现人人走进新课程，人人搞课改。 2. 课改领导小组重视使用旧教材年级的课堂教学改革工作，尽快使教师更新教学观念，把握课程改革的目标和操作方法。 3. 课堂教学体现新的教学思想，不走老路，旧教材用新教法。 4. 一切为了学生的发展，课堂教学体现新课改知识与技能、过程与方法、情感态度与价值观三个维度教学目标的整合。 5. 在课堂上学生主动学习、合作学习、探究学习，达到学会学习的目的	查阅资料 听取汇报 看课	10分	

一级指标	二级指标	评价标准	操作方法	分值	得分
科研教研	会课与论课	1. 教师通过自己的独立思考能完成备课任务，并发挥个人的智慧和优势。 2. 学校坚持有组织、形式多样的会课活动。倡导自主、合作、探究的会课活动，发挥教师集体的智慧和能力。 3. 课前的会课（集体备课）做到有主持人，有中心发言人。教师们积极参与，交流合作，达到改革创新，共同提高的目的。 4. 以学年组为单位进行经常性的课后论课活动，并收到实效。 5. 领导有对课前会课与课后论课的参与记录和检查记录	查阅资料 教师座谈 听取汇报 查看教案	6分	
	教学活动	1. 学校组织开展了大型的教学活动，每学期至少一次。 2. 学校每学期每一位教师要上一节高质量的汇报课。 3. 起始年级有阶段性的教学研讨活动，并有原始记录。 4. 开展青年教师教学大赛活动，新人新秀脱颖而出。 5. 名师、新秀每学期至少推出一节有代表性的示范课活动。 6. 学校教师承担了县级以上新课改观摩示范课	查阅原始记录 听取汇报	10分	
	课题研究	1. 学校有关于新课改的县级研究课题，并有领导亲自主抓。有课题实施方案和实施计划。有州级以上研究课题加2分。 2. 各学年组、各学科有课改研究专题，并经常开展研究活动。 3. 每一位教师有个人研究专题，并有计划地实施。 4. 学校每学期都有教师文章刊登在县级以上的刊物上	查阅资料 教师座谈	4分	
课程资源开发	校本课程开发	1. 学校充分利用校内外的教育教学资源，从学生兴趣和需要出发开发了校本课程。 2. 成立了学校校本课程开发委员会，考察有利于学校课程开发的资源，研究关于校本课程开发的事宜。 3. 学校有校本课程开发的《校本课程方案》。 4. 校本课程正在有计划、有目的地实施之中。 5. 学校有自办的面向教师和学生的读物或书籍	查阅资料 听取汇报 实地考察	5分	
	教师课程资源开发	1. 教师高度重视课程资源的开发，创造性地开展各类活动。 2. 教师的教学不拘泥于课本，既开放而又有活力。使学生达到课堂内外学习相结合。 3. 教师根据教材开发了课程条件性资源。如制作教具、课件等。 4. 教师能根据教材编写教材延伸的相关资料或简单的读物	查阅资料 实地考察 学生调查	4分	

一级指标	二级指标	评价标准	操作方法	分值	得分
课程资源开发	综合实践活动	1. 学校积极倡导开放的教学活动，让学生到生活、自然、社会中去学习。 2. 学校组织开展了研究性学习、社会实践、劳动教育等教育教学活动。 3. 学校充分利用图书室、阅览室及现代化信息技术手段让学生查阅资料、收集信息、处理信息	查阅资料 实地考察 学生调查	3分	
评价改革	教师评价	1. 依据新的教育教学理念有一整套的教师评价体系。 2. 改变传统的教师评价方式，达到领导、教师、学生、家长全方位、多角度评价相结合	查阅资料 教师座谈	3分	
	学生评价	1. 改变落后的学生评价体系，对学生评价的途径和方式力求多样化、全方位。 2. 对学生的评价应使过程评价与结果评价、定性评价与定量评价、横向评价与纵向评价、主观评价与客观评价紧密结合。 3. 对学生的评价体现赞赏、激励原则	查阅资料 学生调查	3分	
	课堂教学	1. 课堂教学的评价必须改变传统的评价方式和内容，要体现新的教育教学理念。 2. 课堂教学评价要评价教师的教学观念，教师的教，学生的学和教师的教学创新	查阅资料 教师座谈	3分	
学术交流	校内交流	1. 学校教育学会每学期至少开展一次群众性的学术交流活动。 2. 教师与教师之间结对子，互帮互学，共同提高。 3. 每一位教师每学期撰写一篇高水平的科研论文，上一节"精品课"，进行一次开放性的教研备课或科研辅导活动，并能相互交流	查阅资料 教师座谈	3分	
	校际交流	1. 结对子校经常沟通，并开展多种教研活动，互相学习，互相借鉴，互相促进。 2. 学校之间每学期至少搞一次送课下乡活动。 3. 学校之间每学期到结对子学校参观学习一次	查阅资料 实地考察	6分	

表 8 - 2　教师课堂教学评价表

评价项目	评价要点	评价要点内涵	符合程度	
			基本符合	不符合
教学目标	符合课程标准和学生实际的程度	符合课程标准的要求，包括知识、能力、情感态度与价值观等方面与学生的心理特征和认知水平相适应，关注学生的差异		
	清晰程度	教学目标明确、具体		
学习条件	学习环境的创设	有利学生身心健康、有利教学目标的实现		
	学习资源的处理	学习内容的选择和处理科学 学习活动所需要的相关材料充足		
学习活动的指导与调控	学习指导的范围和有效程度	为每个学生提供平等参与的机会，对学生的学习活动进行有针对性的指导，及时采用积极多样的评价方式		
	教学过程调控的有效程度	能够根据反馈信息对教学进程、难度进行适当调整，合理处理临时出现的各种情况		
学生活动	学生参与活动的态度	对问题情景的关注参与活动积极主动		
	学生参与活动的广度	学生参与学习活动的人数较多，学生参与学习活动的方式多样，学生参与学习活动的时间充分		
	学生参与活动的广度	能提出有意义的问题或能发表个人见解，能按要求正确操作，能够倾听、协作、分享		
课堂气氛	课堂气氛的宽松程度	学生的人格受到尊重，学生的讨论和回答问题得到鼓励，学生的质疑问难得到鼓励，学习进程张弛有度		
	课堂气氛的融洽程度	课堂气氛活跃、有序，师生、生生交流平等、积极		
教学目标	目标达成度	基本实现教学目标，多数学生能完成学习任务，每个学生都有不同程度的收获		
	解决问题的灵活性	有些学生能灵活解决教学任务中的问题		
	教师和学生的精神状态	教师情绪饱满、热情，学生体验到学习和成功的愉悦，学生有进一步学习的愿望		
其他				
教学特色	教师在某些方面具有独创性；教学效果突出			
评价等级	A	B	C	D
评语				

表 8 - 3 创新学习课堂评价①

学校		班级		学科		执教者		评价者	
课题			年 月 日						
一级指标	二级指标	三级指标					参考分	实得分	摘要
导 50 分	指导思想（10）	1. 体现"教为主导，学为主体，疑为主轴，动练为主线"的教学原则					4		
		2. 重视学法、习惯和创新思维的培养					3		
		3. 注重德育渗透和情感熏陶					3		
	目标内容（8）	4. 目标明确、具体、符合学生实际					4		
		5. 内容开放、容量恰当、层次分明、针对性强					4		
	指导过程（24）	6. 结构合理、多法结合、灵活运用、讲授时间不超过二分之一					4		
		7. 重点、难点突出，善于设趣导疑					3		
		8. 富有节奏、善于组织教学高潮					3		
		9. 面向全体、反馈及时、矫正迅速					6		
		10. 注重学法、情知交融、启迪思维					4		
		11. 设计训练针对性强，课堂灵活、生动					4		
	教师素质（8）	12. 教态大方、语言规范，应变能力强					2		
		13. 合理使用教具和电教媒体					2		
		14. 板书科学、新颖、美观					4		
学 50 分	全体性（10）	15. 好中差全体学生参与，积极性高					6		
		16. 好中差全体学生都有收获					4		
	全面性（13）	17. 掌握学法，习惯良好					7		
		18. 训练效果好，思维灵活，掌握知识牢固					6		
	主动性（12）	19. 气氛活跃、主动投入					6		
		20. 自主学习、读、思、疑、议、练贯穿全过程					6		
	创新性（15）	21. 善于思考，勇于质疑，见解有新意					7		
		22. 举一反三、灵活运用方法解决新问题					8		
等级分数		90 分以上优秀，80～89 分良好，60～79 合格，60 分以下不合格					总分		

① 武德瑞、陆清华：《创新学习课堂教学评价》，载《人民教育》，2000（8），31～32 页。

▌本章小结

1. 教学评价的含义

教学评价是依据国家和教育行政部门对各级各类学校教学提出的相应质量要求和规定，对学校教学达到质量要求以及达到程度的判断。

2. 学校教学评价的作用

（1）导向和指导。

（2）鉴别和选择。

（3）激励和发展。

（4）反馈和调节。

3. 学校教学评价的内容

学校教学评价的内容包括：①学校教学管理，包括学校教学目标、学校教学计划、学校教学工作组织、学校教学设备条件、学校对教学质量的管理、学校教学绩效。②学校教师队伍，包括教师队伍素质、教师队伍建设。③教师课堂教学。

4. 教师课堂教学评价的内容

（1）课堂教学目标，包括认知目标、智能目标和情感目标。

（2）课堂教学内容，包括教学目标的明确度、讲授内容的科学性和系统性、重点和难点的处理等。

（3）课堂教学艺术，包括完成教学目标时教师所采取的教学方法、对课堂教学结构的设计、教师本身的基本功和素养的展现以及课堂气氛。

（4）课堂教学效果，主要是学生的学习效果，如学生对当堂知识和技能的理解、掌握和运用的程度，学生的负担是否合理等。

5. 教学评价的形式

（1）自我评价，由学校自己组织力量，按照上级教育督导机构制定的评价指标体系和标准定期进行的评价。

（2）学生评教。

（3）上级主管部门评价。

（4）社会评价，指在学校教学评价中，广泛听取社会各界有关人员的意见和建议，为改进学校教学工作提供参考。

6. 教学评价的方法

（1）学校教学管理和教师队伍评价的方法：主要有阅读文献、召开座谈会、直接观察等方法。

（2）课堂教学评价的方法：第一，课堂听课，主要做好事先约定、课堂观察、课堂记录、课堂快速调查。第二，评价结果反馈，主要是评价面谈，明确评价面谈的目的、倾听被评者对课的安排及自我评价、评价者进行初步的评价并展开平等的讨论、提出对以后课堂教学的要求等。

思考题

1. 如何理解学校教学评价的意义？
2. 学校教学评价通常应包括哪些内容？
3. 如何理解教师课堂教学评价的作用？
4. 教师课堂教学评价应该包含哪些内容？
5. 学校教学评价最有效的方式有哪些？
6. 什么样的课堂教学评价对教师的提高最有帮助？

第九章

学校管理工作评价

• 学习提示 •

　　本章在阐述学校管理工作评价意义和特点的基础上，论述了学校管理工作评价的依据，学校管理工作评价的原则，学校管理工作评价的方法；提出了学校管理工作评价内容的框架，包括教育理念和办学思想、管理队伍、组织机构和制度建设、管理工作过程、校风建设、学校管理工作绩效等。建议教学时联系实际讨论学校管理工作评价的意义、评价主体、评价内容和方法。

• 学习目标 •

　　了解：学校管理工作评价的意义，学校管理工作评价的特点。
　　理解：学校管理工作评价的依据，学校管理工作评价的方法。
　　掌握：学校管理工作评价的基本原则，学校管理工作评价的基本内容。

　　学校管理工作是关系到学校方方面面的一项全局性的工作。学校管理工作的优劣，对于贯彻国家的教育方针、提高学校教育教学质量，对于提高培养人才的质量和办学水平十分重要。对学校管理工作进行科学、客观的评价，有利于促进、提高教育教学质量，提高管理工作水平，并能为教育决策提供科学依据。

第一节　学校管理工作评价的特点和意义

　　学校管理工作评价是对学校管理工作的过程、状态和效果作出价值判断。

一、学校管理工作评价的特点

　　第一，整体性。学校管理工作是由许多要素组成的一个系统整体。组成整体的各个要素在整体中的地位和作用是不同的，有的地位和作用重要些，有的就逊一些。各个要素以不同方式和联系构成的整体，其功能大于或小于各个要素功能之和。不管整体是否优化，学校管理工作评价都要面对整体，具有整体性特点。学校管理工作评价目标的确定和分解，指标体系的建构，都要从整体出发，反映管理工作全貌。权重的分配，要以其各要素在整体中的地位和作用而定。离开整体的实际，过分突出某一要素，或忽视某一要素，都会导致整体不平衡，从而使评价结果失去意义。

第二，全面性。全面性的特点，也同评价对象有关。学校管理工作有许多工作部门，每个工作部门又有多项工作内容。各工作部门，每个部门的多项工作，构成了管理工作的全面性。因此，学校管理工作的评价也必然要求具有全面性。不能丢掉每一个工作部门，也不能丢掉每一个工作部门中的每一项重要工作。无论评价内容的规定，还是信息搜集都要求全面。当然，学校管理工作评价的全面性，不是说在评价时，多方面内容和信息可以等量齐观，不分主次，而是要求全面的同时，各得其所，是有重点的全面性，是各得其所的全面性。

第三，协同性。学校管理工作评价，涉及范围很广，内容很多，不仅是管理者的事，也需要教师和学生的积极参与，还需要上级主管部门、教育专家以及学生家长协助进行。如果只某一方面孤军奋战，就不能做好学校管理工作的评价。学校管理工作评价的协调性或协作性主要表现在以下两个方面。一方面是上级教育行政主管部门、教育督导部门对学校管理工作进行评价时，必须取得学校领导、广大教职工以及学生的支持和帮助，才能获得准确的评价信息。同时，还应根据需要邀请有关专家参加评价工作，努力提高学校管理工作评价的质量。另一方面是学校内部进行学校管理评价时，必须依靠广大教职工的团结合作，并取得学生的大力支持。没有这种协同性或协作性，学校管理工作的评价就很难进行，即使评了也很难获得准确的评价结果。

第四，主体多元性。学校管理工作不是单项的，而是综合性的工作。学校管理工作的评价也不是单项的，而是多项的综合性评价。学校管理工作评价关系到学校全局性工作的价值判断，评价的主体不应是一元的，而是多元的。多元评价主体有：上级教育主管部门，教育督导部门，社会有关部门或团体，学生家长，还有学校领导、广大教职工以及学生，他们都有权对学校管理工作作出评价。在这些评价主体中，学校领导、广大教职工和学生则是经常性的学校管理工作评价主体，他们的评价对学校的现状和发展会产生更为直接的影响。

二、学校管理工作评价的意义

第一，学校管理工作评价能推动国家教育方针的贯彻，促进素质教育的实施，提高人才的全面质量。贯彻国家的教育方针是学校的基本职责，实施素质教育是学校办学的基本方向，提高教育教学质量是学校工作的核心，培养合格人才是学校的根本目的。而学校管理工作则是完成学校各项任务的纽带，是提高教育教学质量、培养合格人才的重要手段。通过学校管理工作的评价，可以对学校贯彻国家的教育方针、实施素质教育、培养人才质量，作出客观的、全面的、正确的评价，从而找出差距，纠正偏轨，明确方向，制定措施，提高贯彻国家教育方针、实施素质教育、培养全面发展的合格人才的能动性和自觉性。

第二，学校管理工作的评价有利于调动广大教职工的积极性、主动性，树立正确的教育观和质量观。教职工是学校管理工作诸要素中起决定作用的要素，因此，有效地调动广大教职工的工作积极性和主动性，是提高学校管理水平、办好学校的最重要的环节之一。在学校，影响广大教职工积极性、主动性的因素是多方面的，如工资、奖金、人际关系等，但其中最重要的是领导的行为。而学校管理工作评价的基本内容就是对学校各级领导个人和集体的领导行为的评价。广大教职工通过参与评价以及对反映领导行为的评价指标的理解和运用，知道领导个人和集体应该如何管理学校以及广大教职工在学校管理工作中的地位和责任，从而能够充分地发挥自身的积极性和主动性。同时，可以引导广大教职工树立正确的教育观和质量观。学校教育的根本目的，是把学生培养成德、智、体等全面发展的"有理想、有道德、有文化、有纪律"的社会主义建设者和接班人，这是正确的教育观和质量观的基本内容。通过学校管理工作评价以及由此而产生的对学校管理工作的控制和调整，无疑将对广大教职工树立正确的教育观和质量观产生积极的作用，并为全面提高教育教学质量提供精神的、思想的支持。

第三，学校管理工作评价，可以为改革学校管理工作提供比较准确的依据，有利于提高学校管理工作水平和效益，促进学校管理的现代化。首先，学校管理工作评价可以使学校管理工作由经验型向理论型转化。没有学校管理工作评价，学校管理工作必然带有一定的盲目性，只能凭领导及管理者经验进行。而通过学校管理工作的评价，则可以为领导改进、提高管理工作提供依据，使管理工作更加科学和规范。其次，学校管理工作评价对学校管理工作过程、状况和效果作出价值判断，从而使学校的各级负责人及一般管理者对自己的工作过程、状况及效果有一个比较客观、全面的了解，并找准自己的工作定位，发扬成绩，找出差距，明确方向，通过评价的激励作用，不断改进和提高管理工作的水平。最后，学校管理工作评价对学校管理工作现代化的实现有积极的促进作用。学校管理工作现代化是社会和教育发展的客观要求，是学校管理工作需要迫切解决的现实问题。学校管理工作现代化，实际就是实现管理工作的科学化。学校管理工作科学化要求遵循三条基本原则：重视人、尊重人，讲求效率，力求简化。学校管理工作评价，要对学校管理工作是否符合学校管理的客观规律，是否体现三条基本原则的状况作出价值判断，从而引导学校各层次的管理者探索、研究学校管理工作现代化问题，并在管理实践中落实、推进学校管理工作现代化。

第四，学校管理工作评价可以为学校领导及上级教育行政部门了解学校发展状况，进行教育改革和发展教育提供决策依据。学校管理工作评价是学校领导和上级教育行政主管部门了解和把握学校发展状况、整体办学水平以及特色的、基本的、可靠的途径。学校管理工作评价搜集的信息具有客观性、全面性和准确性，既有定量分析又有定性分析，这不仅为学校领导和上级教育行政主管部门了解学校提供了材料，更为学校领导和上级教育行政主管部门的决策提供了可靠的依据，是改革教育、发展教育和管理决策科学化的基本保证。

第二节　学校管理工作评价的依据、原则和方法

要充分实现学校管理工作评价的意义，还要了解其依据，坚持学校管理工作评价的一般原则和方法。

一、学校管理工作评价的依据

学校管理工作评价，是学校管理实践活动不可或缺的重要环节。但是，进行学校管理工作评价不是任意的，评价目标的确定，评价内容的确定以及评价指标体系的建立等，都要有客观依据，其依据主要有：

第一，学校管理工作评价要以国家的教育方针和培养目标为依据。教育必须为社会主义现代化建设服务，为人民服务，与生产劳动和社会实践相结合，培养德、智、体、美全面发展的社会主义建设者和接班人。各级各类学校的培养目标由国务院或者由国务院授权的教育行政部门作了明确的、具体的规定。学校管理工作的目的、管理工作的方针、措施以及各环节都要服务、服从于国家的教育方针和培养目标。而学校管理工作的评价以及评价目标、内容、指标体系的建立都要依据国家的教育方针和各级各类学校的培养目标，只有这样，才能保证学校管理工作评价的正确导向性。

第二，学校管理工作评价要以国家颁布的有关教育的法律、法规、条例和教育行政部门发布的有关规定为依据。近些年来，国家颁布了一系列有关教育的法令，如《义务教育法》《高等教育法》等。在这些法律中，对教育方针、教育基本制度、培养目标、学校及其他教育机构等都作了法律规定。各级各类学校以及教育行政主管部门，都要树立和坚持依法治教的思想。国家为保证教育方针等的贯彻执行，还颁布了一系列法规、条例，有关部门制定了一系列政策、规定。这些都是学校管理工作评价的直接依据。只有根据这些法律、法规、条例、规定进行学校管理工作评价，才能有一个统一的尺度和标准，才能保证评价的正确方向。

第三，学校管理工作评价要以教育科学原理和学校管理学的原理为依据。学校管理工作评价是对学校管理活动这一特定对象进行的价值判断，因此，必须遵循教育科学的一般原理和学校管理学的一般原则。教育科学中关于教育与社会发展的原理，学校管理学中的关于管理的方向性原则、整体性原则、民主性原则等，都应该是学校管理工作评价所要遵循、借鉴和依据的。离开这些原理和原则，学校管理工作评价也会偏离方向。

二、学校管理工作评价的基本原则

第一，方向性原则。学校一切教育活动的根据是教育方针和教育目的。同样，教育评价

也不例外，也要以教育方针和教育目的为根据。任何形式的教育评价，特别是学校管理工作的评价，其最终目的都是为提高教育教学质量，更好地培养德、智、体等全面发展的社会主义事业建设者和接班人。因此，学校管理工作评价，必须坚持国家的教育方针，坚持教育目的，保证评价的正确方向，发挥学校管理工作评价的导向作用。通过学校管理工作评价，坚决纠正任何偏离国家教育方针、偏离素质教育、偏离教育目的的做法，从而保证教育活动沿着社会主义方向进行。同时，通过学校管理工作评价，使学校的领导和广大教职工进行自我认识，自我对照，明确自身的发展和改革的方向，促进其自我控制和调节，保证评价具有自律性的导向作用。

第二，客观性原则。学校管理工作评价是按照一定的价值标准对学校管理工作作出的价值判断。因此，必须做到公正、客观，否则难以得出一个科学的准确的评价结论。对于评价主体来说，坚持这些原则，必须广泛搜集评价信息，信息越多，来源渠道越广泛，学校管理工作评价的客观性越容易得到保证。坚持这一原则，就要切忌搜集信息时定调子、画框框，而应扎扎实实地做好调查研究工作，努力把握评价对象真实的、全面的、客观的信息，并在此基础上，按照评价的标准，作出符合客观事实的评价结论。

第三，发展性原则。在学校管理工作评价中，要坚持用发展变化的观点对待评价对象。由于种种原因，各学校的基础和办学条件差异很大。面对差异很大的学校使用同一个评价标准评价是不公平的。如果需要用同一个标准评价差异很大的学校，那就更需要坚持发展性原则，对其评价结论，要用发展变化的观点作出解释，确定被评学校在同类学校中的合理地位。只有坚持发展性的原则，才能调动各类学校办学积极性、主动性，从而促进各类学校管理工作的改善。

第四，连续性原则。学校管理工作评价是一种有计划、有目的、连续性的评价活动过程。一次评价结束后，都要根据评价中发现的问题，采取相应的改进措施，经过一定的时间和阶段运行后，同原有基础相比，看有哪些改进和提高，为此，需要对学校管理工作评价跟踪评价。学校管理工作是一个循环往复的过程，因而，学校管理工作评价也不是一次而终结的，上一次评价的结束是下一个管理过程的开始。要坚持上一次评价和下一次评价在内容、结论和建议等方面相互衔接，在这种相互衔接和联系中，促进学校管理水平不断提高。

第五，改进性原则。学校管理工作评价本身不是目的，而其真正的目的是通过学校管理工作评价，促进学校管理工作的改善、组织机构职能的充分发挥，提高学校教育教学质量，培养更多更好的人才。评价不仅是学校管理的基本过程，而且是强化学校管理的重要手段。通过学校管理工作评价，不仅要了解学校实际的管理水平，而且要从评价过程和结论中发现新情况、新问题，不断改进和提高学校的管理工作。如果学校管理工作评价只满足于评价结论的获得，不重视研究新情况、新问题，不坚持改进，学校管理工作评价也就失去了意义。

三、学校管理工作评价基本方法的选择

由于人们看问题和思考问题的角度不同，对学校管理工作评价的方法的规定和认识也不一样。

有的学者从评价动力的角度，把学校总体评价、学校管理工作评价的基本方法归纳为三种，即自我评价、主管部门评价和社会评价。持这种观点的人认为：

第一，自我评价，是学校自己组织力量，依照上级教育督导机构制定的评价方案，定期对本校管理工作进行的评价。自我评价要注意以下几个问题：①要统一领导班子的思想认识；②宣传自我评价的意义；③学习评价标准，做好参评准备；④指定专人汇总资料、数据；⑤及时写好自评报告。

第二，主管部门评价，是教育督导机构在主管教育行政部门授权之下，对学校工作进行整体评价和指导，并向政府及其教育行政部门反馈有关信息，为领导的科学决策提供依据，并督促学校加强和优化学校管理，这种评价要注意以下几个问题：①要组织精干的班子；②学习评价内容，掌握评价原则和方法；③评价中，要全面地听、仔细地看，要尽可能找到依据，做到评价客观公正；④评价结束时认真汇总情况，仔细分析问题，与被评单位交换意见时，既要肯定成绩，又要指出问题。

第三，社会评价，是指学校自评中，或督导人员在他评中，广泛听取社会各界有关人员的意见和建议，征求用人单位和高一级学校对毕业生的意见[①]。

有的学者更关注学校管理工作评价的具体方法，强调选择比较适合自己学校实际的方法。在阐述这种观点时认为：在学校管理工作的评价过程中，收集信息的方法是很多的，使用时一般都要依据评价目标特性作出选择。收集信息常用的方法有论文式测验、客观式测验、问题情景测验、问卷法、观察法、面谈法、评定法、调查法等。这些方法各有利弊，需要经过分析加以选择；对学校管理工作进行综合性评价时，一般使用三种类型的方法，一是定量的方法，采用百分制，直接评分；二是定性的方法，采用等级法，直接评等；三是定量与定性相结合的方法，既评分又评等[②]。

理论研究表明，教育评价方法是分层次的，学校管理工作评价的方法也是分层次的。上述两种观点谈到的方法就是属于不同层次的方法。前者的层次高一些，后者的层次较前者低一些，是更具体的方法。从不同视角谈学校管理工作评价的方法，都有其正确性和合理性。在实际的学校管理工作评价中，不同层次或同一层的方法是交织在一起的。例如，自我评价是一种评价的方式方法，是一种以自我为主体和动力的评价方式和方法。但是在自我评价中也必须搜集信息，也必须对评价结果作出判断，因此，就需要选择适合于自身要求的具体的

---

①　蒋建洲：《中小学教育评价》，298～299页，成都，成都科技大学出版社，1993。

②　刘本固：《教育评价的理论与实践》，546～547页，杭州，浙江教育出版社，2000。

方法。没有具体方法，自我评价就无法进行。而具体方法的使用又存在于较高层次的方法运用之中。

学校管理工作评价的方法很多，在评价过程中需要作出选择。其选择的依据：一是评价目标和目的。有什么样的评价目标和目的，就要选择适合于目标和目的需要的方法。没有正确的可行的方法，评价目标不能达到，评价目的也不能实现。目标和目的是根本，方法服务于目标和目的。二是学校的实际。学校的实际是确定评价目标和目的的基础，也是选择评价方法的依据。目标和目的的确定以及方法的选择，都要从学校实际出发，这是目标和目的正确、方法正确，并且又可行的基本前提，也是保证学校管理工作评价达到预期目的的首要条件。

第三节　学校管理工作评价的内容

学校管理工作涉及方方面面，评价内容很多。但不必对其全部内容都进行评价，而只要抓住同评价目的有重要关系的内容进行评价，就可实现学校管理工作评价的目的。学校管理工作评价的主要内容有：

一、教育理念和办学思想

教育理念或教育思想是办学思想的逻辑起点，而办学思想则是学校一切工作的出发点。学校教育的方向、内容和形式，学校的机构设置和制度建设，教育目标和措施，人、财、物和时间配置，校风的形成和建设，无一不同教育理念和办学思想相关。教育理念和办学思想是学校管理工作评价的重要内容。

教育理念和办学思想评价的内容具体包括以下几点：

第一，教育理念。考察是否确立了"教育要面向现代化，面向世界，面向未来"和以学生为本的教育理念；是否改变了同社会主义现代化不相适应的教育观点，树立了与社会主义现代化相适应的教育理念，使学校教育适应社会经济和社会发展的需要。

第二，办学方向。学校办学是否坚持社会主义方向，这是学校办学的根本问题，也是办学思想是否正确的集中体现。评价学校办学方向主要看是否全面贯彻了党的教育方针。在坚持正确方向的基础上是否有办学特色。

第三，培养目标。培养目标是学校教育要达到的目的，是办学思想的核心内容，是学校一切工作的出发点和归宿。国家对各级各类学校的培养目标已作出规定。评价学校的培养目标，就是要对学校是否按国家规定的培养目标进行教育教学工作，以及实现培养目标的程度作出判断。评价学校培养目标主要抓住：是否有实现培养目标的规划和计划，其规划和计划是否符合实际、切实可行；是否实施素质教育，素质教育有两点基本要求，一是要使学生德、智、体等全面发展，二是面向全体学生。是否采取措施实施素质教育，是评价学校，特别是中小学管理工作实现培养目标的主要内容，是重中之重。

二、管理队伍

（一）学校领导班子

学校领导班子是办学的带头人，是学校各项工作的组织者、管理者、指挥者。学校领导班子是一个整体，但又是由个体成员构成的，因此，评价学校领导班子，既要有对领导成员个体素质的评价，又要有对班子整体结构的评价。

1. 领导班子个体素质

领导班子成员个体素质主要应包括政治素质、业务素质、身心素质和工作作风。政治素质主要是评价每个成员是否具有坚定正确的政治方向，坚持党的基本路线，坚决贯彻党的方针政策，特别是教育方针以及有关的法律、法规和规定。评价每个成员解放思想、实事求是、大胆探索、勇于创新、努力实践的精神。评价每个成员勤政、廉政，不以权谋私、奉公守法、爱业敬业的思想品质。评价每个成员是否具有一定的马列主义、毛泽东思想、邓小平理论及运用马列主义和毛泽东思想等理论正确分析和处理实践中的重大问题的基本能力。

业务素质主要是评价班子成员个体是否具有担任其职务相应的文化水平，是否具有教育学、心理学、教育管理学基础理论知识，是否具有与其职务相适应的组织、管理和指挥的能力以及管理工作经验。

身心素质主要是评价班子成员个体是否具有坚持组织、管理和指挥工作的健康身体以及自制力、自信心、控制力和耐力等的心理品质。评价其成员个体是否具有创造力、坚定性、灵活性和应变能力等。

工作作风主要是评价领导班子成员个体是否具有深入实际、调查研究、求真务实、一切从实际出发、实事求是的工作作风。评价其成员个体是否具有善于广泛听取群众意见、关心群众疾苦、为群众服务的民主作风。评价其成员个体是否具有热情、诚恳、与人为善、平等待人、团结合作、廉洁自律的作风等。

2. 领导班子整体结构

领导班子整体结构主要包括：年龄结构、专业结构和性格结构等。学校领导班子整体是由其各个成员组成的，结构合理的领导班子才是优化的领导班子。优化的、结构合理的领导班子整体，其功能大于每个成员功能之和。评价领导班子整体结构就是对领导班子结构是否合理、优化作出判断。

领导班子最佳的年龄结构是"老中青"三结合。不同年龄者在活动精力、工作经验和心理智能等方面各有不同的优势，结合在一起可以实现优势互补，从而产生一种新的优势。评价领导班子年龄结构就是对其年龄结构合理性及其程度作出判断。

领导班子的专业结构是指在领导班子中，根据实际工作的需要，各类专业知识的人，应当有合理的比例。在一个结构比较合理的班子中，应当既有精通社会人文科学知识方面的人，又要有精通自然科学知识方面的人；既要有善于思考问题的理论知识方面的人，又要有善于实践运作方面的人。学校领导班子中各类专业知识方面的人结构合理，才能更好地、更有效地发挥管理学校的职能。

领导班子成员的性格结构对于发挥领导班子整体功能具有不可忽视的作用。所谓性格，是指人的比较稳定的心理特征，一般表现为一个人的习惯了的行为活动方式。性格可以依不同标准作不同的分类。有的学者把性格分为理智型、情绪型和意志型，有的分为内向型和外向型，也有的分为独立型和顺从型。不同性格的人有不同的活动行为方式。这种不同性格的人，具有不同活动行为方式的人，恰当地结合成一个领导班子整体，可以实现性格方面的互补，使班子成为一个协调的、有活力的管理和领导集体。

（二）教师队伍

教师队伍是学校管理工作队伍的核心部分。教师直面学生，是学校教育教学活动的直接组织者、管理者。教师队伍评价主要有以下几个内容：

第一，教师队伍结构状况：①学历、职称、年龄结构是否合理和优化；②队伍的稳定性和成长性；③队伍特色。

第二，教师的教育管理理念：①教师是否确立了以学生为本的管理思想；②在教学、管理中教师是否面向全体学生、面向学生的全面发展；③教师是否坚持发展性评价，给学生以积极的引导和激励。

第三，教师的管理水平：①教师是否具有现代化的管理知识；②是否具有教育活动的组织和管理才能；③班级管理工作特色与成绩。

第四，教师培养和提高：①是否有培养提高规划和实现规划的条件保证；②培养提高规划的落实情况；③培养提高效果。

（三）思想政治教育队伍

思想政治教育队伍是学校管理队伍的重要组成部分，对思想教育及其管理的成效具有重要意义。评价思想政治教育队伍就是对这支队伍的组织状况、思想文化素质、工作能力等作出判断。对思想政治教育队伍评价主要有以下几个方面的内容：

第一，队伍状况。学校是否有一支数量足够、德才兼备、专兼职结合、以专职为主的思想政治教育工作队伍，这支队伍是实现思想政治教育及其管理的组织保证，是思想政治教育队伍评价的首要内容。

第二，思想文化素质。这方面的评价要以专职思想政治教育队伍为主，评价其是否具有较高的思想水平，坚定正确的政治方向；是否具有较高的道德情操，高尚的人格品质；是否具有正确的教育思想，热爱教育事业、热爱学生的精神；对工作是否认真负责；是否具有思想政治教育工作所必需的广博的文化知识，等等。

第三，工作能力。是否具有调查研究能力、宣传鼓动能力和组织协调能力等。

第四，培养和提高。是否有培养和提高的规划和措施，其落实情况和实际效果如何。

此外，思想政治教育队伍的评价内容还包括年龄结构、学历结构和身心状况等。

（四）教学管理队伍

教学管理队伍是指教师之外的专门从事教学行政管理工作的队伍。对这支队伍的评价主要有以下几个方面：

第一，教育思想。是否具有正确的教育教学思想，是否具有一定的教育学、心理学的基本理论知识。

第二，文化专业知识。评价其是否具有一定的教育管理、教学管理的基本理论，以及正确的管理理念；是否具有现代化管理理论和方法的基本知识；是否具有广博的文化科学知识。

第三，工作能力。主要评价其是否具有运用现代化管理手段的能力，协调、协作的能力，管理创新的能力。

第四，培养和提高。评价学校是否有教学管理队伍培养和提高的规划，以及规划落实情况和实际效果等。

此外，教学管理队伍的年龄结构、学历结构以及身体健康状况也应进行评价。

（五）总务管理工作队伍

后勤总务工作是学校管理工作的重要组成部分。其宗旨是为教学、为师生生活服务。对这支队伍的评价主要有以下几方面的内容：

第一，为教学、为师生生活服务的思想、态度和实际行动。

第二，思想文化水平状况，是否适应工作要求。

第三，是否具有能完成本职工作的能力。

第四，学校是否有培养提高规划和落实情况。

三、组织机构和制度建设

学校的组织机构是组织全校人员贯彻教育方针、完成教育教学任务、实现培养目标的工作部门。组织机构是否健全、合理、有效，直接关系到学校的管理水平和教育教学工作质量。组织机构的运行离不开规章制度，没有制度，组织机构就会处于无序状态，学校的学习、工作和生活行为就失去了准则。健全、合理的规章制度，是实现学校管理工作规范化、实现管理目标的重要保证。

（一）组织机构

第一，机构设置。学校机构要根据国家和上级领导机关工作机构设置规定，以及学校的具体情况和需要进行设置。机构设置评价的内容主要有两点：一是机构是否健全。这是评价机构建设的首要之事。评价机构是否健全，就是考察应设的机构是否建立，同时，是否配备了胜任该机构工作的领导者和工作人员。二是机构的结构是否合理。考察其是否有决策层、执行层和操作层且层次分明、结构合理、互相配合和相对稳定的工作机构的结构系统。

第二，机构职能。评价机构职能主要有两点：一是学校各工作机构工作的范围、内容和职责是否明确；二是学校各工作机构工作效能发挥得如何，能否有效贯彻、落实决策层的决策，能否把执行过程中的信息反馈到决策层，指挥是否协调、畅通等。

（二）制度建设

第一，制度是否健全。评价学校规章制度，主要考察学校在工作、学习和生活等方面是否建立了必要的规章制度；建立的规章制度是否可行，是否合理合法。

第二，规章制度是否贯彻执行。对学校的规章制度，全校教职工、学生是否了解，对规章制度的意义是否有明确的认识，是否严格执行规章制度，执行规章制度是否公正、客观、一视同仁。

四、管理工作过程

学校管理工作过程是学校管理工作经历的程序，是学校管理活动达到预期目标而进行的活动过程。管理工作过程由计划、实施、检查和总结四个基本环节组成。这四个基本环节的有机结合，形成学校管理工作的运行机制，有效发挥着管理工作的整体功能。管理工作过程的评价，就是对这四个基本环节运行状态作出价值判断。

（一）对计划的评价

计划即学校工作计划，是学校为实现一定工作目标而制定的施工蓝图，是组织运用人、财、物和时间，实现目标的总规划、具体安排和重要措施的规定。评价学校管理工作计划的具体内容主要有：

第一，目标是否符合实际。计划目标是学校工作在一定阶段或时间内所要达到和实现的目的，是全部工作计划的灵魂。目标既不能定得过低，也不能定得过高。过低的不经过努力就可以实现的目标，会失去目标的激励作用；过高的经过努力仍实现不了的目标，同样不能激励教职工、学生，也只能是一纸空文。只有符合实际的目标，经过教职工和学生的努力能够实现的目标，才能调动教职工和学生为之积极奋斗。

第二，工作计划内容是否全面。学校管理工作是多方面的，实现工作目标也需要多方面的工作。评价工作计划，必须考察计划的内容是否全面，不能遗漏重要内容。

第三，重点是否突出。实现工作目标需要多方面的工作，因而，计划内容应是全面的。但是，多方面的工作，多方面的内容，对实现其工作目标的意义和作用并不相同。因此，计划的内容应突出重点，即突出对实现工作目标起决定作用的内容和方面。

第四，措施是否正确、有力。措施是实现计划目标对人力、财力、物力的组织和协调，是实现计划目标的保证。对措施的评价，就是要对措施是否正确作出判断，同时也要对措施是否有力作出判断。

（二）对执行和实施的评价

执行和实施是把计划变为行动的过程，是把计划上的设想变为现实状态的中介，是管理过程的重要环节。评价计划的执行和实施，主要有以下两方面：

第一，组织宣传、统一思想。学校管理工作计划制订后，要把教职工组织起来，向他们宣传计划，动员实施计划。其目的就是使全校教职工了解工作计划内容，了解工作计划目标和重点，了解完成计划的措施，明确实现工作目标的重要意义，特别是要了解自己承担什么样的工作，有什么责任和任务。宣传动员越深入，思想越统一，计划的执行就越顺利。评价组织宣传、统一思想，就是对这一工作的实效作出判断。

第二，贯彻落实。组织宣传，统一思想是为了贯彻落实计划。贯彻落实是执行工作计划的关键性环节。贯彻落实就是要把计划中的各项工作、具体任务落实到学校各个工作部门，各个部门按照目标管理的要求再把各项工作分解为若干项目及小的目标，再把这些项目和小目标落实到具体的人。评价贯彻落实情况，就是对工作计划落实的具体情况作出判断。

（三）对检查的评价

对学校工作计划的执行和实施情况的检查，是工作管理过程不可缺少的环节。检查是对工作计划执行和实施情况的监督和调控，是工作计划顺利完成的保证。对检查进行评价主要有以下几方面：

第一，检查制度。检查工作计划执行是否有制度；是否按制度检查工作计划执行情况。

第二，检查方法。采用什么方法检查工作计划执行情况，检查方法与检查内容是否相适应，方法是否有效。

第三，信息反馈及处理。是否收集到大量的真实的反馈信息；是怎样利用反馈信息调控工作计划执行过程的。

第四，检查效果。在检查中发现了什么问题，解决了什么问题；对于保证计划顺利完成收到了哪些实际效果。

（四）对总结的评价

总结是通过对工作计划的制订、执行、实施、检查以及完成工作计划、达到预期目标等的全面情况进行分析和概括作出结论。对总结的评价可以从以下几方面考察：

第一，总结的依据。总结必须依据工作计划执行及其执行结果的状况。信息资料就是这种状况的表现和反映。因此，评价总结的依据，就是要考察信息资料是否全面、准确、真实、客观，这是能否作出全面、正确总结的基础和关键。

第二，总结的方式。总结的方式是指通过什么形式进行总结。一般说来，能取得全校教职工认可的总结方式是领导者和群众总结相结合。通过这种方式作出的总结，也能得到全校教职工的支持和认同。只是领导者或几个人总结的方式是不可取的。

第三，总结的结论。总结得是否全面，成绩和问题是否符合管理工作实际，得出的经验、教训和体会，是否是从总结的事实中引出的必然结论，提出今后的努力方向是否符合学校实际，是否可行等。评价总结的结论就是要对上述各个方面作出价值判断。

五、校风建设

校风是一所学校领导及广大教职工、学生在长期的教育实践活动中凝聚和积累起来的一种精神成果。优良的校风是培养一代新人的熔炉，是一种巨大的教育力量，对于学生、教职工都有着潜移默化的作用。校风建设评价包括精神风貌建设评价和物质风貌建设评价。

（一）精神风貌建设

精神风貌建设，是指在学校广大教职工和学生中形成一个积极向上的思想意识氛围，健康的心理品质，勤奋创新的思想作风，先进的文化定势，开拓进取的时代精神，正确的价值观念等精神风貌。具体的评价内容包括：

第一，考察是否形成了具有本校特色的优良校风。

第二，考察是否形成了优良的教风。

第三，考察是否形成了优良的班风。

（二）物质风貌建设

物质风貌建设是指由物质条件构成的蕴含着精神风貌的良好校园环境。优美的校园环境体现着学校特色的文化氛围，不仅有利于师生工作、学习和生活，而且有利于陶冶教职工及学生的情操。具体的评价内容是：

第一，考察是否有并加以实施的符合学校实际和体现学校精神风貌的校园建设或改善的规划。

第二，考察是否有保持整洁卫生的校园环境。

第三，考察是否建有表现学校特色的人文景观。

第四，考察是否努力绿化、美化校园及其程度怎样。

第五，考察校园建设是否体现鲜明的知识性和教育性。

六、学校管理工作绩效

学校管理工作绩效评价，就是对学校管理工作过程及其行为结果所取得的成绩和效果的价值判断。学校管理工作绩效评价，有两种方法可以采用：一是纵向比较法，即同自身过去相比较，取得了哪些进步；二是横向比较，即同自身同类相关学校相比，看自己有哪些成绩。在绩效评价实践中，采用以纵向比较为主，兼顾横向比较者居多。学校管理工作是多方面的，因而绩效评价也是多方面的。因此，对管理工作绩效的评价很难做到面面俱到，也不必要作出全而又全的评价。只要抓住管理工作主要方面的绩效，就可以对学校管理工作绩效作出正确的评价。其主要方面应包括：

（一）学校管理工作改革的进展

第一，考察是否有切实可行的、有一定力度的改革方案。

第二，考察是否有实现学校管理工作现代化的阶段性目标、总目标。

第三，考察改革学校管理工作的重大举措、实施细则。

第四，学校管理工作改革取得了哪些成效。

（二）学校各管理部门工作取得的成绩

第一，考察学校各管理部门管理工作的新思路、新规范、新模式、新方法。

第二，学校各管理部门管理现代化的进展状况。

第三，考察学校各管理部门管理工作的成效。

（三）学校软硬件环境的变化

第一，学校软环境的变化及其成效。

第二，学校硬环境的变化及其成效。

（四）学生全面素质的提高

学生全面素质的提高是学校管理工作绩效的核心内容，是最基本的指标。主要内容有：

第一，学生思想、品德的提高。主要考察学生的政治观点、理想信念、道德风貌、个人志向、行为习惯、法制观念、组织纪律等方面。也可以通过学生违反纪律、差生转化率和违法犯罪等情况反映这方面的变化和提高。

第二，学生的基础知识和基本技能状况。可以通过成绩合格率、优秀率、毕业生升学率、实验操作合格率等的变化，反映学生这方面的变化和提高。

第三，学生体质健康状况的改善。可以通过体育成绩合格率、体育达标率、体检合格率和常见病发病率等的变化，反映学生体质健康状况的改善。

第四，学生特长发展水平。音、体、美人才输送率，竞赛获奖率，小创造、小发明、小论文获奖率，作品发表率等反映学生特长的发展水平。

（五）实践和研究成果

第一，教育管理实践成效，群体和个体经验及其介绍，经验辐射效果。

第二，管理研究论文撰写、发表和刊载情况。

七、学校办学特色

办学特色是指学校办学中长期形成的稳定的、本质的、独特的个性或特点。学校办学特色，包括学校教育理念、办学思想、教师队伍、学生培养、课程设置、教学风格、科研特点、管理机制、学校文化、校风校貌、资源设施等与众不同的品格和风貌等。评价学校办学特色，主要是判断学校在哪些方面有特色，并判断其特色的水平。

附录：普通中学学校管理工作评价指标体系

A 级指标	B 级指标	C 级指标	评 价 标 准	完全符合	大部分符合	部分符合	不符合	信息来源
A_1 办学方向 (0.25) [250]	B_1 贯彻方针 (0.4) [100]	C_1 办学指导思想 (0.3) [30]	1. 坚持贯彻国家的教育方针、政策。 （1）结合本校实际为当地经济建设服务。 （2）有实验、实习场所，有实践活动。 2. 更新教育观念，深化教育改革，纠正单纯追求升学率的倾向。 （1）"五育"并举，培养"四有"人才。 （2）不占用节假日举办以升学为目标的补课。以上达到国家教委（88）教督字001号文件规定。 3. 学校整体改革计划。 （1）有学校整体改革计划。 （2）计划内容符合《决定》精神，符合本校实际。 4. 树立"以人为本"的管理理念					查文 座谈
		C_2 五育并举 (0.5) [50]	1. 落实德育首位。 （1）校长抓德育、有德育领导组织。 （2）有德育计划。 （3）德育渗透到各科教学和各部门工作之中。 （4）有德育队伍。 2. 加强劳动教育和劳动技术教育。 （1）按教学计划开设劳技课，有教材、有教师。 （2）学有一技之长，有成绩考核。 （3）养成劳动习惯。 3. 全面提高教学质量，全面执行各科教学计划、教学质量稳步提高。 4. 重视体育、卫生工作。 （1）体育卫生工作有计划、有制度，符合《学校体育工作条例》和《学校卫生工作条例》要求。 （2）合理安排学业量，减轻学生过重的学习负担，保证学生的休息和课外文体、科技活动时间。 （3）控制考试次数，每期除期终考试外，不进行其他考试、测验，不进行升学模拟考试					查文 座谈

A级指标	B级指标	C级指标	评　价　标　准	完全符合	大部分符合	部分符合	不符合	信息来源
		C₃ 面向全体学生 (0.2) [20]	1. 教育、教学面向全体学生。 (1) 各年级、男、女生同样对待。 (2) 好、中、差生一样对待。 2. 坚持因材施教，发展学生个性特长。 (1) 采取有效措施，发展学生学科特长、特殊技能和兴趣。 (2) 广泛组织课外兴趣小组，培养学生发展各种爱好与特长。 3. 重视差生转化。 (1) 对学习差和品德差的学生不厌弃。有补救提高和奖励措施，有实际效果。 (2) 对思想品德差的学生有转化措施，有计划、有方法					查文座谈
	B₂ 执行法规 (0.4) [100]	C₄ 学习、宣传法规 (0.5) [50]	1. 有学习、宣传教育法规的计划与措施。 (1) 有学习、宣传《义务教育法》等法规的计划。 (2) 有宣传法规的活动。 2. 教职工人人了解教育法规的基本内容，树立法制观念					查文问卷
		C₅ 依法治校 (0.5) [50]	1. 依法治校形成风气。 (1) 学校各项工作、规章制度符合法规规定的要求。 (2) 教职工能自觉依法行事。 2. 无违反教育法规的做法和现象。 (1) 学校无违法的规定和做法。 (2) 教工、学生无违法行为					查文座谈

续表

A级指标	B级指标	C级指标	评 价 标 准	完全符合	大部分符合	部分符合	不符合	信息来源
	B₃ 培养目标 (0.2) [50]	C₆ 规划与计划 (1.0) [50]	1. 规划、计划明确体现社会主义教育目标。 （1）有五至十年发展计划和学年学期计划； （2）符合教育目标。 2. 有为当地经济建设和社会发展服务的具体措施					查文
	B₄ 组织领导 (0.1) [40]	C₇ 领导成员素质 (0.25) [10]	1. 政治思想素质，符合《中小学校长任职条件和岗位要求》中第一项第（一）条和第三项第（一）条要求； 2. 业务素质，符合第一项第（二）条和第三项第（二）条要求； 3. 岗位能力，符合第三项第（三）条要求； 4. 按规定参加岗位培训					调查汇报
		C₈ 领导班子建设 (0.37) [15]	1. 实行校长负责制； 2. 党组织能发挥政治核心与保证监督作用； 3. 机构健全，职责分明； 4. 领导成员团结协作，作风民主，工作效率高					汇报
		C₉ 计划与法制 (0.25) [10]	1. 有规划与计划的实施方案； 2. 规章制度健全并落实； 3. 各类档案管理符合有关规定； 4. 教育信息的搜集与统计有据可查					查文

A级指标	B级指标	C级指标	评 价 标 准	完全符合	大部分符合	部分符合	不符合	信息来源
A$_2$ 学校 管理 (0.4) [400]	B$_5$ 队伍 建设 (0.1) [40]	C$_{10}$ 民主 管理 (0.13) [5]	1. 每年一次教职工代表大会； 2. 充分发挥教代会和教育工会的作用； 3. 教职工的主人翁精神和参与意识强； 4. 学生会能参加与管理					座谈
		C$_{11}$ 使用 与 管理 (0.5) [20]	1. 思想政治工作深入细致； 2. 坚持政治学习制度，坚持贯彻《中小学教师职业道德规范》； 3. 实行全员岗位责任制； 4. 有教职工工作业绩的考评与奖惩办法					座谈
		C$_{12}$ 培训 与 提高 (0.25) [10]	1. 有教职工培训计划与实施办法； 2. 培养青年教师、骨干教师的计划与办法					汇报座谈
		C$_{13}$ 生活 与 待遇 (0.25) [10]	1. 有关心教职工生活的措施； 2. 有关心离退休教职工生活的措施； 3. 教职工的待遇能认真落实； 4. 教职工队伍稳定					座谈

A级 指标	B级 指标	C级 指标	评 价 标 准	完全 符合	大部 分 符合	部分 符合	不符 合	信息 来源
A₂ 学校 管理 (0.4) [400]	B₆ 德育 工作 (0.2) [80]	C₁₄ 管理 体制 与队 伍建 设 (0.25) [20]	1. 形成校长负责，党支部发挥政治核心作用的德育工作体制； 2. 有德育领导组织和工作机构； 3. 有德育骨干队伍； 4. 德育工作制度健全					汇报
		C₁₅ 计划 与 实施 (0.25) [20]	1. 学校有德育工作规划与计划； 2. 各部门都有德育工作的内容、要求与实施措施； 3. 有相对稳定的德育基地或阵地					查文
		C₁₆ 工作 方面 渗透 (0.37) [30]	1. 思想政治课教学能结合学生思想实际； 2. 各科教学各项工作有机渗透德育内容； 3. 教职工树立教书育人、管理育人、服务育人思想； 4. 校容、校风、校纪好； 5. 学校、社会、家庭能互相配合工作					汇报
		C₁₇ 德育 研究 与 改革 (0.13) [10]	1. 有德育工作研究与骨干计划、实验项目； 2. 经常开展德育研究活动； 3. 定期召开德育工作研讨会或经验交流会； 4. 有德育工作研究与改革实验成果					汇报 座谈

A级指标	B级指标	C级指标	评　价　标　准	完全符合	大部分符合	部分符合	不符合	信息来源
		C_{18} 教学计划与大纲 (0.25) [30]	1. 全面执行教学计划、教学大纲、课程设置与课时安排，符合有关规定； 2. 按规定开展多种形式课外活动； 3. 课外辅导目的在于培养兴趣、能力和补差，课外辅助资料购买符合规定； 4. 学生课业负担控制措施得力					座谈
		C_{19} 教学的组织与检查 (0.33) [40]	1. 教学常规管理制度健全、坚持以课堂为中心； 2. 教学检查、评估制度健全； 3. 教材订购准确、及时发放，妥善保管； 4. 建立教学信息反馈制度					座谈
	B_7 教学工作 (0.3) [120]	C_{20} 教研与教改 (0.08) [10]	1. 定期开展教学研究活动，做到有计划、有目的、有检查、有记录； 2. 建立、健全学科教研组、备课组； 3. 能坚持教学改革，有改革项目，有实验方案，效果良好					座谈
		C_{21} 劳动教育与社会实践 (0.08) [10]	1. 按规定开设劳动技术课； 2. 劳动技术课有教师、教材、经费、设备、场所和器材； 3. 积极组织学生参加社会实践活动，内容、时间、考评符合国家教委规定（予教普字（1987）272号）					观察座谈

A级指标	B级指标	C级指标	评 价 标 准	完全符合	大部分符合	部分符合	不符合	信息来源
	B₇ 教学工作 (0.3) [120]	C₂₂ 招生与学籍管理 (0.13) [15]	1. 执行招生计划； 2. 班级名额高中每班44人，初中每班50人； 3. 有学生流失控制措施，留级率符合规定； 4. 学籍管理严格，符合规定					观察访问
		C₂₃ 教学设施管理 (0.13) [15]	1. 教学仪器、设备、图书资料、管理制度健全； 2. 实验室、图书室、体育器材室、电教馆（室）的建设符合要求； 3. 各科教学设施完好率在80%以上，利用率在85%以上					观察
	B₈ 体育卫生 (0.15) [60]	C₂₄ 体育工作 (0.58) [35]	1. 认真贯彻《学校体育工作条例》，坚持学习、制定计划，措施落实，效果好； 2. 坚持上好体育课、课间操，积极开展课外体育活动，有组织、有计划、各项活动有专人负责； 3. 认真执行《中学生体育合格标准》《体育锻炼标准实施办法》，做到有计划、有措施					汇报观察
		C₂₅ 卫生工作 (0.42) [25]	1. 贯彻《学校卫生工作条例》，做到认真学习，有计划、有措施、有检查、有记录； 2. 卫生室、保健人员符合要求； 3. 定期对学生进行保健教育和安全教育，有管理制度； 4. 公共卫生有管理措施； 5. 有常见病和近视眼的防治措施； 6. 学生抽烟的控制					汇报

A级指标	B级指标	C级指标	评 价 标 准	完全符合	大部分符合	部分符合	不符合	信息来源
		C₂₆ 财务管理与监督 (0.33) [20]	1. 财务管理制度健全，财务管理符合《省中小学财务管理办法规定》（予教计字［1988］136号）； 2. 专业理财、民主理财，有监督措施，民主管理，账目公开，节约开支； 3. 对学生收费项目和标准，符合规定					汇报
	B₉ 总务工作 (0.15) [60]	C₂₇ 校园管理 (0.33) [20]	1. 校产财物管理制度健全，固定资产和物资管理符合规定（同上，予教计字（1988）136号）； 2. 校园建设有整体规划； 3. 校园各种设施要规范化、美化、净化、教育化； 4. 室内布置要有教育性，美观、大方					汇报
		C₂₈ 后勤服务 (0.17) [10]	1. 后勤人员树立服务育人思想，做好师生学习、生活等物资供应工作； 2. 对师生进行安全教育，制定得力措施。教育内容与要求符合国家教委规定（见《中小学生安全须知》国家教委编）； 3. 学校师生无伤亡事故发生					汇报调查
		C₂₉ 勤工俭学与校办工厂 (0.17) [10]	1. 因地制宜开展勤工俭学活动，有计划地开发校园经济； 2. 校办工厂、农场管理措施得力，经济效益高； 3. 勤工俭学在育人及改善办学条件方面效果明显； 4. 勤工俭学财务管理符合国家教委《全国中小学勤工俭学财务管理办法》规定					观察汇报

A 级指标	B 级指标	C 级指标	评 价 标 准	完全符合	大部分符合	部分符合	不符合	信息来源
A₃ 教育质量 （0.35） [350]	B₁₀ 德育 （0.23） [80]	C₃₀ 政治观点 （0.25） [20]	1. 坚持四项基本原则，拥护党的路线、方针、政策； 2. 了解近现代史和国情的基本内容和观点； 3. 关心国内外大事，有分辨是非的能力； 4. 政治课成绩：优秀率占30% 以上，及格率占95%					问卷
		C₃₁ 思想品德 （0.25） [20]	1. 热爱党、热爱祖国、热爱人民和家乡； 2. 集体的事积极去做，团结互助，见义勇为，助人为乐； 3. 勤俭节约，艰苦朴素					座谈汇报
		C₃₂ 行为习惯 （0.50） [40]	1. 了解并遵守《中学生守则》，落实《中学生日常行为规范》； 2. 品德评定及格率在 95% 以上； 3. 无违法犯罪学生，差生转化效果明显； 4. 校纪严明，教育教学秩序稳定					问卷座谈汇报
	B₁₁ 智育 （0.29） [100]	C₃₃ 基本知识 （0.5） [50]	1. 各科成绩优秀率 30% 以上，及格率90% 以上； 2. 毕业成绩合格率在 95% 以上（会考、统考成绩）					查文
		C₃₄ 基本能力 （0.5） [50]	1. 能自学，学以致用，会操作实验； 2. 观察敏锐，记忆力强，想象丰富，逻辑思维能力、注意力、创造力较强					问卷

A级指标	B级指标	C级指标	评 价 标 准	完全符合	大部分符合	部分符合	不符合	信息来源
A₃ 教育质量 （0.35） 〔350〕	B₁₂ 体育卫生 （0.17） 〔60〕	C₃₅ 体质状况 （0.67） 〔40〕	1. 体育成绩优秀率 20% 以上，及格率95% 以上； 2. 体育锻炼优秀率 30% 以上，达标率80% 以上； 3. 体育知识普及，体育锻炼养成习惯； 4. 全校性运动会每半年 1 次以上，竞赛团体成绩优良； 5. 95% 以上学生身体发育好，体质指标合格					查文 汇报 问卷
		C₃₆ 卫生保健 （0.33） 〔20〕	1. 生理卫生课成绩及格率 90% 以上； 2. 卫生保健知识普及，卫生习惯养成； 3. 学生没有抽烟现象； 4. 常见病、多发病、近视眼等发病率低于当地中学生平均数（省市）					问卷访问
	B₁₃ 美育 （0.09） 〔30〕	C₃₇ 美育知识 （0.50） 〔15〕	1. 音、美课及格率达 90% 以上； 2. 音、美基础知识及基本技能普及					查文
		C₃₈ 审美能力 （0.50） 〔15〕	1. 学生仪表、语言、行为表现美； 2. 每学年开展一次以上全校性文艺活动； 3. 学生有一定的审美能力					观察

A级 指标	B级 指标	C级 指标	评 价 标 准	完全 符合	大部 分 符合	部分 符合	不符 合	信息 来源
	B_{14} 劳动 教育 (0.08) [30]	C_{39} 劳动 课 (0.67) [20]	1. 劳动技术课成绩及格率95%以上； 2. 掌握一定的劳动基础知识； 3. 掌握一定的劳动基本技能					查 文 座 谈
		C_{40} 劳动 观念 (0.33) [10]	1. 劳动观念强，态度端正； 2. 学生有良好的劳动习惯； 3. 有生活自理能力，做力所能及的家务 劳动； 4. 为社会服务次数多					问 卷
	B_{15} 兴趣 爱好 特长 (0.06) [20]	C_{41} 爱好 与 特长 (1.0) [20]	1. 兴趣小组数量多、人数多； 2. 开展活动项目多，成绩显著； 3. 有某种特长的人为社会服务次数多； 4. 组织参加各级各类活动竞赛人数、次数、 获奖数多					汇 报
	B_{16} 社会 评价 (0.08) [30]	C_{42} 社会 方面 (0.34) [10]	1. 学校所在地干群的评价； 2. 学生家长的评价； 3. 教育主管部门的评价					访 问
		C_{43} 高一 级学 校方 面 (0.33) [10]	1. 对毕业生思想品德评价； 2. 对毕业生的学习、生活能力评价； 3. 对毕业生文化基础知识及运用能力评价					问 卷 访 问
		C_{44} 跟踪 情况 (0.33) [10]	1. 对毕业生的跟踪调查与分析； 2. 对学校德育工作的改进； 3. 对学校教学工作的改进					汇 报
学校办学特色			概括描述其特色及水平					

本章小结

1. 学校管理工作评价特点

（1）整体性。学校管理工作是由许多要素组成的一个系统整体，在各个要素以不同方式和联系构成的整体中，各个要素的地位和作用不同，其功能也大于或小于各个要素功能之和。

（2）全面性。学校管理工作的多工作部门，每个部门的多项工作，构成了管理工作的全面性。学校管理工作的评价也必然要求具有全面性，不能丢掉每一个工作部门以及每一个工作部门中的每项重要工作。

（3）协同性。学校管理工作评价的协同性或协作性，表现在学校管理工作评价需要管理者、教师、学生的积极参与，也需要上级主管部门、教育专家以及学生家长协助。

（4）主体多元性。学校管理工作评价涉及学校全局性工作的价值判断，评价主体既有上级教育主管部门、教育督导部门、社会有关部门或团体，也有学校领导、广大教职工以及学生及家长。

2. 学校管理工作评价的意义

（1）能推动国家教育方针的贯彻，促进素质教育的实施，提高人才的全面质量。

（2）有利于调动广大教职工的积极性、主动性，树立正确的教育观和质量观。

（3）能为改革学校管理工作提供比较准确的依据，有利于提高学校管理工作水平和效益，促进学校管理的现代化。

（4）能为学校领导及上级教育行政部门了解学校发展状况，进行教育改革和发展教育提供决策依据。

3. 学校管理工作评价的依据

（1）国家的教育方针和培养目标。

（2）国家颁布的有关教育的法律、法规、条例和教育行政部门发布的有关规定。

（3）教育科学原理和学校管理学原理。

4. 学校管理工作评价的基本原则

（1）方向性原则。学校管理工作评价，必须坚持国家的教育方针，坚持教育目的，保证评价的正确方向，发挥学校管理工作评价的导向作用。并通过学校管理工作评价，促进其自我控制和调节，保证评价具有自律性的导向作用。

（2）客观性原则。学校管理工作评价必须在广泛搜集评价信息的基础上进行，信息多，来源渠道广泛，才能公正、客观地作出符合客观事实的评价结论。

（3）发展性原则。在学校管理工作评价中，要尊重差异，坚持用发展变化的观点对待评价对象，通过评价，促进每一个评价对象在原有的基础上实现最大限度的发展。

（4）连续性原则。学校管理工作评价是一种有计划、有目的、连续性的评价活动过程。只有坚持各次评价在内容、结论和建议等方面相互衔接，才能促进学校管理水平不断提高。

（5）改进性原则。学校管理工作评价的目的是通过学校管理工作评价，促进学校管理工作的改善，提高学校教育教学质量。要从评价过程和结论中发现新情况、新问题，不断改进和提高学校的管理工作。

5. 学校管理工作评价内容

（1）教育理念和办学思想评价。包括是否确立了"教育要面向现代化，面向世界，面向未来"、以学生为本的教育理念和与社会主义现代化相适应的教育理念等；学校办学是否坚持社会主义方向，全面贯彻国家的教育方针，实现培养目标。

（2）管理队伍评价。包括学校领导班子、教师队伍、思想政治教育队伍、教学管理队伍、总务管理工作队伍的评价。

（3）组织机构和制度建设评价。组织机构设置是否健全、是否合理，各机构工作的范围、内容和职责是否明确；学校各工作机构工作效能发挥是否充分、协调、畅通等。制度是否健全、可行、合理合法；规章制度是否公正、客观、贯彻执行。

（4）管理工作过程评价。包括对计划的评价、对执行和实施的评价、对检查的评价、对总结的评价。

（5）校风建设评价。主要考察是否形成具有本校特色的优良校风、优良的教风、优良的班风；是否有符合学校实际和体现学校精神风貌的校园建设或改善的规划、保持整洁卫生的校园环境、表现学校特色的人文景观等。

6. 学校管理工作绩效评价

（1）学校管理工作改革的进展。学校是否有切实可行的、有一定力度的改革方案，是否有实现学校管理工作现代化的阶段性目标、总目标，学校管理工作改革的重大举措、实施细则以及取得的成效。

（2）学校各管理部门工作取得的成绩。学校各管理部门管理工作的新思路、新规范、新方法，管理部门管理现代化的进展状况及各管理部门管理工作的成效。

（3）学校软环境的变化及其成效、学校硬环境的变化及其成效。

（4）学生全面素质的提高。学生思想、品德的提高，学生的基础知识和基本技能状况，学生体质健康状况的改善，学生特长的发展水平。

（5）实践和研究成果。教育管理实践成效，群体和个体经验及其介绍，经验辐射效果；管理研究论文撰写、发表和刊载情况等。

思考题

1. 学校管理工作评价的意义是什么？
2. 学校管理工作评价具有什么特点？
3. 学校管理工作评价应坚持哪些基本原则？
4. 学校管理工作评价主要包括哪些方面的内容？
5. 学校办学理念和办学思想评价的主要内容有哪些？

参考文献

1. 沈玉顺. 现代教育评价. 上海：华东师范大学出版社，2002.

2. 吴志宏. 教育管理学. 上海：华东师范大学出版社，2001.

3. 金娣，王钢. 教育评价与测量. 北京：教育科学出版社，2007.

4. 裴娣娜. 教育研究方法导论. 合肥：安徽教育出版社，2000.

5. 王景英. 教育评价理论与实践. 长春：东北师范大学出版社，2002.

6. 傅道春. 新课程中教师行为的变化. 北京：首都师范大学出版社，2001.

7. 苏启敏. 价值反思与学生评价. 北京：北京师范大学出版社，2010.

8. 国家教育发展研究中心. 2000 年中国教育绿皮书. 北京：教育科学出版社，2000.

9. 王景英. 教育统计学. 北京：高等教育出版社，2006.

10. 赵大成. 建立适应素质教育的考评体系——澳大利亚小学生的考评体系简介. 外国教育研究，2000（1）.

11. 王斌华. 发展性教师评价制度. 上海：华东师范大学出版社，1998.

12. 王凯. 发展性校本学生评价研究. 上海：华东师范大学出版社，2009.

13. 李玉芳. 多彩的学生评价. 北京：教育科学出版社，2009.

14. 陶西平. 教育评价辞典. 北京：北京师范大学出版社，1998.

15. ［美］霍华德·加德纳（Howord Gardner）. 多元智能. 沈致隆，译. 北京：新华出版社，1999.

16. ［美］格朗兰德. 教学测量与评价. 郑军，等，译. 石家庄：河北教育出版社，1991.

17. ［美］B. S. 布鲁姆，等. 教育评价. 邱渊，等，译. 上海：华东师范大学出版社，1987.

18. 李德顺. 价值论. 北京：中国人民大学出版社，1987.

19. 郭思乐. 教育走向生本. 北京：人民教育出版社，2001.

20. ［美］比尔·约翰逊. 学生表现评定手册——场地设计和前景指南. 李雁冰，主译. 上海：华东师范大学出版社，2001.

21. 王斌华. 学生评价：夯实双基与培养能力. 上海：上海教育出版社，2010.

22. 覃兵. 课堂评价策略. 北京：北京师范大学出版社，2010.

23. ［美］Ellen Weber. 有效的学生评价. 国家基础教育课程改革"促进教师发展与学

生成长的评价研究"项目组，译．北京：中国轻工业出版社，2003.

24．钟启泉，崔允漷，张华．为了中华民族的复兴　为了每位学生的发展：基础教育课程改革纲要（试行）解读．上海：华东师范大学出版社，2001.

25．周卫勇．走向发展性课程评价——谈新课程的评价改革．北京：北京大学出版社，2002.

26．唐思群，屠荣生．师生沟通的艺术．北京：教育科学出版社，2001.

27．王小飞．英国教师评价制度的新进展——兼 PRP 体系计划述评．比较教育研究，2002（3）．

28．刘尧．发展性教师评价的理论与模式．教育理论与实践，2001（12）．

29．王小慧．行为表现评估：一种新的教育评估方法．宁波大学学报（教育科学版），2000（2）．

30．梁红梅．硕士论文．我国基础教育发展性教师评价的理论思考．长春：东北师范大学，2003.

31．梁红梅，李刚．对话式学生评价的缘起、祛魅与追问．当代教育科学，2010（6）．

32．梁红梅，栾慧敏，戚淑芝．改革开放以来我国中小学生评价制度的发展与反思．当代教育科学，2011（18）．

33．张瑞．博士论文．理解与超越：情境适应性教学评价研究．重庆：西南大学，2011.

34．李树培．博士论文．珍视不可测量之物——描述性学生评价研究．上海：华东师范大学，2008.